邹平古梁文献丛刊　张传勇　主编

孙镇人物传

赵方涛　著

山东画报出版社

济南

图书在版编目（CIP）数据

孙镇人物传 / 赵方涛著. -- 济南：山东画报出版
社, 2025. 1. -- ISBN 978-7-5474-4796-3

Ⅰ . K820.852.5

中国国家版本馆CIP数据核字第2024SC1442号

SUNZHEN RENWU ZHUAN

孙镇人物传

赵方涛　著

项目策划　赵祥斌
责任编辑　孙程程
装帧设计　王　芳　丁文婧

主管单位　山东出版传媒股份有限公司
出版发行　山东画报出版社
　　　　　社　　址　济南市市中区舜耕路517号　邮编 250003
　　　　　电　　话　总编室（0531）82098472
　　　　　　　　　　市场部（0531）82098042
　　　　　网　　址　http://www.hbcbs.com.cn
　　　　　电子信箱　hbcb@sdpress.com.cn
印　刷　济南新先锋彩印有限公司
规　格　170毫米×240毫米　16开
　　　　　16.5印张　54幅图　254千字
版　次　2025年1月第1版
印　次　2025年1月第1次印刷
书　号　ISBN 978-7-5474-4796-3
定　价　68.00元

如有印装质量问题，请与出版社总编室联系更换。

《邹平古梁文献丛刊》弁言

《邹平古梁文献丛刊》（以下简称《丛刊》）是一部将孙镇地方资料分类编辑整理而成的文献集成，旨在系统总结孙镇历史文化，为人们了解孙镇打开一扇便捷的窗口，为学界研究孙镇提供可用的资料。

孙镇的过往，非同寻常。她的历史相对悠长，境内出土有商周文化遗存，是文献相传的上古邹侯国之地。西汉至北宋中期，孙镇屡为邹平县城，可称现代邹平根脉之所在。借地利之便，民国时期孙镇已是县域内堪与县城媲美的商业重镇。这里也是金代状元刘汝翼、元代布衣学者张临、清初史学家马骕、民国实业名家韩继文等人的桑梓地。清代以来，又以尊师重教著称于世，先有辉里庄李氏科举家族名重一时，后有新式学校长白公学较早建于王伍庄。现存于世的民国"教育三碑"——《共成斯举碑》、《杏坛春暖碑》与《功在桑梓碑》——亦是重要见证。20世纪30年代，梁邹美棉运销合作社成为邹平乡村建设最为成功的合作事业，孙镇一时名溢海宇。中华人民共和国成立后，孙镇也有引以为傲的人与事。冯家村在"农业学大寨"运动中脱颖而出，成为远近学习的典型；改革开放后，更是跃升为闻名遐迩的文明村、富裕村，山东农村战线当之无愧的排头兵。领头人冯永喜同志被选为全国人大代表。1987年，冯家村被确定为中国第一批对美国学者开放的农村考察点、项目基地，活动持续数年，在学术界享有国际知名度。

遗憾的是，孙镇的历史文化整理与研究并不尽如人意。20 世纪 50 年代末期以来，各种原因所致，孙镇经济开始全面落后于兄弟乡镇，主事者始终将主要精力放在如何增加群众收入、摆脱经济落后局面上，对文化事业始终缺乏心力。仅有的两次努力，均未达到应有的效果。1985 年，乡政府在邹平县首轮修志期间设立史志办公室，于 1992 年编纂完成《孙镇乡志》。这是孙镇地区有史以来第一次对历史文化较为系统的整理，虽未为尽善，但毕竟保存了民国以来七八十年间的部分重要口碑资料。可惜的是，由于未能印行，几乎没有发挥作用。2010 年，应县政协的要求，镇政府曾请人调查史地，编纂《孙镇文化备览》，最后亦不了了之。

本次整理得以进行，实因《孙镇志》项目的开展。2018 年，孙镇党委、政府立项编纂镇志，有意借此挖掘地方历史文化资源。作为承担者，我们遍访各村耆老，搜求文献，查勘旧迹，收集了大量的各类资料；又为各村拟定篇目，号召编写村史、村志。随着项目的开展，我们也考虑相关资料的整理与保存问题。这些资料在《孙镇志》编纂完成后，有的会重新归于箧底，不能继续发挥价值；有的则不免散佚，造成不可挽回的损失；有的虽曾刊印，唯以印数较少，已难得一见，也有重刊的必要。基于此，我们议定将其分类整理，以丛刊的形式印行，保存文献，服务社会。

《丛刊》初步拟定为七种，分别是：

1.《孙镇乡志稿》，是为 1992 年所修乡志的整理本。

2.《孙镇地方史志初辑》，收录自 20 世纪 50 年代以来形成的乡镇、村庄、事业单位的史志文献。

3.《孙镇乡贤忆往录》，收录耆老所写与孙镇有关的回忆录。

4.《孙镇义史资料初编》，汇集 20 世纪 80 年代以来有关孙镇地区的单篇文史资料，以及 1987 年山东大学哲学系学生的民国乡建调查资料中与孙镇相关的部分。

5.《孙镇地区民国"乡村建设运动"资料辑录》，汇集民国时期有关孙镇地区乡建运动的调查、报道。

6.《孙镇档案文献汇编》，编辑 20 世纪 50 年代以来与孙镇有关的档案文献。

7.《孙镇人物传》，收录赵方涛所撰孙镇地区不同时期重要人物的传记。

《丛刊》以"邹平古梁"为名，乃因金元以来"梁邹"即被作为邹平之别称，并于孙镇一带设置梁邹乡，人们又在观念上将孙镇视为梁邹古城所在，拟名"古梁"正是昭示孙镇不同寻常的过往。

《丛刊》是迄今对孙镇历史文化最大规模的总结。希望可以为研究孙镇提供扎实的资料基础，亦希望借此保留历史记忆、守护地方文化，为地方文化建设尽到我们的绵薄之力。

张传勇

2023 年 2 月

行动才是灵魂（代序）

癸卯年（2023）初夏时节，南开大学历史学院的张传勇教授嘱我为赵方涛老师近作《孙镇人物传》代写序言。

闻讯之初，我深为动情——既喜且惧。喜的是赵方涛老师近年来在地方文史方面行远自迩、笃行不怠，不仅时不时就听说他在田野调查中屡有斩获，而且勤奋的他在历史写作方面也是笔耕不辍，这部《孙镇人物传》即为又一实证。拜读本书后感觉这是一部地方文史佳作，能够先睹为快，诚属幸事。惧的是我德薄才疏，人微望轻，为赵方涛老师的大作写序怕是力有未逮，无以塞责。奈何盛意难违，却之不恭。今综合几点浅知陋识，在此姑妄言之，权作个人读后感，请张教授、赵老师以及诸位方家斧正，还望不吝赐教！

二十八年前，《来自大平原的读书声》是我刚入行即参与创作的一部电视专题片，其主要反映了20世纪90年代初期孙镇（彼时为孙镇乡）在农村教育"两基"工作[1]方面所取得的丰硕成果。孙镇以民风淳朴、人杰地灵和尊师重教给我留下了深刻的第一印象。

文化是一个地方或区域——大到国家、民族或种族，小至村落、宗族和家

---

[1] 1993年，《中国教育改革和发展纲要》首次提出，到20世纪末，基本普及九年义务教育，基本扫除青壮年文盲。

庭——最根深蒂固、最独特的资源。它是自然地理、历史文明、人类行为、物质经济、精神信仰等诸多方面的集中体现。一个地方或人群的文明程度取决于他们生活地域的文化、环境等诸多要素影响，不排除其他人很大程度上也会具有明显的趋同性，例如人们常讲的"人品地域论"。

多年后，随着我对孙镇地方文化的了解和熟悉，"五子登科""小清河重镇""邹平老县城""梁邹美棉合作社"等等诸多脉络日渐深刻。而这些脉络就是孙镇地方历史文化中最主要的细节和最显著的特点，是其有别于他处的闪光点。也正因为此，大家对孙镇文脉昌盛、民众温良敦厚的印象才会更深刻具体，难以忘却。

以我三十年的职业经验来看：有一定文化素养的地方，包括村镇、宗族和家族，不管他们的生活是富足还是凋敝，民众的精神面貌都相对自然轻松、和善安详，举止行为也会沉稳内敛，多数人的"棱角"已不是那么分明，尤其鲜见带着戾气的行为。即便是在某一特定时期受某种外力冲击带来震荡，因为有深厚的文化底蕴和淳朴的民风在支撑，时间也会很快抚慰并弥合那些波澜所带来的裂缝或伤痕，让彼此之间能够继续携手前行，正所谓"物化于外，内化于心"。数年来，我对孙镇地方文化的印象即是如此，读完这本书更坚定了我以上的思考与认识。

这本《孙镇人物传》取材宽泛，特点突出。其题材涵盖了世代生活在孙镇这片土地上的各种人物。他们普通且特殊——说普通，是本就行走于乡间的他们与那些在冬去春来中守望着岁丰年稔、五谷丰登的乡人毫无二致，单从容貌上讲，他们早已是"泯然众人矣"；说特殊，是每个人在自己所生活的时代与环境中坚守着"弘毅笃行""宁静致远"等传统人文精神，秉承与弘扬着中华儿女勤劳善良、温良敦厚、砥砺奋进的鲜明人格底色。

书中既有如《刘逢源外传》《"杀人魔王"栾思富覆灭记》等篇章，传承和赓续着孙镇地方历史文化研究的成果；也有记录信贵武、杨斯俭、时孟五等乡间百姓的逸事趣闻，令人耳目一新，倍感亲切；还有在抗日战争、解放战争、社会主义建设时期等不同阶段涌现出的先进人物，如巾帼英雄信连华、民兵英雄信长林、优秀教师王兴林与赵树忠等前辈——他们投身社会主义国家建立或建设的经历不仅感人至深，更令我们对那些陌生的时代有了身临其境的感知和体悟。相对于多数历史书写动辄就是全景式、大视野、广角度的宏大叙事，本书是一部以"近景式"真实讲述与客观记录为主的作品，其内容翔实细致，文笔淳朴客观，结构层层递进，细节生动具体——又一次加深了我对孙镇的认识和了解。

在中国浩如烟海的历史作品中，我们不难看到记载帝王将相、忠臣良将的皇皇巨著，而书写普通民众的作品与之相比则如凤毛麟角，也难怪梁漱溟先生会感喟"个体永远不被发现"——旧中国社会文化的这一"痛点"。

习近平总书记在庆祝中国共产党成立 100 周年大会的重要讲话中指出，"人民是历史的创造者，是真正的英雄"，"江山就是人民，人民就是江山"，并提出"伟大、光荣、英雄的中国人民万岁！"这是对马克思主义人民观和历史唯物主义英雄观作出的重大理论创新，彰显了中国共产党紧紧依靠人民创造历史、始终站稳人民立场、全心全意为人民服务的性质宗旨和鲜明价值取向。随着新时代发展的前进步伐，史学界扎实推进落实习近平总书记和党中央有关历史文化研究的要求，对记录"个体命运"、挖掘"公众史料"诸方面的关注度也日益高涨。《孙镇人物传》的立题与选材亦是践行这一系列精神的具体行动。

我与赵方涛老师是"触网来电"的"网友"情谊。2019 年春季，我在某微信群中注意到有位网名为"旧家燕子"的人在做公众号，内容新颖独特且更新及时。我主动加他为好友，经常与其线上线下交流。赵方涛生就一副老实巴交的模样，气质像极了"老式"文人——深藏若虚、逊志时敏，是位行事低调沉稳、为人憨厚朴实的年轻人。这位 80 后语文教师执教于孙镇中心小学，做公众号是他致力于研究小学语文教学的一块"自留地"。彼时，他还利用业余时间师从孙镇霍坡村的张传勇教授参与编纂《孙镇志》。几年交往下来，在赵方涛带有浓重书生气的举止背后，我看到了一颗年轻的、火热的、痴迷的、挚爱着地方文史的心。他几乎把业余时间都投入到了对孙镇地方文史的研究中，特别是繁琐的田野调查令他自得其乐。平日里一有时间，他就会背起书包走街串巷、挨村逐户去拜访那些耄耋老人和知情者，积累下了不少的第一手"三亲资料"[1]。每隔一段时间，我要么会听到他兴奋地分享自己又搜集到了什么新线索，要么是可以看到他陆续写出来的一些文章。每当我与同道中人聊到他时，大家多会感慨于他的勤奋和立说立行，无论是行动力还是专业性，我都自愧不如。几年来，靠着自己的勤奋刻苦，再加上张教授的言传身教，赵方涛在地方历史文化研究方面可谓突飞猛进，俨然已经形成了他自己成熟的风格，而且经验丰富、硕果频出，令我等艳羡不已、佩服不已。

我们都知道，研究文史需要的不只是"眼力、腿力、笔力和脑力"，还需要有"专心、耐心、恒心与细心"。每一次下乡的田野调查，从题材的筛选到联络受访者，再到登门采访、访后整理、材料辨析、文本转化等，各环节本就费尽周折，繁琐至极，期间还需要反复数次地补访与勘验，直到最后整理编辑出成果更是耗费精力，其中恰是文史人对乡土文化和地方历史的情怀与担当在支撑着大家不断前进。

本文写作期间，我突然发现赵方涛老师的网名已经不再是"旧家燕子"，而是改为了"梁邹太瘦生"——可谓形神俱备。亦如我平日里常讲的一句话"就没见有几个靠做文史研究能发家的"，看来此话同样适用于描述体型。行文至此，一时兴起，仿古制打油一首：

贺方涛兄大作问世并共勉

书生瘦时燕难来，烛花燃尽书痴爱。

清河白帆风正举，无远弗届穷山海。

平日里，我特别喜欢"观念固然重要，但行动才是灵魂"这句出自《十三邀》的宣传语，索性施行"拿来主义"，权作本文题目。

---

[1] "三亲资料"是人民政协对征集"亲历者、亲见者、亲闻者"撰写或口述的第一手历史资料的简称，是1959年7月开始的中国人民政协文史资料征集工作时使用的术语。

祝贺赵方涛老师大作付梓面世，辛苦了！

愿所有潜心致力于文史研究的爱好者们：

功不唐捐、玉汝于成！

莫闻（耿斌）

2023 年 5 月 30 日于择善堂

目 录

刘逢源外传

　　早年间，邹平县城北四十里有个刘家庄，也就是现在的孙镇刘张村。清朝末年，刘家庄出了一个神乎其神的人物，远近闻名。他姓刘，名逢源，字道泉，是一名货真价实的秀才，民国三年（1914）的《邹平县志》上就有他的传记。

　　话说这个刘逢源少负逸才，不但擅长写诗、作文，尤其对各种杂言琐记了如指掌。他年轻时在邹平县城的梁邹书院读书。那时候，书院里人才济济，像张茂午、成柏矩等佼佼者，都对刘逢源推崇备至。桓台县的陈伯英（字克隽）老先生是书院的老师。他老人家学问渊博，对于年轻人很少夸奖，唯独对刘逢源青眼有加。他多次在别人面前夸赞刘逢源："这个小伙子可不得了啊，人才难得！我老头子得给他腾个地方，好让他出人头地！"

　　中年以后，刘逢源痴迷于玄学，对占卜算命、天文地理、奇门遁甲，无所不窥，无所不通。他著述颇丰，著有《禹贡指掌》《天文考》，还有日记若干册。你要问他到底有多神？至今刘张村里还流传着他掐指捉贼、骑凳周游、衣襟炒豆等一系列传奇故事。

　　刘逢源家在村南有一片地。据说，有一年，地里种的谷子熟了，棵棵都耷拉着一个大穗子。他自己不去收，也不让家人去收。别人来劝他，他非但不听，还说什么"不用我动手，自有人替我收"。人家听了，又好气又好笑，只好无可奈何地走了。家里人也着急，可谁也拗不过他的性子，只能干瞪眼。没过几天，这片扎眼的谷子就让一伙蟊贼给惦记上了。一天夜里，他们趁着天黑来到地里剜起了谷穗。

第二天一大早，刘逢源就一面招呼老伴儿多做饭，一面让男劳力们套牛车，说是跟他到地里去拉谷穗。家里人都纳闷，谷穗还在棵子上没剜呢，拉啥谷穗？家人也不敢违拗，只得半信半疑地赶着车来到地里，只见一伙人已经把谷穗剜好了。他们见来了车，就乖乖地将谷穗装到了车上。刘逢源笑容满面地对他们说："家里做中了饭，你们干了一夜辛苦了，快到我家吃饭去吧！"那帮人也真听话，跟着到他家吃了饭，二话不说就走了。俗话说"秀才不出门，遍知天下事"。原来，当天夜里，刘逢源掐指一算知道有人在地里偷谷穗。他也不声张，只是念了一个咒语。那伙人剜完了谷穗，地四周就好像修起了一圈墙似的，怎么也出不去，结果他们在地里转悠了一宿。

刘逢源的本事大得很，不光会掐指一算，别人出门要么骑马，要么骑驴，可他既不骑马也不骑驴，而是骑条凳子。传说，他经常骑着马到济南去看戏。每次他都住到同一家店里，还总是叮嘱老板说："我的马，既不用喂也不用饮。"一来二去，店老板就和他熟了。老板心想："别人的马也得喂，也得饮，为啥他的马就特殊呢？"有一次，刘逢源照旧交代一番，又出去看戏了。老板心里纳闷，就趁这个空，把他的马牵来饮，结果那匹马竟然变成了一条凳子。老板大吃一惊，知道这位常来看戏的刘客人不是一般人。

刘逢源的凳子千变万化，不但能变马，还能变驴。他骑着凳子不光去过省城济南，还到过山西。有一年冬天，村里一伙人正在街上晒着太阳"推天九"。只见刘逢源穿着厚棉袄、厚棉裤，还戴着一顶棉帽子，骑着小毛驴"嘚嘚嘚"地朝村里走来。走到近前，别人问他到哪里去了。他回答说："山西好大雪！"说着，他抖一抖棉袄，只见从上面落下不少大叶子雪花来，而且只要他抖，就会有大叶子雪花不停地飘落下来，好像永远也飘不完似的。原来，他又骑着凳子到山西去了。

村里人把刘逢源传得神乎其神，不是骑着凳子到济南去看戏，就是骑着凳子到山西。有人深信不疑，有人半信半疑。有一年秋后，村里人正在场院里打豆子。大家见刘逢源来了，就一块儿起他的哄："都说你看透了奇门遁甲，法术无边，给大家露一手，开开眼吧？"他狡黠地一笑，问道："你们真想看？"大家见有门儿，哄就起得更狠了。于是，他双手撩起前衣襟，让人倒了半簸箕豆粒子进去。他一边念咒，一边抖衣襟，只见那些豆粒子在里面噼里啪啦爆裂开来。然后，他将散发着香味的豆粒子分给众人品尝。大家放在嘴里一嚼，嘎嘣脆，豆粒子竟然都熟了！从此，刘逢源"衣襟炒豆"的故事便在村里流传开来。

刘逢源的法术，越到晚年越精湛，甚至有人传说他有撒豆成兵、驱使纸人的本事。有一回，他要到孙镇去赶集。刘家庄距离孙镇也就六七里地。临走之前，他对家人千叮咛万嘱咐，一定不要动里间屋那个小瓮子。他都已经走到大门口了，还又折回来嘱咐了一遍。不料，他越是嘱咐，家人越是好奇。等他走远了，家人便偷偷打开那个小瓮子一看究竟，只见许多纸人纷纷从里面飞了出来，一直飞到了半空中。

刘逢源赶完集回来，走到杨里庄的时候，忽然抬头看见半天空飞着些纸人，当即心里一惊。刘家庄西边是蔡家庄，两村只有一路之隔。早年间，在蔡家庄西北约一二里地处，曾经有一个杨里庄。就在这时，从西北上飘来一块黑云，眼瞧着就下起一阵雨来。半天空里的纸人淋湿后，纷纷翻着跟头跌落在地上。它们在泥地上挣扎了半天，怎么也站不起来，更甭说再次飞上天了。原来，刘逢源本打算把这些纸人炼成天兵天将供他驱使，不料老天爷借他家人之手，破了他的法术。其实，如果当初他给这些纸人刷上桐油，或者家人不去打开那个小瓮子，就是下再大的雨也不怕。可是，此刻说啥也晚了。

人们不知刘逢源生于何年，只知道他的生日是农历九月十八日，卒于咸丰五年（1855）二月十三日酉时。还是据民国三年《邹平县志》记载，他死后，人们翻阅他的日记，在最后一页发现他已经预先写好了自己去世的月份、日期和时辰，竟和实际情况丝毫不差。于是，人们都叹服他的未卜先知。

据刘张村刘氏族人说，刘逢源家曾有一块刻着"明经进士"的牌匾，不幸在新中国成立后的运动中被毁。更不幸的是，他的所有著述，一本也没能流传下来。或许是老天爷害怕泄露天机，才特意安排他的著作失传吧。

2021 年 5 月 1 日

辉里村最后的朝廷命官李恩诰

孙镇辉里村的"五子登科"远近闻名。"五子"的爷爷名叫李曛。李曛兄弟三人：长曰晖，次曰曛，季曰晟。李曛次子廷桂的五个儿子——李鹏（进士）、景岱（举人）、李鹄（进士）、景峄（举人）、景嵩（进士）——被后人称为"五子登科"。而李晖（举人）与他的四个儿子——廷屏（进士）、廷叙（举人）、廷俊（贡生）、廷佑（进士），则被后人称为"父子五登科"。李恩诰就是廷屏的五世孙，乃是辉里村李氏家族在清王朝的最后一位朝廷命官。

据《李氏族谱》记载，恩诰字子封，曾任贵州巡检（巡检，从九品，是派驻离县城较远的市镇、关隘，负责巡逻缉捕、维持治安的官员）。他的生父名襄，字赞卿，邑庠生。李襄先娶齐东县李氏，后续娶焦桥袁氏，只有恩诰一个儿子，不知是哪位夫人所生。李襄的堂兄李勋无子，故而恩诰双祧两家，同时成为李勋的嗣子。在从前，嗣子就等同于亲生儿子。李勋起初曾任管理漕运的小官，即"运同"，并袭爵"云骑尉"；后来，历任直隶柏乡县典史、贵州镇远县典史。所谓"典史"，是知县下面掌管监察、刑狱的属官，无品阶。再后来，洪州的州同保荐他担任代理镇远县知县，而朝廷则实授他为黎平府分驻水口州同。所谓"州同"，是清代知州的佐官，与州判分掌督粮、捕盗、海防、江防、水利诸事，从六品。去世时，朝廷诰授他"奉直大夫"。

"五子"之父廷桂有叔伯兄弟九人（含廷桂）。当时，辉里村李氏这一支正

5

处于鼎盛时期。他们分别修建了新的房屋，还各自都盖了一个气派的大门。村民们遂合称他们为"九大门"。与"九大门"同时，辉里村李氏家族中另有一支，也曾出过一名"廷"字辈的举人。他们那一支中有六个大院落。村民们便合称他们为"六大院"。当时，也正是那一支的鼎盛时期。

在"九大门"时代，辉里村有两条东西向的"马道"。所谓"马道"就是专供"九大门"遛马的道路。南边的一条称为"前马道"，北边的一条称为"后马道"。其中，"九大门"中的五座大门在前马道，四座大门在后马道。恩诰的祖上便是住在后马道的"九大门"之一。

村里的老人口耳相传，说恩诰还曾做过县令。他于辛亥革命前告老还乡，住回了祖上传下来的老房子里。辉里村的李鼐老人（生于1942年）是恩诰的本家侄子，而且通晓本村历史。据他说，恩诰中等个头，做过两任贵州巡检；他的祖上李廷屏、李鹗（太学生）、李昌会（举人）祖孙三人都做过怀来知县，还曾在山西省做过官。那时，他家是一宅两院，中间有个月亮门，后面还有三间破草房。他家院子里有一块太湖石。村里好多小孩子都跑来认这块奇特的大石头当干娘。尤其值得一提的是，当时他家的大门，还是"九大门"时代遗留下来的。

恩诰娶历城县柳氏，育有两个女儿。李鼐老人说，在贵州任巡检时，他没有携带家眷，告老还乡时，带回来两个使女，以及一幅郑板桥的墨竹真迹和一个宣德炉。他将两个使女当作亲生女儿看待，家中的小辈则喊她们"使女姐姐"。其中一个使女娘家是济南的。此时，恩诰早已家道中落，非常清贫，退休时也没有什么积蓄。这个使女便回了娘家。另一个使女无家可归。最后，李家人将她嫁到了今高青县的黑里寨镇。出嫁时，恩诰还将郑板桥的那幅墨竹图作为嫁妆陪送给她。据说，后来那家人还曾因为此画发生过龃龉。而他的两个亲生女儿，一个远嫁周村，另一个嫁到本乡的王伍庄。

当年离任时，当地百姓曾赠送给恩诰万民衣与万民伞。天旱时，辉里庄的村民们到村西的龙王庙去祈雨。这万民衣和万民伞便成了祈雨的道具。后来，年深日久，这两件东西也逐渐坏掉了。

恩诰大约生于清咸丰十年（1860），卒于民国三十年（1941），享年八十一岁。去世时，辉里庄为他出了大丧，以示对他的尊重。在他之后，村里就很少再出大丧了。

2020 年 6 月 25 日

韩继文先生两三事

　　王伍庄的徐、韩两家是清末民国年间，孙镇一带的两大名门望族。徐召棠、徐子正父子是有名的"文武二秀才"，长期致力于当地的乡村教育事业；韩继文、韩继武兄弟则是有名的"实业两兄弟"，一方面在济南从政，另一方面开办实业，发展民族工商业。

　　民国元年（1912），韩继文就与徐召棠（一说是徐子正）在王伍庄创办了邹平城北最早的一所新式学校——长白公学。他们不但延聘名师执教，还积极募集办学经费。不久，韩继文就考取了山东省法政大学堂，学校事务遂由徐召棠一个人负责。毕业后，他历任山东省财政厅科长、省工商银行金库主任、《城报》编辑、临清运河税关监督等职。民国七年（1918），他还被选为安福国会众议院议员，对国计民生多有合理建议。至今，王伍东、西两村上了年纪的村民提到他，还说他是"京议员"。民国十一年（1922），他出任济南丰华针厂总经理；民国十四年（1925）秋，他出任济南电话股份有限公司经理。至今，在孙镇一带，还流传着关于他的不少逸事。

　　虽然在济南有家有业，韩继文也经常回老家走走。王伍庄有个大集市，正是在武秀才徐子正倡导下，为方便本村及周围老百姓而设立的。有一天，高家庄的"高道士子"骑着一头小毛驴来赶王伍集。高家庄在王伍庄东北方向，大约相距四里地。"高道士子"只是诨名，不是和尚道士的"道士"。

韩家大门口有一棵大国槐。高道士子顺手就把小毛驴拴在树上，赶集去了。等他赶完集回来，小毛驴旁边已经围了不少人。高道士子扒拉开人群，走进去一看，自家的小毛驴还在，先前悬着的一颗心这才放回了肚子里。可是，韩家那棵大国槐的树皮却已经被小毛驴啃得七零八落。韩家人看见驴主人回来了，冲着他就吼了起来："你这老人家，拴个毛驴也不挑个地方，看把俺家的树都啃成啥样了？"高道士子一个劲儿地赔笑脸，说好话。可是，人家到底不让他。围观的人越来越多，围了个里三层外三层。

正在他们吵得不可开交的时候，从韩家气派的大门里走出来一个青年男子。他听见大门口有人在吵喝，便走出来看看。拨开人群，他一眼就认出了高道士子，立刻好奇地问道："高老师，你咋在这里？出了啥事？"来人正是韩家在济南做大买卖的韩继文少爷，这天恰好回老家探亲。高道士子不但能文，年轻时也会些拳脚功夫。韩继文小时候曾经跟着他念过书，问明原委之后，笑着说道："不就是一棵树吗？还值当得这么大惊小怪！"说罢，他将老师请进家里，奉在上座，盛情招待老师吃过午饭，才让他回家去。从此，韩继文少爷尊师的故事便在孙镇一带传为美谈。

韩继文，字纯一；韩继武，字荇舟。他们虽是叔伯兄弟，却胜似亲兄弟。在济南，人家只知道韩氏两兄弟。殊不知，在老家王伍庄，韩继文还有不少叔伯兄弟。因此，他也就有了一大帮子侄子、侄女。其中，有一个侄女嫁到东乡里一个财主家。那财主一家人都是势利眼，以为儿媳妇家是小门小户，就合起伙来折腾她。有一次，韩继文回老家，恰巧碰到这个侄女回娘家。听说侄女在婆家吃气，他就自告奋勇地说："等妮子哪天回婆家，我去送她。"到了那天，韩继文骑着一头小毛驴，一直把侄女送到婆家门口，又顺手把小毛驴拴在了门口的树上。财主家的老太爷听见门口有驴叫，出来一看，是儿媳妇回来了。他也没把韩继文放在眼里，扯着嗓子大声说："这是谁家的叫织子？竟敢拴在我家的大门前！"孙镇及周边一带的老百姓，把雌蝈蝈叫作"如意"，把雄蝈蝈叫作"咬怪"或"叫织子"。从前的有钱人喜欢把叫织子装在编织精巧的小笼子里，揣在身上当宠物，时不时发出清脆的叫声，非常好听。可是，等到韩继文亮明了身份，说明了来意，财主一家人立马都认了怂。从此，那家人再也没敢折腾过韩继文的这个侄女。

韩继文一生笃信佛教，热心慈善事业。民国二十六年（1937），他创办了邹平县红卍字分会，并亲自率众赴灾区施药赈灾，救死扶伤。20世纪30年代，在济南设立残废院，收养残疾人，施发衣食，使他们得到生活上的保障；又开设粥厂，每天为贫苦穷人施舍粥饭。另外，他设立孤儿院学校，使很多孤儿得到抚育，并让他们获得受教育的机会。民国二十七年（1938），他担任了山东省会慈善公所董事长兼所长。因此，无论在家乡邹平县，还是在省城济南，他都被誉为"慈善家"。抗战时期，他还是山东佛教会的负责人。

济南沦陷后，面对日本侵略者的巧取豪夺，韩继文忧愤成疾，于民国二十九年（1940）春在济南病逝，享年五十六岁。韩继武为他主持了装殓，并计划将灵柩运回老家王伍庄安葬。临行之日，一大群叫花子和贫苦之人自发地前来为韩继文送行。他们一直将灵柩送到当时的历城县，才依依不舍地离去。

一天晚上，韩继武护送灵柩来到章丘地界，打算在一家小客店住宿。老板一看见有棺材，便不大乐意接待。韩继武愿意多付钱，希望老板通融一下。然而，老板依旧面露难色。见此情景，韩继武不禁悲从中来，一边用手拍打着棺材，一边哭着说道："纯一啊纯一，你是济南府一等一的大善人，想不到死后，连个小店也不搁（搁，孙镇方言中读作 gāo）你！"说完，韩继武一行人随即准备起行。老板一听棺材里躺的是大名鼎鼎的大善人韩纯一，立刻将一行人拦下，不但不收他们的店钱，还免费管饭。

韩继文的灵柩运回家乡后，在王伍庄出了人丧，认识的或是慕名而来吊丧的人络绎不绝。他被安葬在庄北大道沟以西的韩氏祖茔。丰华针厂的同仁为了纪念他，还自发地捐款为他在坟前竖立了一块纪念碑。可惜，在政府号召下，1955年冬庄里掀起打井运动的高潮时，此碑遭到损毁，迄今完全不知所终。

韩继文死后，韩继武秉承先兄遗志，接任丰华针厂总经理，并使其得到进一步发展。他少读经史，长于学校，20世纪20年代毕业于山东农林大学堂，先后担任济南、泰安、青州、烟台四大林区林务局长。他数十年如一日，与职工同甘共苦，登山越岭，风餐露宿，在植树造林与绿化山川方面颇著功绩，与德平郭省三、安丘李贡知合称"林界三老"。1948年，济南解放后，他自愿将房产、地产与企业捐献给国家，被称为"开明人士"。1949年，作为济南工商界代表参加山东省政协，并出任政协委员。不久后即病逝，享年六十六岁。

2021年5月23日

许青云先生传

很多人都知道，孙镇辉里村西头路北有一块著名的"不畏强御"碑。早在1984年，它就被邹平县人民政府列为"县级重点文物保护单位"。碑身正面镌刻着"不畏强御"四个遒劲有力的大字，碑阴则刻有一篇由许青云先生撰写并书丹的楷书碑文。整篇文章用典谨严，气势磅礴，读之不禁令人血脉偾张。

许青云先生，孙镇周家村人。据《周家村许氏家谱》记载，他名守常，字佩五，又字梦悌，案名青云，又名官春，前清邑庠生。生于同治六年（1867），卒于民国二十一年（1932）之后，相传其忌日为农历八月二十日。至今，村里人一提起他，还管他叫"老秀才"。据其孙许学云《家庭往事》记载，许老先生博学多能，不但擅长书法，而且精于山水画。南到淄川、博山，北到黄河岸边，他的墨宝在方圆一百多里内广为流传。人们争相传颂着他能书善画的美名，至于登门求字求画的人更是络绎不绝。其重孙许立远听长辈说："他老人家有时作画，今天添几笔，明天添几笔，甚至拖拖拉拉一个月方才画好一幅。然而，整幅画布局合理，每笔之间都贴合得天衣无缝，毫无违和感。甚至有传说，他老人家的山水画已经流传到了日本。"

许青云晚年像（图片由许立辽提供）

辉里村"不畏强御"碑（2023 年 6 月赵方涛摄）

有一年，许老先生到省城济南去探访好友韩继文、韩继武两兄弟。他们是与周家村毗邻的王伍庄人，在济南从政兼经商。闲暇时，许老先生偶尔为他们哥俩画了一幅山水。不料，很多济南人听说韩家来了一位丹青高手，便纷纷前来索画。起初，他不愿驳人家的面子，尽量满足其要求。结果，一连住了一个多月还不得回家。韩继武之子韩伯言曾亲见其事。

据说，许老先生一生曾撰写过不少碑文，可惜由于历史原因，流传至今的唯有这块"不畏强御"碑。许立辽听父亲许学云说，石碑正面的"不畏强御"四个大字，也是由许老先生书丹。如今，从石碑前后的文字，透过刀痕看笔痕，还可窥见许老先生书法造诣之精深。许学云非常倾慕祖父的道德文章，曾经专程携女儿立娇、儿子立晓和立辽到"不畏强御"碑前拜谒。

读"不畏强御"碑文（见文后附录），可知许老先生大笔如椽。他一生勤于笔耕，著述颇丰。可惜，"文革"中，其后代子孙唯恐因文招祸，不得已将其藏书、著述、字画悉数焚毁。据许立远回忆说，许老先生的书籍与字画被拿来烧火做饭，一直烧了三天才烧完。

许青云山水画（局部）（2024年2月许立辽摄）

如今，其后人尚保存有许老先生的山水画一幅（见上图），该画作于白色棉布之上。或许，这就是老人家侥幸逃过浩劫的唯一画作了。该画长约202厘米、宽约34厘米，是他效法白阳山人（明代著名画家陈淳，字道复，号白阳山人，与徐渭并称"白阳青藤"）笔意所作，并有题画诗一首，以概括画意。其诗曰：

<blockquote>
仗履悠游到野桥，
崎岖石径接山腰。
高岩以下凉亭在，
水色岚光冲碧霄。
</blockquote>

在这首诗后面，许老先生又写道，"民国庚午夏法白阳山人笔意画于本庄小校为蠢子帐檐"，署名"佩五"。民国庚午即民国十九年（1930）。原来，这幅意境悠远的山水画竟是他送给儿子的蚊帐檐子。此处的"蠢子"大概是指其三子宗道。据许学云说，许老先生年仅三十来岁时，就已经被邹平县政府誉为书画家。

　　许老先生淡泊名利，不愿做官，考取秀才后，便不再参加科举考试。他热心教育事业，在村里兴办义学，义务担任教师。当时的两口教室各有三间，全部由他出资修建。因为办学有功，邹平县政府还曾授予他"礼义廉耻"金匾，以表彰他崇礼、行义、廉洁、知耻的优秀品格。因为族谱失传，他还曾与叔伯祖许丹林（字凤山）一起修过《许氏家谱》，并敦请他的老师邑庠生孙绪曾先生为之作序。在序文中，孙老先生对学生许青云评价极高，说他"和而不戾，厚而不刻，诚因问学有日，亦其秉性使然。"

　　除在村里兴办义学之外，因为德高望重，许老先生还被推举为村执事，即相当于现在的村委会主任。每次去县里开会，他都骑着自家的毛驴，而且自带干粮，从不花费村中一文钱。因他为人廉洁正直、急公好义，凡遇事觐见县长，从来无须预约，简直可以排闼而入。他担任执事多年，村里秩序井然，村民从未打过一起官司。村民发生矛盾，经他调解，均能相安无事。村中偶有赌局，听说他要前来查访，赌徒们都吓得作鸟兽散。另外，许老先生素来秉持慎终追远的信念，主持修建了六间许氏祠堂。然而，他本是一介书生，不善应酬交际。修建祠堂需要合族集资，虽然最终办成了这件大事，但是筹款也让他感到身心俱疲。有鉴于此，他告诫儿子们将来千万不要从政。1989年春，因拓宽道路，许氏祠堂被拆掉西头两间，剩余的四间保留至今，业已成为"周家村文化中心"的一部分。

周家村现存的许氏祠堂（2023年6月赵方涛摄）

　　许老先生不但富而好礼，而且乐善好施。本村同族的许守悌，在他家里扛活当长工，他待之如同亲兄弟一般。某年临近春节，许守悌说家中无柴可烧。许老先生当即指着打麦场中的几垛高粱秸秆说："不光你家，凡是我们许氏一族没有柴烧的，你都给他们分一分。"在义务办学期间，他待学生也如同自家孩子一般。凡是家里得到时鲜水果，他都不忘带一些分给学生们吃。再者，当初修建自家房子时，他还主动将地基往前挪了好几米，以便让村里的道路更宽敞一些。

　　《家庭往事》又记载说，许老先生性嗜酒。每餐必饮，一日三回，每回一小锡壶。小锡壶用来温酒，盛酒一两有余。作画之前，他常常对求画者说："你等等，咱先喝点酒，作画就有兴致了。"因为嗜酒，许老先生还与今日的黄河龙酒有过一段特殊的故事。黄河龙酒产自今孙镇东部杏花沟以东的桓台县。那时候，当地人称杏花沟以东的今焦桥镇、桓台县等地为"坡东"，所以管那时的黄河龙酒叫"坡东酒"。许老先生说"坡东酒是文化酒"，还说"只要喝了文化酒，便血气皆通，心神俱灵，诗兴浓，画欲盛，就能作出惊世之作"。因此，他还专门为"文化酒"写了一首《酒诗》：

文化酒矣酒文化，

写字画画不离它。

亮笔直身释怀素，

酒名怎如范成大。

　　王伍庄的徐子止先生（名建中，字子正）是有名的武秀才，而许老先生则是有名的文秀才。当时，两人一文一武，堪称双璧。民国七年（1918），邹平县政府疏浚了境内的杏花沟，并且自上而下修建了三座大桥。老百姓俗称它们为"一大桥""二大桥"和"三大桥"。其中，二大桥在今孙镇霍坡村东。疏浚完河道，县政府着手修筑连接邹平县与今高青县的官道，计划经由韩店，一挺正北，过二大桥，途经周家村西与王伍庄东，往北再过小清河。官道临村固然交通便利。

可是，那年月的官道也是土匪与兵痞经常出没的地方。两旁的村庄往往大受其害。有道是"两害相权取其轻。"据说，两位老先生当即一起找到邹平县长诉说此事。后来，官道在韩店与霍坡村两处各拐了一个弯，远离了周家村与王伍庄。如今，这条路早已成为山东省内重要干道之——庆淄路的一部分，仍旧保留着当初形成的两个拐弯。凡事不宜脱离当时的社会背景，以现在的眼光妄加评判。此事亦当作如是观。

许老先生的原配张氏、继配刘氏，各为他诞下两个儿子。长子宗劭，字汉儒，自幼得到父亲真传，毛笔字也写得特别好。宗劭曾在本村担任教师，可惜天妒英才，年仅二十五岁就去世了。次子宗衡，字元儒，出嗣他人，十一岁时不幸夭折。三子宗道，字贯一，抗战时期曾参加八路军，并担任连长职务，后负伤返乡。幼子宗蔚，字子文，因为成分不好，在家务农。宗蔚之女惠轩，曾长期担任小学教师，现已退休。

《家庭往事》还记载说，三子宗道是十里八村有名的孝子。民国十四年（1925）冬，一日大雪过膝，树木、房屋、街道一片皆白；野外更是沟满壕平，田路不分，行人断绝。因家中无酒，许老先生仿佛丢了魂似的，饭不吃，觉不睡，话也不说，只是在屋子里不停地团团打转。宗道见此情景，当机立断，骑上家里的枣红马，就到四里多地外刘家庄的"刘家酒店"给父亲买"文化酒"去了。往常天气晴朗的时候，许老先生就喜欢到这家酒店喝酒。这一天，因为雪厚无路，枣红马一路连蹦带跳。宗道好几次从马上摔下来，又骑上去。酒买回来了，许老先生丢了的魂也回来了，他精神抖擞地拿起笔来写字作画。从此，"孝子买酒"的故事便不胫而走，一直流传至今。

常言道："金无足赤，人无完人。"许老先生自有其缺点：比如外人觉得他通情达理、极好相处，而家人觉得他脾气古怪；比如他疼爱女儿们，却不让她们读书。古人信奉"女子无才便是德"，不让女孩子读书，这责任不能完全由他承担。他有五个女儿，分别嫁到本乡的张家、辉里、赵家、于何、北辛庄等村。其中，两个女儿早寡后，连同她们的孩子一起被许老先生接回娘家照顾。

在众女儿中，次女宗女尤其值得一提。她虽然没读过书，但是在父亲的影响下，能阅读诸如《三国演义》《隋唐演义》《杨家将》等旧小说，还能背诵其中的许多段落。除此之外，虽然她从未正式学过绘画，但是在父亲的熏陶下，她的画中也确有几分功力。

许青云老先生是名副其实的一方文化耆宿。周家村今年九十一岁的许学仲老人还清楚记得，当年老先生的丧礼极其隆重。时至今日，将近一百年过去了，村里人有时还会提起"老秀才"和他的逸事。

2018 年 8 月中旬

附录："不畏强御"碑文

自古英雄豪杰得志则作霖雨于天下，不得志则为保障于一方。内患起则除之，外侮来则御之。怀忠贞之志，抱勇往之才。事之不合于义者，守身则重于泰山；事之有近于仁者，视命则轻于鸿毛。此果决刚毅之所为，而正人君子爱之慕之，敬而重之者也。辉里庄李机庆、李恭长、李友长，郑家寨段维烈，此四人者，尚有此遗风焉。民国十七年六月十七日，团中大众将所擒之匪尽缚于北河之上，以正公法。乃有数匪叵测，自解其缚泅而欲遁。一时团众皆惊，无所措手。独李机庆、段维烈者，惟知讨贼之义，不顾河水之深，持枪而入，刺杀泅贼。无如贼虽毙而身已陷顶，既灭而命遂危矣。噫！彼苍者天，歼我良人！河岸之众，谁不泪下沾襟也哉！越至十九日，匪又入境，惨酷更甚。房屋任其焚烧，老幼被其掳掠，逃难者十之八九，居家者百无二三。此时此际，而欲求一敌抗之人，果伊谁哉！惟有李恭长、李友长怀公正之心，禀威武之气，怒发冲冠不忍坐视。自以为博浪之椎，既能击始皇；鱼肠之剑，亦可刺王僚。能济则公家之福，不济仅一身之祸，念及于此，遂入枪林之内，不畏弹雨之多，左冲右突，意必灭此而朝食也。孰意天心莫问，人事难测，以节烈英武之身而丧于土匪强暴之手，良可慨已！于是团众痛此四人，为公义之事，而遭残害之凶，心实难忍，遂出赀财而厚葬焉。然追悼之怀不能自已，而凄怆之感至今难忘。恐世远年湮，节烈之风泯没无闻，故又勒诸贞珉，以垂不朽云。

清邑庠生许青云敬撰并书丹

中华民国十九年岁次庚午孟夏　穀旦

冯立经与"杏坛春暖"碑

孙镇历来是文教繁盛之地、尊师重教之乡。元朝平民教育家"长白先生"张临、清初被誉为"马三代"的历史学家马骕，广为人知；乾嘉年间辉里村的"五子登科"，享誉全国。降及民国，孙镇一带的新式学堂也颇为兴盛：1912 年，王伍庄创办了邹平城北最早的新式学堂——"长白公学"；1920 年后，霍坡村创建了"邹平县私立崇实高等小学校"；1931 年，辉里村将"日新初级小学"扩办为"辉里镇镇立高级小学"。如今，辉里村的"共成斯举"碑（今立于村西北角处）、王伍村的"功在桑梓"碑（原立于王伍庄，今保存在邹平市文管所）以及冯家村的"杏坛春暖"碑，就是孙镇人民尊师重教的传统的实物见证。前两块碑早已闻名遐迩，后一块碑却鲜为人知，故笔者特撰此文以记碑主冯立经其人以及立碑始末。

"杏坛春暖"碑原立于冯家村北门，乃是学生们为感念恩师冯立经先生，于民国二十四年（1935）春所倡立。此碑碑身（高 150cm、宽 75cm、厚 24cm）基本完好，碑座与碑头也还健全。

"杏坛春暖"碑（2021 年夏赵方涛摄）

据《冯氏支谱》记载，冯立经，字纬堂，孙镇冯家庄人，清末邑廪生，授明经进士。清末民国时期，他是孙镇一带及其周边地区有名的私塾先生，毕生以教书为业，大多数时候担任私塾先生，有时候也在学校任教。据《邹平县霍坡村志》记载，20世纪20年代，邹平县长白乡乡长霍明瑞（字缉武，清末秀才，霍家坡人）在本村创办"邹平县私立崇实高等小学校"，大约存在于1920年至1927年之间。学校延聘附近名儒任教。冯立经即被聘为语文教员。

碑身正面中间自上而下镌刻着"杏坛春暖"四个榜书大字（此四字疑出自郝宝书手笔）；右侧题款"清候选训导纬堂冯老夫子纪念"一列小字；左侧落款"受业门生 敬立"与"中华民国二十四年季春 穀旦"两列小字。碑阴文字由三部分组成："立碑缘起"与"立碑人员名单"以及"参与立碑的其他人员和石匠姓名"。"立碑缘起"由冯汝霖撰文、孙恩侗（即孙子愿，孙镇村人）书丹。其文曰：

师长冯老夫子，清岁贡，讳立经字纬堂，豪杰士也。学问冠军，锦标未夺，非战不善，乃天故靳以仕途，使之遵洛闽之正轨，衍尼山之道统。故熏陶广被，明敏达而愚鲁化，即顽懦亦洗心而革面，成德达材。非循循善诱而能若是乎？今夫子年逾八旬，而启迪后人之心依然如故。同学起敬起慕，联名而成斯举，使先生之功苦，偕贞珉而不朽，吾侪之姓字，因附载以永传。予学浅勘（鲜）略，为之记。民国廿四年季春之月。受业侄前清邑增生汝霖谨撰，受业生历任邹平县第二、五、六等区区长孙恩侗敬书。

参与立碑的大多是冯立经的学生，此外还有地方上的名流。这些学生大多也是孙镇一带及其周边地区有名望的人物。名单如下：

清邑庠生本乡学长石芳春 李希魁 赵守榛 宋守经 霍明实 乡建院毕业石深山 王世鸪 夏树礼 范维谟 省立蚕校毕业孙守义 冯立矩 冯汝骧 张鸿修 王志学 法政毕业王毓芹 李慎长 陈兆甲 李永庆 张启明 解庭翔 霍明邑 霍淑泗 王志亮 吴平序 王在沣 张鸿范

武庠生赵世楷 霍淑銮 张杰三 李朋长 赵法孟 宋振起 赵宗普 王传藻 张殿镇 正谊中学毕业石宝祯 刘恒庆 王宝田 冯汝骏 冯大钦 冯大甲 霍淑临 冯汝霖 李可电 张怀玉 王云朋 潘彦铭 李恒泰 张隆业 霍明校 孙敬尧 刘景芳 王在滨 赵世昌 赵献珂 信连芳 清邑庠生张天叙 韩继曾 优级师范毕业张成岫 李青阳 赵源 王传铭 刘成恭 赵德永 颜世德 王懋藻 马逢吉 冯大训 冯大彬 李德贵 清邑庠生孙殿相 刘景山 刘春荣 孙会云 霍淑阅 王毓兰 李道文 长山中学毕业霍淑问 魏以惠 历任本县区长赵长发 王毓英 赵献功 正谊中学毕业惠龙图 齐邑清庠生张成浩 何俊华 张步青 孙倬云 夏树森 王毓蕙 王长荣 孙瑞卿 曲本善 王惠忠 省立一师毕业张本泉 冯汝能 惠瑞图 齐邑清庠生李敬谟 杨善述 巩澍海 王鸿渐 赵涵 省立一中毕业王毓莒 王庆和 法政毕业杨继达 高级中学毕业霍永图 徐立木 王志超 林兆泰 李殿臣 清邑庠生宋籫缨 长山中学毕业张鸿宾 杨仲鸾 张成峻 时长享 王毓芬 李恩荣 张念兹 夏方琳 王守信 冯曰庠 冯大中 惠文房 清太学生王世鸿 邓兆元 杨殿珪 太学生赵俊 郭贻俊 李居简 陈甲兴 杨继遠 王在新 孙聿广 王志达 郭芳德 王庆元 京师大学毕业时象坤 韦发祥 王传经 刘金璋 时毓川 王毓源 武术学堂毕业霍淑谋 乡建院毕业王传金 石作楫 程庆长 霍淑栲 冯大俊 孙宪甲 乡建院毕业时尚常 张传义 田思宠 马兆芹 郭贻宾 王允汉 夏尔樨 李道清 赵殿龙 王惠麟 王志峻 王在渭 王志仁 孙恩侗 高建勋 田星斗 马登域 时毓英 王传绅 潘兆永 崔永盛 魏方仁 赵守伦 霍淑铭 张永烈 韩景辉 长山中学毕业伏嘉祥 高凤翔 张心安 王景美 张毓福 王传瑞 潘兆瀛 乡建院毕业杨继□ 曲本洇 段振铎 冯曰瑞 王在湘 夏尔忠 第十二乡学学长李北辰 李召庆 宋振武 张毓德 时殿臣 孙遇泰 马篆书 霍淑檐 李武元 范维翰 孙宪章 冯立朝 韩士聪 第十二乡乡理事刘佩三 孟继统 孙凤图 时长镐 张滋琅 中学毕业王克容 冯修珩 王志高 徐立春 王希圣 王昌魁 王在汉

另外，据碑文记载，霍明邑、张本泉、时象坤、王志超、霍淑谋、霍淑泗六人是立碑时的"领袖生"；冯立经的儿子汝梅、汝楫，胞侄汝翼，以及孙子大礼、大范、大道、大策，曾孙曰屏、曰肃、曰晟也参与其事；刻字的三个石匠是来自章丘的李玉奎、任鸿恩和王守荣。

时至今日，冯立经的不少逸事仍在冯家村口耳相传。这也是很宝贵的口述史资料。笔者曾就此采访过其玄孙永安、来孙昌峰，及其同族曾孙曰舜，现将其整理如下：

冯立经学识渊博，上课从来不用拿书，也不摆老师架子，与学生平等相处，是方圆几十里内有名的私塾先生。早年间，他曾在今韩店镇仓林村、实户村一带教书，声誉极好。他去世多年后，在新中国成立初期的"单干户"时代，冯家庄人冬天到南边去推煤，就要路过这两个村。天气严寒，他们就顺手从村边取来高粱秆烤火取暖。人家一问是冯家庄的，只说一句"原来是冯老师庄里的"，也就不再言语。那时候，一把柴火都是稀罕物。倘是别庄的，人家可不依。出于相同的原因，在很长一段时间里，冯家庄人在与霍家坡人打交道时，也得到另眼相看。

冯立经中等个子，其貌不扬，加之不太修边幅，有时难免遭到以貌取人者的轻视，但渊博的学识会为他赢得尊重。早年间，黄河以北有一个"大家主"。孙镇一带管大财主叫"大家主"。某天，大家主的嫂子亡故。丧事好办，可是灵位上的称呼该如何措辞，却让他伤透脑筋。他就派人分头去请周围有名的文化人来出出主意。给大家主扛活的众长工中，恰好有一个冯家庄人。听说冯立经学问大，大家主便也打发人来请他。冯立经就穿着粗布大褂子，捧着水烟袋，领着本村一个跟着他念书的小孩子前去赴会。

等他们赶到时，屋里已经坐满了一大帮子文化人。他们身边还各自站着一个书童，书童手里各自提着个书箱。那帮人看见冯立经进来，都没太拿他当回事，甚至没有一个人站起来，礼节性地表示欢迎。他也不作声，就在一个犄角旮旯里坐下来。等摆好酒席，大家主才进屋打躬作揖，详细说明原委。说完，他便把一个空牌位轻轻放在桌子上。结果，众人都眉头紧锁、凝神苦思，竟没有一个人开腔。冯立经见此情景，悄悄起身出了屋门。站在旁边的小孩子，随即跟了出去。两个人一前一后进了茅房。

等师徒俩回到原处，众人仍在冥思苦想，而牌位上依旧空空如也。冯立经清一清嗓子，朗声说道："既然孝家请我来，而且众位仁兄又都谦让，那就请诸位看看我冯某人拟的称呼如何？"说完，他转脸看了身边的小孩子一眼。只见那个小孩子手里握支毛笔，爬到了桌前的椅子上。他面朝牌位，半蹲着身子，右手捏着笔管，左手扶着牌位，一气呵成地写完了称呼。众人定睛一看，连连称赞，不但对死者的称呼极为恰当，字也写得相当漂亮。众人纷纷起立朝冯立经拱手作揖，并恭敬地喊一声"冯老师"。原来，此前在茅房里，他就悄悄嘱咐了那孩子在牌位上写哪几个字。可惜，那几个字究竟是什么，现在已经不得而知！这个小孩子虽然个头矮，却写得一手好字。冯立经出门时，常常带着他。他名叫"冯汝霖"，长大后还考中了秀才，也就是"杏坛春暖"碑上"立碑缘起"的撰文者。

还有一回，冯立经到章丘一户人家应聘私塾先生。除他之外，来应聘的还有一位自信的中年人。那人把冯立经上下打量一番，也不以为他能有什么才学。主人家要在两人之间择优录取，就写了一个字，分别让他们讲解。那人执意让冯立经先讲，打算自己在后面显显本事。不料，冯立经旁征博引，一个字竟然足足讲了半天。那人只字未讲，站起身来向他拱一拱手，说一声"佩服"，就羞愧地离开了。

冯立经基本以四处教授私塾为业。有一年，他又在外地谋了一个馆。奇怪的是，有个四处要饭的小孩子，经常跑到私塾窗下往里张望。次数多了，冯立经就留心观察他什么时候来，什么时候走。一天，他把那孩子叫进屋，和蔼地问道："你是来念书呢，还是来要饭？"那孩子答说，他是要饱了饭来念书的。冯立经非常好奇，就问他："昨天，你来的时候，我讲到了哪里？你走的时候，我又讲到了哪里？"没想到，那孩子竟答得一点儿也没错。冯立经郑重地对他说："从明天开始，你别要饭了，就到私塾里来念书吧！"这天，他跟主家说："东家，从明天开始，每顿给我送的饭里，再多加一个窝头。多出来的饭钱，就从我的月薪中扣除。"主家问明了来龙去脉，激动地说："冯先生这样慷慨仗义，我也不是那小气人。每顿饭这一个窝头，我送了。"从此，那个要饭的小孩子便跟着冯立经念了好几年书。

多年之后，冯立经年老体衰，不再四处教书，回到了冯家庄养老。民国二十四年（1935）春天，在冯家庄北门上，一个老人正坐在马扎上休息，身旁放着一个"粪臭子"。臭，孙镇方言读作"chōu"。所谓"粪臭子"是盛放捡拾来的猪、狗、羊、马、牛粪便的藤编容器。从前，孙镇一带的男性老年人常常背着个粪臭子到处拾粪肥田。这时，从北面走来一个提着山桃李果的年轻人。在那年月，山桃李果可是稀罕物。

年轻人向老人打听道："大爷，请问冯立经老师在哪里住？"

老人答道："你跟着我来吧。我知道他家的大门。"说着，老人站起身子，一手提起马扎，一手把粪臭子背到了肩上。

两人一前一后走进了一户人家。老人把年轻人让进了堂屋，自己却转身进了茅房。他想了好半天，也没记起这个年轻人是谁。

等老人一回到堂屋，年轻人就着急地说："大爷，您领我到这里来，我老师在哪里呢？"老人沉着地答道："我就是冯立经。"

听闻此言，年轻人当即双膝跪倒。原来，他就是当年那个要饭的小孩子，此时有了出息。他一边流泪，一边说道："这么多年，我也没来看老师！如今见了面，却连老师也认不出来！"说着，他就重重地磕下头去。

这也难怪。一晃多年，当年的小孩子已经长成了大人；冯立经也已是八旬老翁，加上那时候饮食差，人老得格外厉害，更显得老态龙钟。老师认不出学生很自然，学生认不出老师也不奇怪。

年轻人说打算给老师立一块纪念碑。冯立经当了一辈子教书先生，教了一辈子书，临了，学生能主动找上门来给自己立纪念碑，自然非常高兴。可是，沉吟一阵后，他无奈地说道："太贵了，一般人立不起啊！你的好意我心领了。"不料，年轻人却斩钉截铁地说："同学们出多少算多少，剩下的费用我包圆了。"冯家庄便有了这座"杏坛春暖"碑。立碑那天，落成典礼非常隆重，宴请贺客的酒席摆满了打麦场。

起初，"杏坛春暖"碑坐北朝南竖立在冯家庄北门上，常常引得来往行人驻足观看。后来，"破四旧"时，它被放倒；再后来，村里修建饲养处，它被当作石料使用，这才侥幸保存了下来。

其曾孙曰绪对冯老先生的感情极深。当年，他就经常给年幼的孙子昌峰讲老先生的逸事。冯昌峰至今记得，"当年，家中曾有一个带抽屉的精致木盒子。爷爷说，那是老先生一个在北京工作的学生来看望他时，盛点心用的。"冯曰绪会木匠，还曾用它盛过工具。可惜，年深日久，点心盒子就坏掉了。爷爷还告诉他，传说老先生小时候换过牙之后，就从没再掉过牙。可是，等老人家去世后，家人给他往嘴里塞钱时，他的牙却忽然掉得一颗也不剩。

改革开放后，村里拆除饲养处时，冯曰绪就想方设法将"杏坛春暖"碑运回了家中保存。当初立碑那天，还曾专门拍摄了两张照片：一张是老先生在碑前坐在椅子上的单人照，另一张是老先生与众学生在碑前的合影。合影中，老先生坐在前排中间，左右是本家的多位子孙。其中，孙子大礼在其左，曾孙曰绪在其右。冯曰绪生前一直珍藏着这两张照片。家里还曾有一幅根据照片绘制的老先生的画像。孙镇一带有大年三十到先人墓前上坟的习俗。到了晚年，冯曰绪行动不便。每逢大年三十，他都会在桌子上摆上曾祖父的画像，供上酒肴，然后恭恭敬敬地烧纸、磕头。可惜，他去世后，一直珍藏着的照片和画像都不幸遗失。另外，他生前还曾通过多种渠道，试图将"杏坛春暖"碑重新在村中竖立起来，无奈抱憾而终。

所幸，"杏坛春暖"碑尚在。如今，碑身静静地靠墙侧卧在老先生后代家中，碑头和碑座也静静地站立在墙边。它们无声诉说着老先生一生平凡而崇高的教书生涯，同时也铭刻着一群学生对恩师的尊敬与感激之情。

2021 年 12 月 11 日

袁厚庵其人

　　袁崇本，字厚庵，以字行于世，生于清光绪十六年（1890），孙镇辛集村人。他为人耿直，乐善好施，还好打抱不平，深受村民敬重，是清末至新中国成立初期孙镇一带的一个重要人物。

　　据《於陵袁氏族谱》记载，清朝末年，袁保纪（字肇修）自杏花沟以东的焦桥西南庄，迁居沟西的辛集村姥娘家。保纪生四子：恩长、恩顺、恩衡、恩华。袁厚庵即恩华之独子，而三位伯父皆无子。

袁厚庵晚年像（图片由袁敬训提供）

　　袁厚庵小时候家境尚可，所以还能一直供他读到周村后师（民国时期的学制，相当于现在的高中）。可是，与那些真正家境富裕的同学一比，他就相形见绌了。当年，投考后师时，他还曾因为穿得差、吃得不好，遭到那些富家子弟的轻视。可是，发出榜来，他以第二名的好成绩被录取，就让那些以貌取人的同学们刮目相看了。在周村的整个读书期间，他的饮食、衣着都一仍其旧，但却并不以此为耻。毕业前夕，他的父亲不幸去世。张、孙、陈是辛集村的三大姓，袁家是村里的小姓，袁厚庵是整个家族的一根独苗。毕业后，他放弃了做官和任教的机会，毅然回老家顶起了家门。从此，他便终生以务农为业。而他的同学中那些选择走仕途的，有的后来甚至在山东省政府的建设厅、民政厅任了职。

年轻时，袁厚庵生得大头大脸，身材魁梧，健壮有力。他经常下地干活，农忙时亲自带短工，甚至比短工还能干。凭借吃苦耐劳与省吃俭用，在原来的家庭基础上，他当辈子就过成了村里的大财主。他不光力气大，传说还颇有些拳脚功夫。有一次，他去焦桥赶集，回来路过辛集村南杏花沟上的新石桥时，忽然跳出来三个男子要绑他的票。结果，有两个人被他一个胳肢窝夹一个，剩下的一个则被他一脚端开。他两只胳膊一用力，疼得腋下两个歹人连连告饶。最后，在他的纵声大笑中，三个匪徒狼狈逃窜。

家里虽然富裕，袁厚庵却不是为富不仁的人。凡是村里人遇到困难，向他借钱或借粮，他的规矩是"只兴借，不兴要"。只等着人家宽裕了主动归还，他是绝对不会去要账的。要是人家一直没有能力偿还，那就算了。

他文武双全，不但通晓古文，而且擅长书法。那时候，村里几乎家家户户都有他帮忙写的房契或地契。另外，他还精通阴阳术数之学，能给人家算卦、看阴阳宅。要是谁家有喜事，他还帮着择吉日。遇到村里的红白大事，他又当仁不让地做起管总先生来。然而，他做这些事统统都是义务的，不光不要钱，就是连盒烟都不要。谁要是给他烟，他就会立刻扔在地上一脚端扁。他说，他不喜欢钱，行善是为了修人。他也给自己算过一卦，下一辈仍是单传，不过等到孙子辈时，袁氏一族就能开枝散叶。后来果如其言。

袁厚庵的一生极富传奇色彩。据张振龙《邹平红枪会始末》一文记载，1928年下半年至1929年上半年，以辛集村为总部，兴起了保卫家乡的红枪会组织。孙镇腰庄村人李晓峰任五县（邹平、长山、齐东、高苑、青城）红枪会总团长。袁厚庵是会中的"大红人"，被推举为红枪会辛集村分会会长。红枪会不但肃清了孙镇、九户一带的兵匪，还北征青城县，继而东征高苑县，一举扫除了两县的兵匪。李晓峰还曾一度担任过高苑县县长，不过时间很短。在红枪会兴起期间，袁厚庵相当于军师，经常为李晓峰出谋划策。

民国年间，袁厚庵还曾做过一任村长。孙道全老人（生于1939年）的父亲孙学孔就曾在他手下做过会计。那时候，村长没有工资。孙道全老人听父亲说，袁厚庵为人非常清廉，不花村里的一分钱，还经常自己往里贴钱。他脑子非常好使，里面简直就像有一个账本似的，对村里的每一笔收入与支出，都记得清清楚楚，张口就来。有时甚至会计都还没算完，他早就已经心中有数，而且分毫不差。

袁厚庵喜欢摆事实、讲道理，而且口才极好。民国时期，辛集村隶属于长山县（中华人民共和国成立后，划归邹平县王伍区——今孙镇管辖）。而与之毗邻的辉里庄就隶属于邹平县，郑家寨则一半隶属长山县，另一半隶属邹平县。因此，辛集村处于两县的交界之处。有一次，不知所为何事，邹长两县县长在辛集村附近的打麦场上摆起八仙桌打起了口角官司。两人谁也说服不了谁。当时，袁厚庵也在场，只听他镗镗镗摆出几条道理，顿时说得邹平县长哑口无言。

而为了村民的利益，袁厚庵也敢于和长山县的领导据理力争。那时候，长山县有一条河流到辛集村南边的旧口村（民国时期隶属于长山县，今隶属于邹平市韩店镇）戛然而止。县政府想由此往北挑一条正南正北的河直通杏花沟，雨水多时往里面泄洪。当时的杏花沟河浅堤破，水一大就很容易决堤。由于地势低洼，与辛集村毗邻的杨家庄、辉里庄、郑家寨诸村也都很惶恐，十分担心杏花沟会因此决堤，将村庄淹没。于是，各村选派代表到长山县政府去交涉。此时，袁厚庵正担任村长，自然是辛集村的代表。他口才好，又见多识广，掷地有声地摆出不能挑这条河的理由："南边地势高，甚至比辉里庄'五子登科'家的二层楼还要高，一旦洪水来临，杏花沟很可能决口，势必将辛集村、辉里庄、郑家寨、杨家庄各村淹掉。所以，县里非但不能挑河，还应该在旧口村北修筑一道拦水大坝。"据说，他为这件事还曾到省城济南反映过情况。此事，他昔日的那些同学起了不小的作用。后来，县里果然就在旧口村北用土筑起了一道堤坝。据孙道全老人说，大堤的北面还曾经立过一块长方形的石碑，上面刻有辛集村、辉里庄、郑家寨、杨家庄与旧口村达成的两条协议。碑文大意是说，发大水时，旧口村一旦放水，四村便开枪，而且打死人白打；如果旧口村还击，将四村之人打死，就要十命抵一命。

又据孙道诚老人（生于1937年，孙道全之兄）说，该河即是流经旧口村至朱家套（在今焦桥镇）注入杏花沟的潞龙河。1964年冬，潞龙河在上游改道注入孝妇河，下游旧河道遂废。

　　1945年8月31日，"国民党山东保安独立第六团"设在孙镇冯家村的据点，被八路军一举攻克。孙镇一带就此解放。辛集村虽然隶属于长山县，此前也经常受到"六团"的骚扰。因为袁厚庵有文化且能写会算，又具有管理和组织才能，当地政府便派他当领工，率领附近村庄的民工去挑黄河。此时，辛集村一带正在如火如荼地开展"土改运动"。当时，他的独子聿垚只有十五岁。他遵从父亲出发前的嘱咐，积极支持政府的土改政策，主动将家中的100多大亩（一大亩约等于三亩）土地献了出去。另外，袁厚庵的一车书也一起献了出去。他因此被政府称为"开明人士"。

　　袁家献出的不仅有土地和书籍，还有建筑气派的四合院老宅。袁家老宅位于东西大街路北，由北屋、东厢房和西厢房组成。北屋门前有砖砌的台阶，天井里有连通各屋与大门的甬道。一般人家，天井里全是泥地，下雨之后只能踩烂泥。袁家却不然，即便下了大雨，照样干干净净。袁家的房子不但有砖砌的碱角，还是俗话说的"枣木柱子榆木梁"，"砖墙窗户砖墙门"。除此之外，它的大门也极有特点，不但有大门，还有二门。大门在整座宅子的东南角上。进了大门往西拐，先是草棚子，再是长工住的地方，最西边是牲口棚。二门正对北屋，但是在二门与北屋之间，靠近二门五六米远的地方，还有一道用活动门板拼成的"影壁墙"。二门和"影壁墙"之间搭着棚子，用来遮阳、挡雨。平日里，家人进了二门，在"影壁墙"前左拐或右拐进入天井。只有家里来了重要客人，或者家里有人去世，才拆掉"影壁墙"出入。事后，再将活动门板重新安装妥当。献出老宅后，袁厚庵一家搬到了50多米外村东头的场院屋子里居住。那里的几间平顶土房子原是盛放农具、杂物和喂牲口用的。

　　袁厚庵好打抱不平的性格，至老未改。比如，村里有人在礼节上不尊重长辈，他就会当面提出严厉的批评。晚年的袁厚庵最大的特点是"不惹人厌"。他非但从来不摆老太爷的架子，还总是干一些力所能及的活。家里做饭时，他就主动去烧火；儿媳妇织布时，他就做"芦穗"。所谓"芦穗"是从前农村织土布时，塞在梭子里的纬线团，因其形似芦苇的穗子，故有此名。其他诸如洗萝卜、抹桌子、扫地之类的杂事，更是不胜枚举。

大约在1975年，袁厚庵在睡梦中无疾而终，享年八十四岁。山东是"孔孟之乡"。孔子活了七十三岁，孟子活了八十四岁，所以民间流传着"七十三、八十四，阎王不叫自己去"的说法。另外，如果家里的老人有在这两个年纪去世的，便说他是"死在了孔孟年间"。家人说起来，也是一件有荣光的事。

就在这年春天，袁厚庵用秫秫秸（高粱秸秆）打了一领箔。打完后，他对家人说："今年，我就要过世了。等我过了世，就用这领箔裹裹埋掉就行，不要用棺材，也不要大张旗鼓地办丧事。"他知道自己成分不好，担心使用棺材和丧事张扬会给家人带来麻烦。其实，多年之前，他就已经为自己准备好了一具上好的棺材（孙镇当地也称之为"寿材"），棺材头上还雕刻着精制的"五福图案"——五只蝙蝠围绕着一个"福"字。此时，社会形势发生了巨变，家人也就只能遵照他老人家的遗嘱，将其埋葬在村东头的袁家墓田之中。

时至今日，辛集村凡是上了点年纪的人提起袁厚庵老先生，还是一迭连声地赞叹不已。

2019 年 10 月 29 日

一代书家岳炳南

岳炳南晚年像（摄于1959年，图片由其孙岳运粮提供）

岳炳南，名"光焱"，谱名"廣焱"——因辈分字"廣"笔画繁复，同辈人多写作"光"——字炳南，以字行于世，笔名黄山逸叟、黄山逸樵。他个子不大到一米七，年轻时身材比较富态，大脸盘，年老以后生活不好，有些消瘦。

清光绪十八年（1892）农历三月初六，岳炳南生于今高青县花沟镇岳家庄的一个大财主家庭。其父名思九，也是一个文化人，写得一笔好字。岳炳南曾指着自家大门楼子青砖上雕刻的"福禄祯祥"四字，对独子立兴（生于1944年）说："这就是你爷爷先用毛笔写在砖上，然后再刻出来的。"岳炳南小时候，父亲就专门聘请了私塾先生，系统地教授他从"三百千千"到"四书五经"的传统文化，从而为他终生信奉"孔孟之道"打下了坚实的基础。据《青城县志》记载，他毕业于北京工商学院，究系民国年间哪所高校待考。

起初，他家拥有很多土地，甚至破落之后，村里还流传着一句顺口溜："岳炳南大败，四十亩开外。"那时的"四十亩"是"大亩"，折合现在一百二十亩。所以，"土改"时他被划为地主。

岳家的"大败"源于一场绑票案。今花沟镇一带，民国时期隶属于邹平县，除乡村建设时期和新中国成立前的解放战争时期之外，社会秩序混乱，土匪横行。有一天，岳思九被土匪绑了票。他被架到匪巢后，土匪们兴奋不已，激动地说："请了财神爷来了。"他们旨在谋财，非但不难为他，反而好吃好喝好招待，甚至还告诉他："就是岳家庄某某某扒的沟子，说你是大财主，可以狠狠地敲一笔竹杠。"那人是庄里的无赖，自然也是想从中捞点儿好处。岳炳南自毕业之后，就在外地教书，此时得到消息，便立即赶回老家变卖土地，筹集了一大笔赎金。岳老太爷被赎回后，气愤地嚷道："治他！你缺着啥，只要跟我说一声，我又不是不照看你。你看，你还勾结土匪绑我的票！"岳炳南劝道："钱，咱已经花了。他一个穷光蛋，就算您要了他的命，咱的钱也要不回来了。"最终，此事也就不了了之。

岳炳南曾在济南、青岛、临淄、周村（培德中学）等地教过书。岳立兴听长辈说，他父亲当年在济南时，还曾与失势的直系军阀首领吴佩孚（字子玉）有过交往。有一天，吴佩孚对他说："老岳，你写得倒是不孬！会不会画？"岳炳南谦虚地说道："不行，我画得不像个样啊！"吴佩孚竭力劝道："你孬好画一幅，我来给你题对子。"盛情难却，他就勉为其难画了一幅牡丹。吴佩孚便用隶书题了字，还盖了印章。"文革"时，此画悬挂在岳炳南大女儿（翠珍）家北屋的山墙上。因吴佩孚是大军阀头子，家人怕招灾惹祸，只得赶紧摘下来烧掉了事。

"土改"以后，岳炳南赋闲在家。附近村里有个人会画画，但是字写得不好。那人知道岳炳南是个大写家，曾经多次登门拜访，希望跟他合作，一个画画，一个写字。可是，他始终没有答应。大概觉得那人的画不太高明，所以他答说："要是我画的画，孬好我都写上自家的字，别人的画，不能胡掺和。"无奈那时家里实在太穷，为了补贴家用，有时候他的妻子申慧明便偷偷卖几幅字给那人。岳炳南知道后，还不大乐意，诘问道："你咋又把字卖给他了？"妻子叹口气说："你这个人呀，知不道生活艰难！他咋着不给咱俩钱呀？"

岳炳南的妻室有点儿特殊。他家人丁不大旺，到他已是六代单传。因为家境富裕，他早早地就娶了附近张家庄的张氏为妻。婚后，两人育有三个女儿：长女翠珍、次女翠祯、三女翠英。大女儿嫁到青城，二女儿嫁到岳家庄东的高家庄，三女儿则嫁到了济南。因为没有儿子，大约在1933年，他又在济南娶了小他二十五岁的东阿人申慧明——时年十六岁。婚后，两人又育有三个子女：大女儿慕祯（二十四岁时去世）、儿子立兴、小女儿冠英。

梁漱溟先生在邹平县搞乡村建设运动时期（1931—1937），岳炳南也曾参与其事，据说还曾担任过第十三乡乡学（当时的花沟即隶属该乡）学长。另外，他在邹平县城教书，或许也在这一时期。

据石鲁鹏（石子玉之子）《乡建时期〈邹平县志〉续修始末》一文记载：民国二十四年（1935），为扩大山东乡村建设研究院的影响，梁漱溟先生倡导续修《邹平县志》，因而成立了续修县志委员会，由石子玉担任主编，王荫南和岳炳南担任编辑。第二年秋天，续修的《邹平县志》基本脱稿。"在续修县志的两年内，代表研究院对'邹平县续修县志委员会'作总体指导的，是研究院的茹春浦先生。茹先生也曾暗示编修者，对研究院和实验县几年来的工作成就多着一些笔墨。几位老先生仍本着作为志体的不隐恶不溢美的实事求是的精神，对研究院和实验县的情况，作了比较切合实际的记录。"只因中日关系风云突变，县志稿无暇付梓，暂时保存于县图书馆内，后又保存于石子玉家中长达三十年之久。最终，两麻袋书稿不幸在"文革"中被付之一炬。现仅存"总纪"稿本一册而已。

岳立兴回忆说，前些年，石鲁鹏还收藏着岳炳南的一幅墨宝。不知是在济南，还是在青岛，曾有人出到好几万块钱，他却坚决不卖，还说："炳南先生是家父的至交老友，愿留此幅墨宝作为永久纪念。无论多少钱，都绝不会出售。"

就在开始续修县志的同一年，孙镇信家村的信连元（字奎三）主持纂修了《信氏族谱》，并特意邀请岳炳南作序。此篇序文绝非泛泛应酬之作，其对家族制度的深刻认识，至今读来仍令人佩服。其文曰：

老友奎三，以其谱索序于余。据称信氏自明洪武间讳荣者，始由枣强迁居于邹平之信家庄。迄今五六百年，传世二十三世，蕃衍一百余家，现居于邹者五十余家，由邹徙居长山、桓台、齐东、章丘者共五十余家。旧有草谱简而不详，故辈次尚可考，而支派则不能分矣。奎三等恐其久而愈无可稽考也，爰于民国二十四年春，鸠集在邹在外之族人，周谘博访，即其名讳可考、近支可分者，编成谱牒，以昭来世。计历时六越月，始克成功。噫！其报本追远、敦族敬宗之意，昭然可风矣。然自欧风煽变，古道渐替，家族制度为世诟病，而奎三等乃急修谱牒，于国家主义盛行之下，不亦违世界之潮流，为新进所窃笑耶？虽然家族制度为吾国数千年之精粹，吾民族之所以历数千百劫，而能巍然独存者，实赖兹家族制度有以维系于其间。夷考先圣所谓"亲亲仁民爱物"者，实有一定不变之程序；所谓"人人亲其亲长其长而天下平"者，实为精确不移之左券。然则修谱一事，所以敦其族而睦其宗者，推而行之，即所以齐其家而平夫天下者也。岂曰小补之哉！

邑人炳南甫岳广焱拜序

　　孙镇岳官村的岳姓就是早年间从岳家庄迁来的。从前，他们续家谱，就要到岳家庄去。时至今日，他们的辈分字依次是报、本、孝、思、光（广）、立、玉、厚，还能与岳家庄续得起来。

　　迁到岳官村的岳姓，与岳炳南一支血缘较近。他们迁走后，其宅基地即归岳炳南家所有。另外，他们在村东还遗留下一片墓地，里面有六七座坟头。那里若是长了荆条之类，则只有岳炳南家能去砍伐。因为岳官村有同辈的兄弟，岳炳南年轻时便经常来玩，"既来之则安之"，来了就住上一段时间是常有的事，不但村里人都熟悉他，就连附近村庄也有不少人认识他。每次到岳官村来，他总喜欢找岳光田聊聊天。他那一笔好字在村里家喻户晓。当年，岳官村姓岳的，几乎家家户户都有他写的六扇屏，悬挂在北屋的山墙上。岳立武家也有一幅。他十来岁时过继给伯父岳光辉。成年后，伯父叮嘱他说："你炳南大爷的字画值钱，你千万要好好保留着。"如今，岳立武家早已是砖瓦到顶的四合房子。从前，他家住的是土坯房，还翻盖过一次。那副六扇屏始终悬挂在土坯房的北屋里。

岳立武的姐姐嫁到邻近的孟坊村。姐夫名叫王兴通，是一位很有学问的老教师。他也写得一手好字，是十里八村的写家。每次到妻弟家来走亲戚，他总是站在那幅六扇屏前看上好半天。岳立武疑惑地问道："兴通哥，您那字也写得不孬。年年来了都看，咋还看不够呢？"兴通老师徐徐答道："你不懂，人家这字力道才足呢！"

后来，年深日久，有的字整个儿从纸上掉了下来，而有的字则是部首或部件掉了下来。然而，岳立武始终谨记伯父的嘱咐，一个笔画也不少地将它们小心翼翼保存起来。大约在20世纪70年代，有一个下乡收古董的贩子，看到这幅破烂不堪的六扇屏，便问岳立武多少钱卖。他狠了狠心，张嘴要了四十多块钱。古董贩子连价都没还，当即掏出钱来，拿上六扇屏，骑着洋车子一溜烟地就跑了。此时，他才反应过来，拍着大腿说道："娘的，钱要少了！"同族其他人家当初也都有，可惜不在行，挂破了也就随手扔了。听说岳立武家的破六扇屏卖了大价钱，没有一个不懊悔的。如今，虽然不知道这副六扇屏已经流落到了何方，但其尚存人间，便是一件幸事。

先叔祖树忠公也是一位有学问的老教师，同样写得一手好字。多年前，他曾对笔者说过："从前，咱们村里，凡是练毛笔字的，都拿岳炳南的字当模子。有的直接放在纸下面描红，写不上半天就没法用了；有的知道爱惜，看着模子临摹，能用好多天。可惜，现在已经很难见到他老人家的墨迹了。但愿花沟岳家庄还保留着他的字。"说这番话时，先叔祖脸上不禁流露出怅惘的神情。

可惜，岳家庄也没能留下他的片纸只字，因为成分不好，不得已也都付之一炬了。不过，当年他的一个亲戚，因为成分好，拿走一副六扇屏偷偷保存了下来。前些年，主家带着六扇屏到省城济南去装裱，顺便询问了一下是否值钱。老板搭眼一看，就感慨地说："字是好字，可惜写字的人没啥名气！"殊不知，岳炳南在外教书多年，其书法当日也颇为有名，还曾因此受到赏识。

话说有一年，张店驻扎了国民党的一支大部队。没过多久，部队要举行阅兵仪式，需要写一条大标语，横挂在大路上。工作人员就到学校请教书先生挥毫。可是，问问这个，这个说写不了那么大的字；问问那个，那个也说写不了这么大的字。最后，有人向他们推荐说："临淄有位岳炳南先生，也是个教书先生。他倒是写得一手好字，你们不妨去问一问，看他能不能写？"岳炳南饱蘸浓墨，一挥而就，来人非常满意。标语被带回后，军队的一个大官（有人说还是位军长）见到后，大为赞赏，竟立刻驱车找到岳炳南，力邀他到军队中去工作："老岳，你在这里教书太屈才了，跟着我去干吧？给我写写记记，当个秘书。"岳炳南历来一心只教圣贤书，对各党各派都敬而远之。他笑着说："不行，咱过不了部队的游牧生活。"一听"游牧生活"四字，那个大官就乐了。他继续劝道："部队也不总是移动，在一个地方安营扎寨后，最起码也得待上半年。"结果，他还是坚持己见，并说出了自己的心里话："不行，我相不中你们这一行。"最后，那个大官也没有强人所难。

岳炳南之于书法，楷、行、草、隶、篆各体兼擅，而且大字、小字都能悬腕书写。譬如他在《医学三字经》上用毛笔做的笔记，字小得跟麦粒子一样，依旧笔画清楚，一丝不苟。他曾不无自豪地对儿子说："这样的小字，一般人可写不了！"所以，他写字的故事流传下来的比较多。

中华人民共和国成立以后，高青县的各种"社"（比如信用社、供销社、合作社之类）也纷纷成立，便经常有人拿着各式各样的纸张或木板，找到岳炳南家里请他写字。岳立兴至今清楚记得，有一回，一个年轻小伙子拿着一叠报纸奉命前来，请他为高青县礼堂题写"礼堂"两个大字。那时，他家的生活已经非常窘迫。小伙子说明来意后，他看了看那叠报纸，说道："小伙子，一，你拿来的纸太小，要写你说的那么大的字，根本写不开；二，写大字得用粗毛笔，你得回去拿墨汁，我奉送不起——我那支粗毛笔蘸饱了墨，就需要一瓶墨汁。"小伙子依言回去拿来了墨汁。岳家人则现打了点糨糊，将报纸粘贴在一起。岳炳南挥动像鸡蛋那么粗的大毛笔，写下了遒劲的"礼堂"两个大字，笔画竟有盖屋用的檩条子那么粗。后来，这两个字被安放在了礼堂大门上方。还有人传说，高青县的"人民剧院"

四个大字，是出自他的手笔。不过，究系传闻，尚待考证。

20世纪50年代，为了增加一点收入，家里花钱请了一个匠人，教会了女儿慕祯炸麻花。岳炳南就经常挑着个担子去卖麻花，还在前面的筐子上贴了一张红纸，上写"糖酥麻花"四个显眼的大字。他是大家主少爷出身，从小只知道念书，从没干过农活，长大了就教书，连个担子也不会挑，走起路来一溜歪斜。有一天，他挑着麻花担子在前面走，有个人骑着洋车子从后面赶了上来。那时候，洋车子非常少见。那人超过麻花担子后，扭头看了他一眼，结果一下子就被"糖酥麻花"四个字给吸引住了。他立刻停下洋车子，问道："老大爷，你筐子上的字写得挺好啊！谁给你写的啊？"岳炳南答道："咳，还谁给我写的？我自家写的啊！"那人吃惊地说："还是你自己写的吗？我买你这四个字行不行啊？"岳炳南说："你还买我的？就是一块红纸，写了四个字。"那人赶紧说："不啊，我看你写得挺好，我想买你的。"岳炳南说："你买我的，我不卖；我送给你行。"最后，那人接受了他的馈赠，但是又过意不去，就买了他几只麻花。

除上文所记拒绝与人合作题画外，他还有坚决不写的另一个故事。当年，附近的龙桑村曾有一个坐堂的中医先生，多次来家里找到岳炳南，想请他给自己写个告示。岳炳南拿过底稿来一看，只见竟是一首打油诗：

> 一进门来苏东坡，坐下韩信问萧何。
> 苏秦巧语言六国，徐庶无语你没辙。
> 赊账好比三结义，要账好比请诸葛。
> 不是本店无情理，只因本小利皮薄。

原来，这位中医先生是不想让顾客赊账啊！岳炳南素来秉持"民胞物与"的信念，自然很不以为然，每次都推说"写不了"，让他另请高明，到底没有给他写。

他不光是字写得好，而且学识渊博。花沟郭家坊有个大财主。有一年，他家老太太过生日。外面的朋友先着几天派人送来了一块匾，揭开一看，上面赫然写着"曹操孟德"四个大字。按道理，到生日那天，就得把匾挂上，否则朋友来了，面子上就不好看了，人家心里难免会犯嘀咕："不挂我送的匾，是嫌我送的匾不行啊，还是觉得我这个人不行？"可是，财主家又实在弄不懂这四个字的含义，只知道"曹操（字孟德）"是个奸臣。这一下子可就作了难，财主前来请教岳炳南。听明白来由之后，岳炳南首先问道："令堂是不是姓曹？"答曰："对呀！"岳炳南击节赞叹道："那人家这块匾就送得太好了！"接着继续解释说："首先，'曹'字切合令堂的姓氏；其次，前两个字'曹操'，是说令堂有曹娥孝父的操守；再次，后两个字'孟德'，是说令堂有孟母教子的德行。"财主听后恍然大悟，高高兴兴地回家后，立刻让人把匾悬挂起来。逢人询问匾额的含义时，他总是不厌其烦地照样给人家学说一番。

岳炳南曾经对儿子说过，解放战争时期，他在临淄教书，因为有战事，社会动荡不安。他就把自己的好衣服、珍爱的书籍，暂时寄存在一个茶馆里，带着家人回了济南。他别无长技，只能继续教书。后来，他寄存的那些东西便都不知所终了。

那时，他带着两位夫人，以及女儿慕祯和儿子立兴，还有外甥高立书（翠祯所生）。外甥从小跟着他念书。他一个人教书挣钱，供一家六口人浇裹，加之通货膨胀，根本不够用。这月的工资都用不到下个月。有个同事见他生活实在困难，就推荐他到青岛的财政局任职。他负责给船只开单子，人家拿着单子去领钱。每次看到运货的船只一进港，他就早早地开好单子，并交给下属。可是，下属为了索要回扣，就故意扣着不给人家。时间一长，岳炳南自然就发觉了其中的关窍。他觉得拿工资干活是天经地义的事，从没想过意外之财，甚至连一棵烟也不抽人家的。此时，下属吃了人家的回扣，自己却背个黑锅。他毅然辞职返回济南，继续以教书为业。

不久，济南解放。新政府将一批知识分子集中起来，办了一个为期三个月的培训班，岳炳南也在其中。培训结束后，因为没有啥政治问题，新政府就想给他分配一个工作。可是，他却执意返回了老家。多年之前，国民政府也曾想给他官做，同样被他拒绝了。

老家已经完成"土改"。他家是十里八村有名的大财主，光是青砖碱脚的北屋（砖包皮）就有十几间。此时，房产和土地都被没收，一家人只得搬进了三间土坯房子，不但低矮潮湿，地面比院子里还矮着一大截。每逢下雨，就要在屋门前挡上一溜土堰，防止雨水倒灌。土改后，岳炳南家有五口人，一共分了五亩来地，全靠身强力壮的妻子申慧明耕种。

当时，岳炳南已经将近六十岁。既然不能再继续教书，他就想转行当医生。他读过很多中医典籍，家里光是医书就有好几大摞，净是些《伤寒杂病论》之类。他常常背着一个粪臭子出去拾粪，同时肩上还挎着一个书包，里面装着医书。歇息的时候，他就拿出来研读。拾粪的时候，他有时溜达着去十二里地外的青城，在青城集上转悠转悠，中午到女儿（翠珍）家吃了饭，下午半个晌午就回来了。

他为人十分小心谨慎。儿子立兴小的时候，他就成天教育他："非法不言，非道不行；口无择言，身无择行。言满天下无口过，行满天下无厌恶。"他拾粪的时候，也秉承着"瓜田不纳履，李下不正冠"的古训，只拾路中间的粪，路两边靠近人家庄稼地的粪，他都一概不拾，免得人家怀疑他到地里去偷粪。连拾粪都这样小心，就更不要说给人家看病了。倘或人家头疼脑热，请他给开个方子，等人家抓回药来，他还要仔细看一看，辨别一下药对不对，人家吃了药，他还要去问一下效果如何。终因太过小心，总担心用药伤了人，他到底没有当成医生。

新中国成立之初的一段时间，岳炳南还曾当选为邹平县的人大代表兼政协委员。有一次，岳立兴牵着小毛驴驮着父亲送他到县里去开会。爷俩从陈家桥渡口（在今花沟镇前陈村附近）过小清河。当时，前陈村的董继坛、董继茂（音）两兄弟在此处摆渡。他们见来人是岳炳南，将父子俩渡过去后，分文不收。临走前，岳炳南指着儿子对哥俩说："这是我的一个小孩，明天他回来的时候，还得麻烦你们把他渡过去。"当时，他与县政协副主席高少言有颇多交往，到县城开会时，经常住在他家。第二天，董氏兄弟将返回的岳立兴渡过去后，依旧分文不收。原来，哥俩佩服岳炳南是一个有文化的谦谦君子，多年以来，从不收他的渡船钱。其实，渡河也花不了几个钱，但是哥俩就用这种方式表达对岳炳南的尊敬。

　　岳炳南从年轻时，就受到十里八乡的尊重，提起他的名字没有不高看一眼的。那时，他家还是大家主，除了地多，还雇人放着羊。有一回，牧羊人赶着羊群放了附近某村另一个大家主的麦苗子。人家的长工看见了不依，夺了赶羊的鞭子，直接把羊赶到了本村的大街上。大家主家的老爷问明原委后，嗔怪他道："你咋赶了他家的羊来。这是岳炳南家的羊。他不是那种祸害人家庄稼的人，准是放羊的乱整。要是等他来道歉，咱还得管饭。快把羊还给放羊的吧，要不然咱还得再撺上一顿酒菜。"

　　就在前几年，岳立兴育了些辣椒秧子，在田镇集上找了个树荫凉，在底下摆摊。有个姓崔的老人也坐着杌扎子，在树底下乘凉。两个人说起话来，听说岳立兴是花沟镇岳家庄的。老人吃惊地说："哎，还是俺老师家那个庄来！"岳立兴从老人的岁数推测，有可能是父亲的学生，于是便问道："您老师叫啥名啊？"老人答道："岳炳南。俺老师可是个大写家，那字写得真好！"岳立兴淡然地说道："那是俺父亲。不过，我咋对你没大有印象呢？"原来，岳炳南在世的时候，他的那些学生们经常跑来看望他，都喜欢来找他玩。老人不好意思地说："其实，我只知道他的名。他不是俺老师，可是我非常尊敬他老人家，所以就认他当老师。"提起这件冒认老师的趣事，岳立兴不禁哈哈大笑。

　　岳炳南教了一辈子书，学生很多，有时遇到难处也常常得到他们的帮助。新中国成立之前，有一回，岳家庄有个人赶着牛车到周村去拉炭。此时，岳炳南正在邹平县城。他便搭上牛车，顺便到周村去办点事。牛车行至周村地界的一条田间小路上时，因为对面也来了一辆车，破辙的时候，车轮就将路边的小麦轧了一道。其实，冬天的小麦根本就不怕轧，倘或暖冬小麦旺长还要用碌碡轧呢，更何况车轮又只是那么窄窄的一小溜。但是，地主人却不依不饶，非得卸下车上的牛不可。赶车的人岂肯答应！双方便争执起来。赶车的人好话说尽，依旧无济于事。最后，他就对稳坐车上的岳炳南说道："炳南，你在周村教过书，就没个熟化人给咱来说个情吗？"岳炳南来到前面的村子一问，从前教过的一个学生正好是这个村的。

他找到那个学生，一五一十说明来意。学生听后非常气愤，说道："岳老师，您沉住气在我家喝点儿茶，休息一下，我这就去把事给办了。"这个学生家也是大家主。说完，他骑上马就走了。匆匆赶到事发地点，他将地主人狠狠地训斥了一顿："谁家出门背着道啊？不给你轧麦子，怎么破辙啊？冬天的麦子又不怕轧，你看你还不依不饶！你说人家给你轧了麦子，我还说你耽误了人家赶路呢！等来年麦秋，你损失了多少，我加倍赔偿！"一场无理取闹的纠纷方始解决。

后来，形势发生了巨变，岳炳南家彻底败落，而且因为成分问题还在庄里受到排挤。他听说有个学生在徐州当了市长，便起了两封信，想获得一点帮助，却一直没有回音。或许是传闻不实，或许是人家也有难处，只得作罢。

岳炳南一肚子"子曰诗云"的学问没了用武之地，幸好那一笔字，还有些用处。过年时，全村没有不找他写对联的。他总是有求必应，屋里常常晾得满满当当。有些人家比较拖拉，大年三十下午才送来红纸。为了能让人家贴上对联，他常常写到深夜。有时临近新年，他也会写些对联，让儿子和妻子去赶年集摆摊子。他们也曾来赶过孙镇大集。他写的对联非常抢手，即便是不懂书法的人，一看落款是"岳炳南"，知道他是大写家，买着就走。一大摞对联，一会儿就卖个精光。

乡村建设时期，岳炳南还曾在王伍庄（时为邹平县第十一乡乡学所在地）教过书。20世纪50年代，孙镇辛集子、辉里庄的民工到小清河以北来挑河上伕。其中就有他当年的一些学生，都五六十岁了，赶着马车顺道来看望他，晚上便住在了他家里。

大约是在1960年，已经是腊月二十一二日了。岳立兴当时十五六岁，在离家十好几里地外的北边上河工。上午回到家，什么吃的也没有，甚至连糠菜都没有一点儿。岳炳南对他说："走，我领着你上河南里的岳家官庄（即岳官村）找点吃的！"时值三年困难时期，小清河以南还稍微强点儿。他又说："咱不要人家的粮食，要是有糠菜之类的，咱要点儿。看他们能给咱淘换一点了不？"冬天天短，四五十里地，赶到了就已经是半过晌午了。

当时，岳家官庄的岳家门里有个"三奶奶"，年龄不大，但辈分大，似乎是续弦，丈夫前窝里还有孩子。岳炳南对儿子说道："我领着你，先去拜访拜访老娘娘子的。别看她年轻，你还得管她叫'三奶奶'。"拜见过"三奶奶"，爷俩来到了岳光庭（岳立茂之父）家。当时，岳立茂在大队里当会计。听说岳炳南大爷的难处后，他说道："现于今，粮食不好弄，糠菜也没有。这边虽然比河北里强一点儿，家家户户也都是没啥吃。——您不用管了，我来想办法。您这么老远来了，我不能叫您空着手回去。"晚饭，爷俩就是在岳光庭家吃的。饭后，跟岳炳南一辈的兄弟们都来叫他到家里去玩玩。晚上，爷俩住在了岳光生家。

岳家官庄的南场里有一座土坯房子，门窗都用土坯堵死了。这是队里的仓库。这天晚上，岳立茂挪开土坯，给岳炳南爷俩偷着装了两半口袋吃的：半口袋谷糠和半口袋高粱壳子。在挨饿的那个年月，这些可都是好东西。岳立兴老人至今回忆起来，还感慨不已："岳家官庄上的人真实在，人家是偷了东西，给俺们吃。"第二天，岳炳南让儿子背着两个口袋回家，自己打算到济南的小女儿（翠英）家去。他说："他们吃饭，总得给我一口吃的。我多吃他们一口，老家就省下一口。"岳家官庄上的兄弟们都劝他："炳南，你别去济南了，这都快过年了！你家去孬好过个年，哪怕过了年再去呢！"于是，他又在岳家官庄玩了几天，就回老家了。村里人都知道他是个大写家，但凡来了，总是给岳家官庄上的人（不论是否姓岳）写个遍。在岳家官庄人看来，他已经是半个岳家官庄人了。这是他最后一次来岳家官庄。

辛丑年九月二十二日（1961 年 10 月 29 日），岳炳南饥病而亡，饥更甚于病，享年七十一岁。当年，他父亲去世时（约在 1938 年），雇了两套吹鼓手，风风光光出了七天大丧。两家饭店同时开流水席，招待全村人，谁来了谁吃。此时轮到他，家里连口薄皮棺材也买不起，只得买了一口人家过去盛钱的旧木箱子，勉强改成棺材，仅比直接把土扬到脸上稍微强点儿罢了。岳家庄东北方向不远处，有两片墓地，隔着一条南北沟相望：西边的一片埋的是贫下中农，东边的一片埋的则是地主和富农。岳炳南的葬身之处也就不问可知了。他去世后，岳家庄还曾专门派人到岳家官庄上来，在岳氏祖茔中栽下一棵松树作为纪念，因其生前经常在这里居住，并与这里的兄弟们感情深厚。

岳炳南生前曾把自己一生的经历和理想，用毛笔写成了一本书，取名《无弦琴》。南朝梁萧统所撰《陶靖节传》有云："（陶）渊明不解音律，而蓄无弦琴一张，每酒适，辄抚弄以寄其意。"他甚至对儿子说："等我百年之后，你拿出这本书来看看，就等于你爹没死。"可惜，此书也于"文革"时被毁。老人家一生的经历和理想也随之灰飞烟灭！另外，他还给儿子留下了很多墨宝，卷在一起有一大捆。岳立兴至今记得，里面有《诗经》中的不少文字，诸如"七月流火""九月授衣"之类。可惜，仍旧因为成分不好，一张也不敢留，都一把火烧掉了。

父亲学识渊博，岳立兴却仅仅是小学四年级毕业，想要投考花沟完小，因为成分问题，即便考上，人家也不收。当年，他五六岁时，父亲就开始教他读古书，七八岁时还教他读过《孝经》。七十多年后，在他的言谈措辞中，还依稀有些古书的影子。

2023 年 7 月 24 日

许宗道先生传

许宗道，字贯一，名与字皆出自《论语》"吾道一以贯之"，生于清光绪三十三年（1907），许青云先生第三子。许老先生原配张氏，继配刘氏。宗道与四弟宗蔚皆刘氏夫人所出。他自幼聪颖，由父亲亲自启蒙，旧学颇有根底。

1931年初至1937年秋，著名学者梁漱溟先生在邹平县开展乡村建设运动。据其子许学云《三代临池翰墨香》一文记载，许宗道青年时代，"在山东邹平县乡村建设研究院工作时，结识了教育家、书法家张宗麟、梁漱溟，在学习、修养方面受益匪浅。"

抗日战争全面爆发后，许宗道于1938年2月毅然参加了抗日队伍，曾任山东人民抗日救国军第五军第三支队（相当于营）第十中队排长。同年7月，第五军改编为八路军山东纵队第三支队时，原第五军第三支队长高竹君（一作"高竹筠"，孙镇高家庄人）拒绝改编。在这关键时刻，许宗道与夏俊峰（第十一中队长，今韩店镇肖镇村人）分别率领所辖中队，坚定不移地跟随徐方蒲（孙镇王伍庄人）和张伯韬（一作张伯涛，又名张兴源，孙镇信家村人）到邹平县城接受改编。当时，徐张二人都担任原第五军第三支队副队长。两个中队被改编为九团一营，徐方蒲任营长，张伯韬任政治教导员，许宗道任一连连长。十月，九团一营的编制取消，该团一、二两连合并为一个连，番号为七团一营三连。许宗道任连长，林青（即夏俊峰）任连指导员。

许宗道与妻子许杨氏合影（图片由许立辽提供）

　　许宗道与十八岁担任独立营营长的石宝林（孙镇霍坡村人）是战友，一起追随杨国夫司令员抗日救国，转战于小清河与胶济铁路之间。除杨石两人之外，著名的"一马三司令"——马耀南、马晓云和马天民，也都与许宗道非常熟悉。1939年6月6日，许宗道参加了著名的刘家井战役。此时，他担任连指导员，连长是霍永安（今孙镇霍坡村人）。痛击日伪军后，部队分散突围。他单枪匹马转移到了焦桥村，恰与霍永安相遇。两人商量后，鉴于当前情况不明，各自回家蛰伏待机。十几天后，杨国夫司令员在孙镇辉里村召集旧部。他就马上赶去归队。

　　是年10月，在焦桥史家道口战斗中，为了掩护大部队转移，时任七团一营三连连长的许宗道不畏强敌，灵活指挥，在敌众我寡的情况下，多次打退日军的进攻。他不幸被两颗子弹击中，右腿骨断血流负了重伤。鉴于部队缺医少药，也没有后方医院，加之斗争环境恶劣，他接受组织安排返回老家疗养。经家人多方求医问药，两年后，他终于能拄着双拐艰难行走。直到日本侵略者无条件投降时，他的腿伤才基本痊愈，不过也只是将双拐换成了单拐，右腿落下了终身残疾。

当初，许宗道负伤返乡时，部队曾派连里的通讯员杨德贵（音）跟随照料。后来，他伤势好转，能勉强拄双拐后，便命令通讯员归了队。开始一段时间，部队还接连不断地派人前来秘密探望，并送来款项及其他所需物品。后来，斗争环境变得极度恶劣，部队便和他失去了联系。

抗日战争时期，孙镇一带盘踞着国民党的地方部队——山东保安独立第六团。在此期间，许宗道的家庭遭到了极大的摧残。据许学云记载，六团经常以起枪、搜八路为名，对其家庭进行抢劫，甚至逮捕殴打其家属。有一次，这伙匪徒抢走了家中所有的贵重衣物和布匹。有个匪徒还将许宗道尚是孩童的次子许学耕从月台上一脚踢下，摔成脑震荡后，不久即死去。其外甥张小川（亦是孩童）被打受惊，不幸得了精神抑郁症，也相继死去。他的妻子许杨氏也曾被六团抓去，惨遭毒打。

虽然身体状况不太好，许宗道还是坚持做了不少有益于老百姓和革命的事。从 1943 年 1 月起，那时他还只能拄双拐，就开始在本村担任小学教员，一干就是七年。起初，学生们没有教材。他就亲自编写，还给学生们抄写课本。后来，他又为革命军属写光荣牌、光荣证，工作认真，一丝不苟。

1945 年 8 月 31 日，六团设在孙镇冯家村的老巢被八路军摧毁。孙镇一带随即建立了民主政权。由于区里全是新同志，不了解许宗道的具体情况，地方上未能马上承认他的荣军身份。所谓"荣军"，是对革命伤残军人的称呼。

据林青在 20 世纪 80 年代初回忆，1945 年 11 月，他欲往邹平县政府公干，途经王伍庄一带时，便顺路到毗邻的周家村看望了老战友许宗道，从而得知其数年来的疗养情况，以及当前处境。到达县政府后，他便将许宗道的革命经历和负伤经过，详细告知了陈继明县长。春节过后，第六区（今孙镇一带）区长甘序东奉命陪同许宗道到县城落实荣军身份问题。陈县长对许宗道慰问备至，还曾打算在王伍庄设立一所完小，并请他负责。可惜，此事后来因故未果。当时，许宗道认为，既然县长与区里的负责同志都承认了他的荣军身份，也就没有急着办理荣军证。后来，陈县长与甘区长相继调往他处任职。解放战争开始后，地方干部又忙于支前工作，许宗道的荣军问题遂被搁置。

等到 20 世纪 60 年代，许宗道再次申请荣军证时，周家村所属高家乡某干部却故意刁难，对他的荣军身份提出异议。自此，许宗道的荣军身份问题，便成了一桩悬案。此后，他曾通过多种渠道尝试恢复荣军身份，结果都未能如愿。1970年 4 月，许宗道因病含恨去世，享年六十三岁。

中华人民共和国成立后，曾任宁波军分区副政委的徐刚（孙镇王伍庄人），当年曾追随许宗道抗日杀敌。在得知老连长去世后，他写下了一首沉痛的《先锋官》，深切缅怀昔日的老首长。其诗曰：

> 抗日救亡冲在前，杀敌报国先锋官。
> 敌后游击如蛟龙，阵前御敌似泰山。
> 不幸挂彩无医院，命系战友双手担。
> 奉命养伤离战场，赤心向党誓不变。
> 孤雁归心总似箭，还军理想未实现。
> 解甲躬耕黄土地，生死之交永思念。

许青云老先生能书善画。在父亲的影响和教导下，许宗道也擅长书法。据其孙许立远回忆说，有一年，霍坡村南的杏花河上落成了一座石桥。邹平县政府一连请来二十多个擅长书法的人题写桥名。最终，经过反复比较，数许宗道写的字最好。他的题字就被刻在了桥上。他的另一个孙子许立辽，也听父亲许学云说过，祖父许宗道确曾为霍坡村南的杏花河题写过桥名。多年之前，霍坡村尚保留着一块石板，上面刻有"双盛桥"三字。笔者曾前往霍坡村，向通晓当地历史的霍永吉老先生（生于 1935 年）咨询此事，得知杏花河上被题过名的桥，只此"双盛桥"一座。由此推测，"双盛桥"三字很可能就是出自许宗道的手笔。另外，早年间，周家村现在的南北大街，原是一条沟，俗称"庙子沟"。当初，村里人曾在上面修建了一座小石桥，上刻"隆盛桥"三字。此三字也是许宗道所书，并由本村郭荣芳錾刻而成。

"双盛桥"石板（2012 年初张传勇摄）

再者，因为既有学问又善书法，在 1957 年 2 月，许宗道就曾应外祖家张德佐村（今属九户镇）张氏之请，帮他们续修家谱，并撰写了《五支堂继修谱序》（见附一）。1962 年冬，他又主持续修了《周家村许氏家谱》，并撰写了一篇序文（见附二）。

许宗道娶孙镇杨家庄杨氏女为妻。两人育有三子：长子学甲，次子学耕，幼子学耘。学耕不幸早夭。学甲也曾担任过教师，后因家庭贫困，离职务农。学耘即学云，毕业于中专学校，后在淄博市周村区担任教师。在父亲的影响下，他也擅长书法，并成为闻名周村的书法家。

有一年，许宗道到周村去看望小儿子，恰好赶上不少人正围着小儿子求墨宝。他一时兴起，说道："看见别人家写字，也教我手痒痒，让我也来写上几笔。"说着，他分开众人来到桌前，从小儿子手中接过了毛笔。大家一看，说话的是个其貌不扬而且不良于行的小老头，都不免心中诧异。只见他笔走龙蛇，字竟比许学云的还要好。学云连忙给众人做了介绍。众人啧啧称赞一番之后，便转而纷纷向许宗道求起墨宝来。然而，他却怅然若失地说道："唉，我的这个字呀，比起先父来，还差得远呢！"

2018 年 8 月中旬

附一：五支堂继修谱序

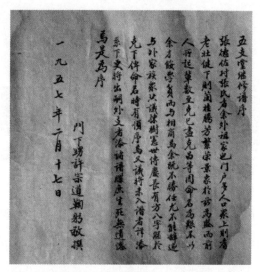

许宗道所撰《五支堂继修谱序》（图片由许立辽提供）

张德佐村张氏者，余外祖家也。门户多，人口众，上则耆老壮健，下则兰桂腾芳。繁荣景象于兹为盛，而前人所起辈数，至"克"已尽。克昌等因命名为艰，不以余才馁学贫，而与相商焉。余既不胜任，尤不能辞，遂与外家族众共议，拣"树、宪、世、传、庆、长、有、方"八字，继于"克"下，俾命名时有顺序焉。又议将未入谱者，详添系下，更将出嗣外支者，添诸谱牒，庶生死无遗憾焉。是为序。

门下甥许宗道鞠躬敬撰

一九五七年二月十七日

附二：周家村许氏家谱序

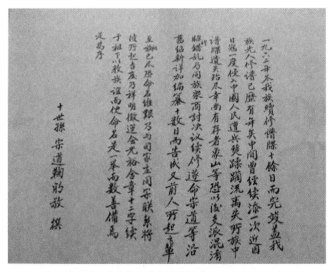

许宗道所撰《周家村许氏家谱序》（2018年赵方涛摄）

一九六二年冬，我族续修谱牒，十余日而完竣。盖我族先人修谱已历有年矣，中间曾经续添一次。近因日寇一度侵入中国，人民遭兵燹蹂躏，流离失所。族中谱牒遗失殆尽，幸尚有存者。象山等恐以后支派混淆，昭穆错乱，乃同族众商讨，决议续修。遂命宗道等沿旧绍新，详加编纂。十数日而告成。又前人所起之辈，至"祖"已尽，恐命名维艰，乃与司家庄同宗联系，将彼所起"吉、庆、乃、祥、明、征、运、会、光、裕、含、章"十二字，续于"祖"下，以敦族谊而便命名，是一举而数善备焉。是为序。

十世孙宗道鞠躬敬撰

巾帼英雄信连华

信连华，字卫民（也写作"伟民"），生于1913年，信家庄（今孙镇信家村）人，中共党员。抗日战争时期，她是一位活跃在当时邹平、长山、齐东三县的中共优秀妇女干部。至今，她已经去世七十多年了。可是，她当年的革命事迹还在孙镇一带口耳相传。

孙镇王伍庄徐召棠老先生是清末秀才，毕生致力于乡村教育事业。起初，他在村中开办私塾，教育青少年。1912年，他与本村另一名秀才韩继文，在王伍庄创办了邹平城北第一所新式学堂——长白公学。1931年起，梁漱溟先生开始在邹平县进行乡村建设运动，并将由长白公学改成的区小学提升为王伍庄高等小学。当时，附近各村有的只开办了初级小学，有的甚至连初级小学也没有。初小毕业后，学生们便可投考王伍庄高小。

从本村初小毕业后，信连华顺利考取了王伍庄高小，还是全校唯一的女生。她不但人长得漂亮，性格活泼开朗，而且学习成绩优异。1935年，信家庄上绅信连元（字奎三）主持纂修《信氏族谱》。中国自古的传统，女孩子不上娘家的家谱。或许，那时候的信连元就已经意识到，信连华将来可能会成为一位非凡人物，于是破例将她写入。

后来，信连华又以优异的成绩考入邹平县简易乡村师范，并成为首届女毕业生。1936年，在师范读书期间，在中共地下党组织的领导下，她积极进行抗日救亡宣传，并组织学生开展抗日救亡运动。"七七事变"爆发后，日本侵略者全面侵华，中华大地上的抗日烽火风起云涌。就在这一年，信连华参加了抗日游击队，积极投身到抗日洪流之中。在她的影响和带动下，本村的信连宝、信贵武等人也先后投身抗日活动。

刚开始参加地下工作时，信连华还没有结婚。为了掩护身份，她就故意打扮得花花绿绿，假扮成骑着毛驴回娘家的小媳妇，从而巧妙地搜集、传递情报。当时，附近的范家村有个王桂英，婆家姓范，人称"范大娘"。她早在1936年就加入了中国共产党。抗日战争期间，她非常活跃，积极为党组织搜集、传递情报。信连华就经常到范大娘家去开会、联络。由于工作突出，她先后担任过邹长妇女委员会书记、邹平县妇女抗日救国联合会会长、邹平县妇女救国联合会主任，成为当地出色的抗日妇女领袖。

当时的邹平县是敌占区。日本鬼子、伪军、国民党地方部队，以及共产党的地下工作者，各种势力错综复杂。信连华积极组织妇女开展拥军优属活动，甚至还配合主力部队打了不少胜仗。当时，孙镇霍坡村建有日本鬼子的据点。1942年秋，八路军清河二分区成功拔除了这颗"毒瘤"。事前，信连华就曾参与情报的搜集和传递工作，为日后据点的顺利拔除铺平了道路。

坡东是八路军的根据地。有一次，信连华正与几个同志在坡东某村开展工作。不知从哪里，忽然开来一大批敌人，并迅速包围了村子。同志们人数比较多，隐蔽非常困难，眼看就要被敌人一网打尽。正在这千钧一发之际，有人向她建议，不妨问一问某家的棺材是否还在。信连华当即会意，一问之下，棺材果然还在。他们赶紧先把机密文件装入棺材，然后就披麻戴孝出起丧来。打灵幡的、抬棺材的，前面的哭，后面的也哭。敌人见是出丧，不疑有他，也就没加阻拦。出村后，他们迅速找了一片高粱地，把棺材隐蔽好，随即就消失在一望无际的青纱帐里。信连华后来回忆说，那是她革命生涯中最危险的一次。

再后来，信连华出任渤海专署妇联主任。当时，黄河以北是八路军的根据地。她有时在根据地工作，有时在敌占区工作。然而，无论在哪里，她的工作都开展得有声有色。妇女工作之外，她还不时接到临时任务，比如帮助地下工作者与上级党组织取得联系，并设法通过秘密渠道让敌占区的家人前来与他们团聚。因此，她受到当时邹平、长山、齐东三县广大人民群众的拥护和爱戴。

抗日战争中后期，信连华与李曼村喜结连理。李曼村是山东章丘人。1932 年，他考入济南的山东省立第一乡村师范学校。在校期间，他就受到共产党的影响，积极投入抗日救亡运动。1938 年，他在章丘领导抗日武装起义，并被推举为章丘人民抗日救国军司令。他加入中国共产党后，部队也随即接受了党的领导。从此，信李两人便成为同一抗日战壕中的亲密战友和革命伴侣。1955 年 9 月，李曼村被授予少将军衔。

孙镇王伍庄的徐刚，于 1938 年 8 月参加八路军，曾是信连华的战友。晚年，他在《九十年沧桑——徐刚回忆录》一书中，追忆"邹平县抗战中的两朵金花"，曾作诗道：

> 长白山下两金花，
>
> 小清河畔吐芳华。
>
> 皇后演员誉马昆，
>
> 巾帼英雄信连华。

当年，得知信连华与李曼村喜结连理后，他还曾送上一副喜联："小诸葛巧娶巾帼女，莲花女喜嫁治世才。""莲花"与"连华"谐音。那时，李曼村威震敌胆，被誉为"小诸葛"。婚后，两人曾育有一女，不幸夭折。

然而，信连华这位为民族独立事业奉献青春的巾帼英雄，却没能等到中华人民共和国成立的那一天！在长期的革命工作中，她积劳成疾，不幸罹患肺病。关于她的患病，还有另一种说法。说她生育后不久，因为躲避敌人的追捕，被迫在冬天涉水渡河，因而落下了病根。丁亥年三月十五日（1947 年 5 月 5 日），她病逝于桓台县索镇，归葬于信家庄西北坡，年仅三十四岁。1957 年 6 月，她被追认为革命烈士。后来，李曼村还曾专程从北京来到信家庄祭奠信连华。他站在妻子墓前，喃喃地说道："连华，我来看你了！"说着，他不禁流下泪来。陪他一起前往的人，也无不落泪。沉默了许久之后，他不无感慨地说："哪里的黄土不埋人啊！连华，你就在这片生你养你，你又为之奋斗一生的土地上安息吧！"说完，他向妻子的墓深深地鞠了一躬，依依不舍地离开了墓地。

可惜，随着农田水利建设运动的不断开展，如今她的坟墓已经不能确指其处了。信连华小名"杏子"。至今，信家村矮她一辈的老人提起她，还亲切地称呼她"杏子姑"。

2020 年 8 月 25 日

信贵武传奇

抗日战争时期，孙镇一带是国民党、共产党、日本侵略者三方势力的拉锯地区。那时，国民党山东保安独立第六团的一部驻扎在孙镇冯家村，九户、邹平县城、焦桥驻有日本鬼子（孙镇霍坡村一度也建有鬼子的据点），坡东则是八路军的根据地。在此期间，孙镇一带涌现出了很多智勇双全的地下革命工作者。孙镇信家村的信贵武，就是其中极富传奇色彩和极具代表性的一位。

1916 年，信贵武出生于一个贫苦家庭，年纪轻轻就在本村同族的一个财主家里扛长工。信家村有个信连华。抗日战争全面爆发初期，她就积极投身到中共领导的革命洪流之中。在她的影响下，信贵武也走上了革命道路。

信贵武白天当长工，晚上送情报。财主家忙的时候，每天都要雇不少短工。信贵武是长工，相当于现在的带班长，负责领着短工干活。傍黑天，短工领了工钱走人。他还得把财主家的牲口喂饱、饮足，然后再把甜水瓮、苦水瓮全部挑满，够第二天使一天。如果有什么情况，晚上夜深人静的时候，他就跑到二三十里地之外的坡东去送情报。干地下工作的时候，他化名"刘志春"。那时候没有交通工具，一来一回五六十里路，全凭两条腿。信贵武跑得快，是有名的"飞毛腿"。雇短工也是他的活。早晨黑隆隆的，天上还戴着星，他又到短工市上雇短工去了。当时，辛集村有个短工市，距离信家村一二十里地。他扛长工、送情报两不耽误，还能不让财主家察觉。

信贵武五官端正，一米八多的大个子，不胖也不瘦，接近于武行体型。他不光跑得快，还力大无穷。他本事虽大，工作起来却胆大心细，而且脾气随和，跟村里人相处整天嘻嘻哈哈。有时候，他还喜欢给村里人露一手。信家村北一里多地有一口甜水井。全村人大多吃这口井里的水。那时候还是土井，井口比较小。有一天早晨，村里人到井上来挑水，看见井口上支着三个碌碡，全都傻了眼。谁也没有那么大的力气，所以他们谁也不敢碰一碰。如果一不小心让碌

信贵武与族人合影，后排中间是信贵武
（1952年春节摄于信家村 图片由信长稳提供）

碡掉进了井里，井就废了，往后就甭想吃甜水了。更有甚者，要是弄不好，还得断胳膊折腿。大伙儿没办法，就找到村里管事的，一五一十说明了情况。管事的一听，就猜了个八九不离十。村里有这么大力气的，除了信贵武就没有旁人。管事的找到信贵武。可是，他还嬉皮笑脸地装傻充愣。管事的只好笑着跟他打商量："贵武，别跟大家伙子闹了。还等着做饭呢！你快把碌碡弄了吧！不就是想吃顿果子、麻花子吗？咱有的是。"孙镇一带，管油条叫"果子"。他听管事的发了这话，也就笑着答应了。

原来，前一天夜深人静的时候，信贵武一个胳肢窝里夹着一个碌碡，同时还用脚蹬着一个碌碡往前滚，就这样一步步来到井边。他先将夹着的两个碌碡放在地下，再把蹬来的碌碡竖在井沿上。然后，他又重新夹起两个碌碡，面朝竖着的碌碡、两腿放进井口坐在井沿上，再把夹着的两个碌碡也竖在井沿上，此时两只脚使劲蹬住井沿，两条腿分别将左右两个向内倾斜的碌碡迎住。紧接着，他又用腾出的两只手把对面的碌碡往自己怀里扳，同时两条腿也慢慢往里收，最后三个碌碡便牢牢地支在了井口上。他则灵巧地把身子抽出来，回家睡觉去了。

等信贵武来到井边上，那里已经聚集了一大帮子人围着看热闹。只见他像先前那样坐在井沿上，一边用双手把对面的碌碡往外一推，同时两条腿把两边的碌碡往外一别。三声"扑通"几乎合成一声。围观的人禁不住一阵赞叹，都围上来问他是咋样把碌碡弄来的。他笑着说："这还不容易！——回家吃果子、麻花子去唠！"说着，他一个胳肢窝里夹着一个碌碡，脚下蹬着一个碌碡，扬长而去。一个碌碡一二百斤沉。背后又是一片赞叹声。

碌碡是信贵武展现力气的常用道具。他不光拿它们支住过井口，还挑过。从前没有脱粒机，给麦子脱粒全靠牲口拉着碌碡在场院里不停地碾压麦秸。冬天农闲的时候没啥事，也没啥娱乐，信贵武就领着几个年轻小伙子，在场院里教他们挑碌碡。挑碌碡可不能用扁担，得用又短又粗的鲜榆木杠子。一根扁担最多能承受三四筲水的重量，一挑碌碡非折了不行。他先用绳子把两个横放着的碌碡五花大绑，同时在上面挽出扣鼻子来，然后蹲身把鲜榆木杠子穿进两个扣鼻子里，说一声"起"，两个一二百斤沉的碌碡就离了地。光离了地还不行，他还挑着它们绕着场院一圈圈地走。别人问他："信贵武，你能挑着碌碡走多远？"他半开玩笑地说："这个一憋气子走到韩店，还用换肩么？"韩店距离信家村三十多里地。其中一个小伙子也想试一试。信贵武连忙说："你从前没挑过，可别闪着腰。我先给你找俩小碌碡挑挑。"说着，他就满场院里找来俩小碌碡，五花大绑后，让那个小伙子挑。结果，刚挑着碌碡离了地，小伙子就吆喝起来："唉吆吆，可了不得了！"挑碌碡有个诀窍，两个碌碡不能离前后身太远：一则远了挑不动；二则远了就是鲜榆木杠子也承受不了碌碡的重量。小伙子光吆喝，还不敢一下子把它们放下来，生怕碌碡一滚，不是砸了脚后跟，就是砸了脚前掌。最后，还是信贵武帮他把一副重担卸了下来。就因为力气大，村里正月十五玩龙灯的时候，就由他来扛龙头。信家村玩龙灯的传统很早。可是，等到20世纪三四十年代，信贵武他们已经是村里最后一拨玩的了。

信贵武力气大，饭量也大。信贵林是他的一个本家哥哥，家里有一台脚蹬式人力轧花机——农村轧棉花用的。有一天上午，他到信贵林家帮忙轧棉花。信贵林知道他饭量大，就特意准备了一个大锅饼，当作午饭的干粮。信贵武一边蹬轧花机，一边吃锅饼。过了一会儿，信贵林找不到锅饼，就来问信贵武。他拍拍自己的肚皮，笑着说："贵林哥，锅饼早已经到我肚子头里去了。"那可是一个四指厚、七斤多沉的大锅饼啊！信贵林听后，心里不禁大吃一惊。平日里，八九两沉一个的大窝头，信贵武一顿能吃四五个。

还有一次，信贵武领着短工在地里干活。中午的时候，财主家知道他饭量大，就特意让人多送了些两面子馍馍——用秫秫面子和白面掺合起来蒸的馒头。信贵武看了一眼筐子里的馍馍，对送饭的说："这么点馍馍，够谁吃的！"送饭的接过话茬，笑着说："你信贵武就是饭量再大，顶到天能吃几个？我先管饱了你！你说咋个吃法？"信贵武一听来了精神头，大声说道："拿过你的扁担来，一个挨一个地摆满了，我能从头吃到尾！"送饭的扁担比挑水的扁担略微短一点。扁担摆满了，信贵武又摇着头说："这个可吃不饱。把扁担两头的担杖钩子都伸开，也摆满啰！"等担杖钩子摆满后，信贵武竟然一口气从这头吃到那头，一个都不剩。据说，这是他吃得最多的一回。

另外，信贵武还擅长摔跤。全村年轻力壮的小伙子，除了信连盛，没人是他的对手。信连盛力气虽然不如信贵武大，可是特别灵活，平衡性也特别好。他们俩半斤对八两，谁也摔不倒谁。等到信贵武摔急眼的时候，一使劲把他抱起来，扔出去老远。可是，信连盛依然还能牢牢稳稳地站住。

当时，孙镇冯家村是国民党山东保安独立第六团一部的驻地。当地老百姓便称冯家村是"六团窝子"[1]。六团是地方部队，自然得不到国民政府的军饷，就在孙镇一带抓壮丁、催款、征粮，祸害当地老百姓。枪杀，甚至活埋老百姓都是家常便饭。在国共合作的大局之下，他们不但消极抗日、积极反共，甚至还与日本鬼子勾勾搭搭。冯家村距离信家村只有五六里地。搜集、传送六团的情报，便

---

[1] 其实，最初驻扎在冯家村的只是"六团"的第一营，后来，"六团"升编为"山东保安独立第十一旅"，驻扎冯家村的则是由先前的第一营升编而来的"第十团"。只因当地老百姓自始至终都管它叫"六团"，故而从俗。

成为信贵武的主要工作。其中，六团团长张景南[1]之死，就与他有直接关系。

甲申年五月二十五日（1944 年 7 月 15 日），张景南率领二十来个传令兵骑着高头大马，打算去冯家村。路过信家村时，他临时起意就在信贵武扛长工的财主家留宿。张景南的传令队长姓魏，据说还是他的远房外甥。那时候，国民党地方部队的头头们，对外人不放心，就专门从自己的亲戚当中挑选传令队长。那一天，信贵武与魏队长第一次单独碰面就各自亮了家伙——手枪。就在这紧急关头，魏队长估摸着信贵武很可能跟自己一样，也是地下党，就主动发出了联络暗号。两人果然接上了头。这天晚上，夜深人静之后，信贵武立刻去坡东报了信。八路军清西独立团当即派兵包围了信家村。外围的枪声一响，警觉的张景南骑上马就蹿，魏队长紧随其后。张景南本想逃往冯家村，却被打死在信家村西坡一个名叫"和尚茔"的地方。传说，枪是魏队长在张景南背后开的。

有人说，魏队长名叫"魏兴瑞"。据 1992 年中华书局版《邹平县志》记载，1944 年 12 月，长山县大队和邹平县大队捣毁保安十一旅在邹平西关老巢及兵工厂、被服厂。旅长张景儒惊慌逃跑，传令队长魏兴瑞率部起义。张景南死后，张景儒接任了十一旅旅长。据说，中华人民共和国成立后，魏兴瑞曾任南京市警察局副局长。

张景南被击毙后，外界不知确切消息，众说纷纭：有说张景南已死的，也有说没死的。如今九十三岁的李梦玉大爷（孙镇有里村人），小时候住在小陈村的姥娘家。小陈村与信家村离得很近，只有二三里地。当时，他正念小学三年级。学校里有一位范家村的张老师，笃信算命，经常拿着一本《诸葛武侯巧连神数》测字。有一天，他让李梦玉随便写三个字，来给张景南算一算生死。张景南是六团团长，整个邹平县最大的官。李梦玉十来岁时，在有里村见过他一面，只记得他个头不算高。有一天，他突然带着一队兵来到村里，召集十四五岁以上的青年男子开会，随即就把他们强行带走干六团去了。既然要给他算命，李梦玉就写了"司

---

[1] 此时，张景南早已升任"山东保安独立第十一旅"旅长，但老百姓依然称呼他为"六团团长"。

令命"三个字。张老师按图索骥，算出来一百多个字。李大爷至今还清楚记得最后一句话："走向黑暗，一命呜呼！"很明显，"诸葛亮"的意思是"张景南已死"。不知是一千七百多年前的诸葛亮料事如神，还是瞎猫碰上死耗子，总之结果是对的。

1945 年 8 月 15 日，日本侵略者无条件投降。当月底，六团在冯家村的据点随即也被八路军拔除。只有六团头目率领少数残兵逃往济南。其中，就包括特务队队长栾思富，人送外号"杀人魔王"。栾思富不是孙镇本地人，年轻时落户在孙镇大陈村。大陈村在信家村西边，相距不足一里地。1946 年，国民党全面进攻解放区。济南不是栾思富的地盘。他没权在那里催款、征粮。国民党就送个顺水人情，封他做了还乡团团长。他就带领十来个手下返回孙镇一带，对农救会干部进行疯狂屠杀，并在各村催款，供他们在济南开销。

信贵武起初在村里做地下工作。当时，孙镇一带属于邹平县第六区。抗战胜利后，他就被调到区中队，担任中队长。他跟栾思富早就是死对头。有一天，他领着四五个人到孙镇孟坊村去办事。无巧不成书，正赶上栾思富带人在村里催款。他们刚进庄就在大街上跟栾思富一伙人走了个迎碰头。当时，幸亏他手下一个战士反应快，立马掏出腰里的一颗手榴弹，扔到栾思富一伙人面前。那时候的手榴弹，杀伤力虽然不强，可是也把栾思富一伙人吓得趴到了地上。信贵武见状，立刻招呼大家往村外跑，并嘱咐他们朝不同的方向撤退，让敌人无法同时追击，而他则留下来断后。当时，他只佩带着一把小手枪，仅有五六发子弹。栾思富善使双枪，枪法极准，是名副其实的神枪手。说时迟，那时快，就在栾思富吓得趴倒的工夫，信贵武也调回头来，拔腿往村外跑去。他虽然跑得快，无奈栾思富在后面紧追不舍。他知道栾思富枪法好，就算跑得再快，一时半会儿也跑不出他的射程，只能沦为活靶子。跑到村外，他看见一个麦秸垛，灵机一动就跑了过去，算是给自己找了个掩体。两个人就绕着麦秸垛打转悠，你打我一枪，我打你一枪。不过，谁也没能打中谁。开了两三枪后，信贵武心里就开始盘算，要是等子弹打光了，就是想跑也跑不了，只剩下死路一条。等转到麦秸垛朝向庄稼地的一面，他撒腿就往庄稼地里跑去。他本来就跑得快，此时到了生死关头，就跑得更快了。

栾思富在另一面听见庄稼地里发出"欻欻欻"的动静，立马就明白了是咋回事。他匆匆转过去，也来不及瞄准，抬手就是一枪，正好打中信贵武右手的小拇指头。子弹擦伤了皮肉，没伤到骨头。他浑身一震，就跟过电似的，手中的小手枪随即掉在了地上，也没工夫去拾。这一枪比吃了兴奋剂还管用，他跑得是快上加快了。此时，栾思富又连开了几枪。可是，信贵武已经跑出了他的射程，就算他是神枪手也只能干瞪眼。这仅仅是信贵武革命生涯中多次死里逃生中的一次。小拇指头上那个伤疤成了他终生的标记。

后来，信贵武又从区中队上调到县大队，并担任了连长。戊子年（1948）农历三月的一天，县大队得到情报说，栾思富正在安祥村（当时属第六区，今属九户镇）骚扰。信贵武就率领县大队包围了安祥村。那天下午傍黑天，西边天上还有太阳。枪声一响，栾思富心知不妙，当即就朝村东的土窑跑去。那里是个制高点，虽说可以居高临下射击县大队，可也是个死地。二十响的射程自然比不上步枪。大家伙都知道栾思富是个神枪手，就端着步枪远远地将他包围住。当时，跟着栾思富跑出来的有好几个人。经过一阵交火，就只剩下栾思富和一个警卫员。警卫员看看不是办法，硬挺下去只有死路一条，就提议缴枪投降。栾思富不动声色地假装同意。可是，等警卫员把枪往外一扔，栾思富抬手就是一枪，把警卫员给打死了。他心里明白，自己手上血债累累，就算投降也是个死。既然警卫员生了投降的心，留着他就是个祸害，所以就一不做二不休，索性结果了他。

此时，就只剩下栾思富一个人了。他竟然又耍了个诈降的阴谋，先扔出一支枪，但是距离自己并不远。县大队有个赵排长，就连忙过去拾枪。有的战友比较谨慎，冲着他大喊："小心有诈，千万别拾！"可是，已经来不及了！栾思富用另一支枪把赵排长给打死了。大家一看，栾思富是一个死顽固，不能留丝毫情分了。众人往外一撤，从四面八方一起瞄准栾思富，约好只要他一露头就同时开枪——俗称"排子枪"。最终，栾思富死在了排子枪之下。还有人说，栾思富是被县大队包围在大陈村，而死亡地点一说是安祥窑，一说是时家村西的付家湾。总之，关于栾思富的死亡地点，众说纷纭，莫衷一是。

此后，信贵武就离开了邹平县。他先是南下参加了解放江南的战役，后来又出国参加了抗美援朝。后来，回忆起抗美援朝，他曾说道："在朝鲜战场上，咱们的志愿军没有制空权。美国飞行员的技术也挺高超。他们能进行超低空飞行，志愿军卧倒在地面上，美国飞机的气流都能把志愿军的帽子扇掉。美国鬼子飞行员长啥样，都能看得一清二楚。他们用重机枪疯狂地朝志愿军扫射，志愿军就架起机关枪打他们的飞机。赶巧了，也能把飞机打下来。可惜，赶不巧的时候多，志愿军付出了很大的伤亡。"说这些话时，虽已离开朝鲜多年，他依然有些黯然神伤。

1955年9月，中国人民解放军实行军衔制，信贵武被授予少校军衔。后来，他转业到黑龙江伊春市，担任过房管局副局长。"文革"期间，他遭到红卫兵批斗，还被其污蔑为杀人犯。信贵武也不生气，笑着说："我确实是杀人犯。我在家乡杀特务和土匪，在江南杀国民党反动派，在朝鲜杀美国鬼子。你们这些毛孩子，我杀的那些人，你们是捞不着杀啊！"红卫兵又斥责他摆老资格，命令他参加劳动锻炼，到盖楼的工地上去挑砖。他又笑着说："挑砖就挑砖，碌碡我都挑过，还怕挑砖！"来到工地，他在杠子两头各挑上三四十个砖，一个砖重四五斤，竟然如履平地。

晚年的信贵武，在体力和脚力上，仍旧让人惊叹不已。20世纪80年代中期，七十来岁的信贵武有一次回信家村探亲。那时联产承包责任制已经实行好几年了，正赶上在老家的二儿子长兴入仓。晒干的粮食先被装进盛过化肥的塑料编织袋。编织袋不够使，就用米黄色的帆布口袋装，这种口袋以前是专门在磨面加工时使的，又细又长，装满粮食的话得有一百多斤重。前来帮忙的乡亲们正七手八脚地帮着往家里抬粮食。信贵武看见了，笑着说道："你看看你这些年轻人，入个仓还这么费事！我来试试自家还有没有劲。"说着，他走到装得满满的帆布口袋跟前，一锅腰（孙镇方言，意为弯腰）一伸手，就把一口袋粮食夹在了胳肢窝底下，就像当年他往甜水井上搬碌碡时一样。老年人自不用说，就连在场的年轻人也都自叹不如。

就在这次探亲期间，信贵武得了感冒。他老兄弟四个，分别叫贵书、贵文、贵武、贵德。四弟家的大侄子长林在邹平县城工作，就力邀他到县医院去看一下，顺便看看当年他工作过的邹平县城。住了两天院，感冒就好得差不多了。他是个闲不住的人，原本是出来随便走走，却又忽然想试试自家的脚力。他也没跟医院打招呼，就徒步朝信家村走去。医生和护士找不到病号，都在纳闷："还没办出院手续呢，病人到哪里去了？"他们哪里知道，老先生已经一口气从县城走回了四十多里地外的信家村。

信贵武一生亲历抗日战争、解放战争、抗美援朝，为中华人民共和国的建立立下了汗马功劳。1988 年，他因病去世，享年七十二岁，葬于伊春。

2020 年 8 月 19 日

王有岱孙树亮传

王有岱，生于 1913 年，孙镇王家庄人，中共党员。孙树亮，谱名淑亮，生于 1915 年，孙镇辛集村人，中共党员。他们年龄相仿，经历相似：早年参加革命，而且孙树亮还是由王有岱引上革命道路，后来都成长为部队中的团级干部。

王有岱兄弟三人，长兄有功，次兄有敬。他自幼父母双亡，跟随两个哥哥生活。两个哥哥虽然都没读过书，却供三弟在毗邻的刘家庄读过四年私塾。

1928 年夏天，国民革命军北伐进入山东，打败了盘踞济南的奉系军阀张宗昌部。张部败兵溃散到乡村，又值土匪蜂起，两者聚集搅扰得老百姓不得安宁。是年 6 月，张鸣九一伙匪兵盘踞在齐东县九户、怀家一带，与之毗邻的孙镇地区也不断遭到骚扰。

因为此前一直在私塾念书，十五六岁的王有岱长得细皮嫩肉，一副书生模样。匪兵便以为他是有钱人家的少爷，遂将其绑架到怀家、卜家道口一带。问明住址以后，匪兵便派人传话威胁其家人并索要赎金，限期缴纳银元若干，否则就到小清河里领人。

王家人四处向亲朋好友求帮告贷，所得钱财依旧杯水车薪。恰巧徐王屋子的亲戚打了两条大鲤鱼，二哥王有敬便把两条鱼孝敬给匪兵，希望他们高抬贵手，饶三弟一条性命。可是，匪兵收下了鲤鱼，对王有敬的乞求却不哼不哈。有一天，王有岱被关在一户人家的大车门里。看着眼前的土墙，他灵机一动，迅速在上面挖了一个窟窿逃走。

三弟有文化，能写会算，年龄又小，两个哥哥便托人给他寻了一个轻省活——在王家庄西六七里的小陈家庄崔姓人家"扛小活"。当时，崔家开着一家在当地颇有名气的铁货铺。虽然说起来也是"扛小活"，但是与通常的干杂活不同，他是给主家当记账先生。

抗日战争时期，孙镇冯家庄驻扎着国民党的山东保安独立第六团的一部，俗称"六团"。为了扩大队伍，六团就在孙镇一带的各村四处抓壮丁。王有岱琢磨着早晚不能幸免，一天夜里便从崔家只身逃往黄河以北的八路军根据地，参加了革命队伍。

大约一年后的某天，王有岱悄悄回家探亲。在二哥家，他遇到了二嫂的弟弟孙树亮。孙树亮也念过私塾，还比他多念了两年，而且少年时也遭过绑架。有一回，孙树亮去徐王屋子走亲戚，回来的路上被土匪绑到了范家村的土窑上。到了深更半夜，他假装要解手，来试探睡着的土匪。确定土匪已经睡熟，他就磨断捆绑双手的绳子，蹑手蹑脚地逃出土窑，拼命朝东跑去。不料，他的响动还是惊动了土匪。土匪在后面急追，孙树亮慌不择路地逃进孙镇西北小庄的一户人家。劈头撞见一个妇女（据说是董新军的奶奶），他立即扑通一声双膝跪倒，请人家行行好救自己一命。那个妇女先将他藏起来，随后给区中队报了信，最终剿灭了这股土匪。从此以后，孙树亮便认那个妇女当了干娘。

两个年轻人既是亲戚，又谈得投机，王有岱便建议孙树亮跟着他一起去干革命。两人当下一拍即合。据说，王有岱曾任渤海军区特务一团的政治部主任；后来，孙树亮则担任了特务二团的政治部主任。

既然选择了干革命，王有岱就不怕牺牲，但是也绝不做无谓的牺牲。有一次，王有岱独自从孙镇张家庄东边路过。忽然，有一队日本鬼子恰好从庄里往外走。他一眼瞥见旁边庄稼地里有一个老百姓正在锄地，就一闪身隐了进去。二人悄悄换过衣服之后，他头戴斗笠，挥动起锄头。先前锄地的老百姓则伏着身子溜走了。后来，他曾跟家里人说过："当时，我腰里别着枪，如果被鬼子识破身份，就跟他们拼了！杀一个够本，杀两个赚一个！"然而，匆忙赶路的鬼子并没有发现庄稼地里悄悄发生的变化。

命悬一线的时刻，孙树亮也遇到过，还不止一次，甚至比王有岱更凶险。当年，他任营教导员时，曾在齐东县的九户与日本鬼子交战。不料，鬼子的一发炮弹打中了营部。孙树亮身上一下子受了九处伤，顷刻之间浑身是血。战友们用担架抬着他走了一百多里地，他才在后方医院得到救治。治愈以后，他身上还留着漆黑的大伤疤。后来，在1945年12月的禹城战斗中，孙树亮率领一队从未打过仗的新兵，突然与一伙日本鬼子隔着铁路线近距离遭遇。鬼子们很愣，光着膀子端着刺刀就冲了过来。新兵们一下子慌了神，一时之间竟不知所措，吓得呆住了。孙树亮立即命令手下的三个警卫员，轮流给几支步枪装子弹，而他一个人轮番射击。冲在前面的鬼子不断中枪倒地，后面的也就吓得不敢再往前冲，最后竟退了回去。

1945年8月31日，八路军以摧枯拉朽之势拔除了六团在冯家庄的据点。孙镇一带随即宣告解放。王有岱因为身患肺结核，便带着两个警卫员——刘希圣（博兴县纯化乡人）和张希孔（今邹平市黄山办事处东景村人）——回王家庄养病。他们住在庄东头的一座二层土楼上，楼梯和楼板则是木制的。此时，孙镇一带虽说已经解放，但是国民党的特务还会不时跑来流窜作案。有时，听说特务又要来了，乡亲们都吓得人心惶惶。王有岱久经阵仗，手下的两个警卫员也都身手不错。他就安抚乡亲们说："老少爷们儿不要害怕，来十个八个的特务，我们仨就把他们收拾了。"

多年之后，还有人对王有岱的这次回乡休养记忆犹新。1962年前后，王有岱的侄子，即二哥有敬之子恒雨，曾在王伍完小念书。当时，孙镇高家庄的高全选老师就曾对同学们说："当年，王家庄的王有岱烈士回家养病，骑的是一匹白马。每天早晨，他的两个警卫员都给他在大路上遛马。"

王有岱这次回家养病，带回来不少当年抗日时缴获的战利品：大衣、皮靴、水壶，还有一副女士眼镜，据说镜腿是金的。从前，庄里有人眼睛生病畏光，俗称"害眼"，就到王家借这副眼镜戴一戴。王有岱去世后，警卫员将它送进了革命历史博物馆。国民党对山东进行重点进攻时，家人怕这些战利品招来特务，便将它们放入一个黄瓷子，挖个坑埋在了栏炕上。可惜，时间一长，它们就霉变、腐朽了，只剩下那副眼镜完好无损。

休养了一段时间，王有岱的病情恶化，两个警卫员便又护送他到惠民治疗。1948年麦收前夕，王有岱因肺结核病逝于阳信县赵家集。警卫员赶来报丧后，王有敬便与本家侄子王贯一，立刻赶着牛车到阳信县去运灵柩。第二天返乡时，牛车过了黄河，走到青城天就黑了下来。住店时，老板看见有一口棺材，觉得不吉利，便不想让他们一行人留宿。两个警卫员当即火了，掏出枪对老板说："这是我们的首长，抗日有功！你连个店也不让住，对得起死去的烈士吗？"店老板立刻一迭连声地表示同意。

王有岱被安葬在王家庄西南方向约一里地处，那里是王家的土地。葬礼非常隆重，且不说至亲，就是庄里的父老乡亲也悲痛不已。而两个警卫员简直如丧考妣，泪如雨下，还朝天鸣枪为首长送行。政府随即也为家属发放了"烈士证"，逢年过节庄里还给家属分发慰问品，比如猪肉、下水之类。可惜，国民党重点进攻时，王家人辗转将王有岱的烈士证转移到"坡东"的八路军根据地保存，在此过程中不幸遗失。

中华人民共和国成立后，农村先后实行互助组、初级社和高级社，土地也由私有转变为集体所有。为了方便耕种，邻近各村便会对土地进行调换。结果，王有岱烈士墓所在的土地划归了毗邻的刘家庄。刘家庄村委便向王家庄建议将该坟迁走。孙镇公社党委得知此事后，成献良书记就在村干部大会上说："刘家庄的地里有一个烈士墓，保护烈士的安宁也是我们党的责任之一，这个墓要一直保护下去，谁也不准动一指头！"时至今日，王有岱烈士的坟墓依旧保存完好。

中华人民共和国成立后，王家庄与毗邻的刘家庄合建了一所小学，取名"刘王小学"。从前，每逢清明节，老师便率领全校小学生，敲着鼓打着锣，到坟前给王有岱烈士扫墓。同时，学校还邀请王家庄的王有广书记给学生们宣讲烈士的事迹。

王有岱烈士之墓（2023 年 11 月赵方涛摄）

王有岱去世时，只有三十多岁，据说已经身经百战，比如小清河伏击战、旧口战斗、刘井战役、攻打邹平的战役等。相比而言，孙树亮参加的战斗更多。

1945 年 8 月底，孙树亮回到了阔别多年的家乡。经过多年抗战，此时他已经是营级干部。还没等他动员，同村的张希权（又写作"张锡权"）、孙道盛就主动要求跟随他去当兵。有一回，解放军战士们在孙镇辉里村召开"忆苦思甜大会"。孙书亮还曾专门绘制了王有岱烈士的遗像，并给战士们讲述他的革命事迹。事后，此画像便保留在了王家。相距不远的王伍庄开群众大会，也曾将画像请去。王有广书记召开村民大会时，也曾多次把这幅画像挂出来，用来激励大家。可惜，后来因为房屋漏水，画像被雨水淋湿而损毁。

1946 年，孙树亮参加了攻打邹平的战役。1948 年 9 月下旬，他又参加了济南战役，张希权烈士就牺牲于此役。另外，孙树亮还参加了渡江作战和上海战役。1949 年初，他任三野第十兵团二十八军第八十二师二四四团政治处主任。陈毅元帅不但认识他，还对他的工作能力给予了很高的评价。是年 10 月 24 日黄昏，第一梯队三个团渡海发起金门战役，二四四团即其中之一。参加此次作战的，还有他同村的李迎秋和孙学宗。第二天凌晨两点，第一梯队顺利登岛。不料，国民党部队迅速增援。而由于缺乏船只，解放军的第二梯队无法跟进。结果，登岛的解放军被包围。26日，孙树亮因伤被俘。

有资料显示，1950年7月，孙树亮被遣返大陆。另有一说，他被俘后，在看守帮助下逃出监所，全凭泗水渡海，途中以生地瓜充饥，终于返回大陆。不知此说确否，录之以俟学者考证。经过严格审查，他被开除党籍和军籍，判处五年有期徒刑。据说，孙树亮手下的一个营长，曾诬陷他叛变投敌。后来，该营长因其他事情被抓，并在审讯中主动交代了诬陷之事，最终被南京军事法庭判处了死刑。执行死刑时，部队还特意用车将孙树亮接到刑场观刑。1955年，他被提前释放，分配到江苏省公安厅所属惠山建筑公司工作。1958年，他回到上海，次年到上海玻璃机械制造厂担任仓库管理员，后被下放车间当钢筋工人。1971年，孙树亮从上海回乡探亲，其间不但专门去西北小庄看望了干娘，还到老战友王有岱坟前祭奠。后来，李迎秋也曾回过辛集村，孙学宗则寄过家信。

1983年，经有关部门复查处理，撤销原判，恢复了孙树亮的党籍和军籍，并享受县处级离休干部待遇。1991年，他因病去世，享年七十六岁。

2022年6月15日

（此文主要根据对北王村王恒雨、辛集村孙道诚两位老先生的采访撰写而成。）

杨斯俭奇遇记

早年间，孙镇杨家庄（今杨家洼村）曾经有一位颇富传奇色彩的人物，名叫杨斯俭。他生于 1915 年，自幼身子弱，干不了农活。为了将来能在社会上混口饭吃，父母便省吃俭用供他上学念书。他书倒是念得不错，但是直到成年，还是瘦瘦的，个头也不太高。

1931 年，梁漱溟先生来邹平县开展乡村建设运动。据村里的老人说，杨斯俭当年就曾在梁先生创办的乡村建设研究院当教师。村里人问他研究院都教些啥。他回答说："都是些跟咱老百姓有关的事儿，比如改良种子、种田科学实验之类。"好景不长，1937 年 7 月 7 日，日本侵略者悍然发动全面侵华战争。年底，邹平县沦陷，方兴未艾的乡村建设运动被迫中断。杨斯俭也只得回了老家杨家庄。

抗日战争时期，"坡东"是八路军的根据地，而一河（杏花沟）之隔的孙镇一带，则是国民党山东保安独立第六团的势力范围。六团消极抗日，积极反共，还随意欺压当地老百姓，大肆催款、征粮、抓壮丁。如有不从，轻则殴打，重则活埋，枪毙都嫌浪费子弹。就连瘦弱矮小的杨斯俭也被他们抓了壮丁。因为有文化，六团的头头还赏了他一个连长。他只得被迫在六团干了几年。

1945 年 8 月 15 日，日本侵略者宣布无条件投降。不久，六团在孙镇冯家村的老巢也被八路军连根拔除。六团的头头脑脑死的死，逃的逃；士兵绝大多数都是抓来的壮丁，一哄而散各自回了家。杨斯俭又一次回了老家杨家庄。

早在抗日战争时期，邹平县委便以秘密身份在孙镇大有里村开办了一个油坊。也是因为他有文化，油坊便将回家不久的杨斯俭请去当了会计。大有里村在杨家庄东北方向，相距十多里地。那时候，油坊的生意非常红火。

至今大有里村还流传着一句顺口溜："有里三件宝：油坊、狮子、大石槽。"村里人传说，这个油坊占地大约四百平方米，用一个形似飞碟的圆而扁的石头大碾砣子压油。有人说压的是棉籽油，也有人说压的是大豆油。抗日战争和解放战争时期，这个油坊为"坡东"的八路军和解放军生产过食用油。压油的大碾砣子又大又沉。1972年，村里盖学校没有石头茬碱角，就请来石匠把它劈开，足足劈了够盖五间教室用的石头。

当时，油坊的负责人是担任邹平县委书记兼县大队政治委员的何方明。杨斯俭一直称呼他"何政委"。油坊不但是共产党的联络点，其收入也是为党准备的活动经费。杨斯俭前前后后在油坊当了三年左右的会计。

1948年，解放大军南下，油坊奉命尽快关闭。何政委将油坊生产的油和其他生产资料进行了迅速变卖。他知道杨斯俭是一个老实本分的人。一天晚上，他叫杨斯俭回杨家庄去牵一头大牲口来。马或骡子在孙镇一带被称为"大牲口"。那时候，杨斯俭家比较富裕，圈里喂着大牲口。当他返回油坊时，只见地上放着一个宽约一米、长约两米的褡裢，里面塞得鼓鼓囊囊，还封死了口。杨斯俭不知道里面装的是啥，既然何政委不说，他也没敢多问。可是，他心里明白，这一定是共产党的重要东西。

何政委郑重其事地对杨斯俭说："交给你一点东西，你要妥善保管：一，不准打开看；二，不准丢失。否则，必然招来杀身之祸！"紧接着，他又叮嘱说，"以后，除非我本人，或是见到我的亲笔信，否则无论谁来取，也不要将它交出来。切记，切记！"说完，他示意旁边的四个人把褡裢抬起来，放在了大牲口背上。

杨斯俭不敢懈怠，连夜把大牲口赶回了家。他一路走，一路寻思藏褡裢的地方。回到家，家里人都已经睡熟。他先把院子里的鸡窝悄悄拆掉，然后在地基上挖了一个深坑，将褡裢埋好，最后再将鸡窝照原样垒好。那时候，孙镇一带虽然早就没了国民党部队，但是由六团残余组成的还乡团还不时出没。他不敢掉以轻心，不但对外人守口如瓶，甚至连家里人都不敢告诉。

自此以后，杨斯俭便盼着何政委早日来取褡裢。可是，何政委就像人间蒸发了一样，再也见不到他的踪影。他又不敢明目张胆地打听。一直等到中华人民共和国都成立了，何政委还没有来。他只得继续假装若无其事地等着。大约在1951年，中共邹平县委派了几个人拿着何政委的亲笔信，找杨斯俭来取东西。拆了鸡窝，挖出褡裢，打开当初封死的口，里面竟然全是黄金、银元和铜元。

村里实行农业合作化后，杨斯俭便负责给生产队里放羊。每天只要一听到放羊的吆喝声和鞭子响，村里人就知道那个杨斯俭老头又要到东坡洼里去放羊了。当时，在村里人眼中，他就是一个普通的不能再普通的放羊老头。

"文革"期间，因为在六团干过连指导员，杨斯俭被划为"四类分子"（地主分子、富农分子、反革命分子、坏分子）之一的"坏分子"。那时候，他经常和村里其他几个干过六团的人一起出现，或是游街，或是挨批斗。1976年粉碎"四人帮"以后，他就不再挨批斗了，也不用扫大街了，不过还是每天给生产队放羊。直到党的十一届三中全会之后，他头上的"坏分子"帽子才被摘掉。

20世纪80年代初，杨斯俭的内弟在辛店（即今临淄）炼油厂工作。每年他都和老伴去内弟那里住上些日子。1983年，有一次正在辛店火车站等车时，有个干部模样的老人和一个学生模样的孩子来到了他的面前。

老人礼貌地问道："老哥，您是哪里人呀？"

杨斯俭回答说："邹平的。"

"邹平哪里的呢？"

"邹平孙镇的。"

"孙镇哪个庄呢？"

"杨家庄。"

"您是杨斯俭！"盘旋在老人心中的那个名字，得到了印证。

杨斯俭吃了一惊，心想："他咋知道我的名字呢？"

"你看看我是谁？"老人接着又问道。

杨斯俭看了半天，到底也认不出来。这也难怪，他们已经三十多年没见过面了。

老人笑着报出了自己的名字。杨斯俭又是吃了一惊，简直不敢相信自己的眼睛，激动地叫道："您是何政委！"

其实，最开始何方明认出来的不是杨斯俭的人，而是他脚上穿的一双鞋。原来，杨斯俭从小就喜欢穿铲鞋。当年在油坊当会计时，他穿的也是铲鞋。所谓"铲鞋"是一种双鼻梁像牛鼻子似的布鞋，适合脚面宽、脚指头铺散开的人穿。

两位老人各自述说一番别后的经历。新中国成立后，何方明辗转去了上海工作，还曾担任过上海市财政干校副书记兼副校长、上海市财政局顾问。此时，他在山东省财政厅任要职。此刻，他是来送孙子坐火车上大学的。想不到，两个人竟然能在这里偶遇。

他又问起杨斯俭的生活状况。杨斯俭说，他和老伴无儿无女，过继了弟弟斯昌的大女儿，也已经出嫁；此时，老两口叽叽歪歪地勉强过日子。何方明说："当年，你当会计、保管党的财产，对革命有功，理应享受政府的志愿兵补贴。我给你开个条子，你回家后，就到乡里的民政所说明一下情况，让他们以公函的形式发到山东省财政厅，我给你做证明人。不出两个月，你就能领到县财政局发给你的补贴本子。以后，你老两口的生活就有着落了。"最后，两个老人洒泪而别。

能够摘掉"坏分子"的帽子，就挺让杨斯俭高兴了。至于领国家的补贴，这是他做梦也不敢想的。不过，既然何政委这样说，他就照着办。果不其然，两个月不到，他就领到了盖着山东省财政厅大印的补贴本子。从此以后，每个月他都能领到八十多块钱的补贴，直到2004年去世为止。

为了表示感激，杨斯俭带着大枣、绿豆等土特产，专程到济南去看望何政委。何方明拉着他的手说："这是你应得的，不用谢我。我生活得挺好，啥也不缺。有空的时候，你老两个就到济南来玩，啥也不用带。"杨斯俭离开的时候，何方明亲自把他送到火车站，连车票都替他买好了。

从此，杨斯俭为党保护革命经费以及善有善报的故事，便被传为佳话，直到今天还在杨家洼村口耳相传。

2021 年 3 月 21 日

补记：2020 年 9 月中旬，笔者到孙镇有里村采访，李建会先生详细讲述了早年间村中所建油坊的来龙去脉。2021 年 3 月中旬，笔者到孙镇杨家洼村采访，杨立吉先生将杨斯俭老先生的传奇经历和盘托出。笔者据此撰成《杨斯俭奇遇记》一文。杨吉玲女士《杏花沟 杨家庄》（团结出版社，2019 年版）一书中也记述了杨斯俭老先生的事迹。虽然来源不同，但是村中传说大同小异。笔者就参考杨女士的文章，对拙作进行了补充。今天重新修订本文时，又幸而得见杨明先生《我们村里的牧羊人》一文，使拙作得到进一步的充实。相较而言，笔者此文，对于杨斯俭老先生之生平有所补充，对于其所历奇遇之细节亦有所丰富，故而自觉尚有价值，所以不揣冒昧发表出来。

2022 年 5 月 6 日

"大人"时孟五

时尚常，字孟五，以字行于世，约生于清光绪二十九年（1903），时家庄（今孙镇时家村）人。至今，他已经去世将近八十年了，可是村里老人凡是听说过他的，没有不称赞他"脑子好使"，是个"大能人"的！

时孟五一辈子行事，最大的特点是"讲理"，而且从小就讲理。据说，有一次，族中有两户人家，因为出丧闹起了矛盾，彼此互不相让，无论谁来调解都无法化解。最后，还是少年时孟五挺身而出，掷地有声地摆出一番道理，竟使双方心服口服，终于化干戈为玉帛。从此，他在村里就得了一个"大人"的外号。他年轻时还曾在今九户镇的陈玉平村、安祥村一带教过书。

1931年起，梁漱溟先生在邹平县开展乡村建设运动，并创办了山东乡村建设研究院。时孟五就曾是研究院第一届训练部学生，终其一生，都以是梁先生的学生而感到自豪。1932年9月30日，在霍家坡乡农学校，研究院成立了梁邹美棉运销合作总社。时孟五作为代表之一参加了成立大会。由此推断，他一定深度参与了邹平县的乡村建设运动。

时孟五头脑灵活，做事讲理，口才又好，村里人都说他"天生是块做军师的料"。当年，村里有两户姓时的大财主：一户住在东头，俗称"东门里"；另一户住在西头，俗称"西门里"。他们之间还有个细微而有趣的差别：一般农村人家的孩子都管父亲叫"爹"，而"东门里"的孩子却喊"爷"，"西门里"的孩子则喊"爸爸"。"东门里"有个少爷，名叫时象坤。大学毕业后，他曾在博山县担任财政科长。因其为人过分忠厚，手下的会计便要弄手腕，侵吞了大笔公款，闹了一个大亏空，就算他将全部家产变卖掉，也堵不上这个天大的窟窿，愁得他实在没有办法。后来，他忽然想起了时孟五，便将他请去帮忙料理。没想到，时孟五三下五除二，没花一分钱就了结了这场官司。

抗日战争全面爆发后，日本侵略者于1937年底渡过黄河，相继占领齐东、邹平、长山三县。与此同时，长山中学校长马耀南等人领导了"黑铁山起义"，"山东人民抗日救国军第五军"随即成立。时孟五参加了抗日队伍，还很受马耀南的器重。1938年3月，他出任第五军秘书处处长。同年6月，第五军发生分裂：一部分接受共产党领导，改编为"八路军山东人民抗日游击第三支队"；另一部分则由邹平县的地方实力派张景南掌握。

时孟五与马耀南、张景南都是不错的朋友。此时，两个朋友分道扬镳，他感觉无法选择，便决定解甲归田，回时家庄务农。他的才能有目共睹，国共两党分别派人前来轮番当说客，都想将其争取到自己一方，为我所用。起初，他对双方都采取敬而远之的态度。据说，有一天，张景南挎着枪，带着一个全副武装的传令兵——两人各骑一匹马，传令兵手里还牵着一匹马——亲自来到时家庄当说客。虽然他极力推辞，但是张景南临走时，还是不由分说将那匹马强行留了下来。时孟五见此情景，知道自己这次是"去也得去，不去也得去"。同时，他又想到眼前的形势：张景南控制着邹平南部，高竹筠（又写作高竹君）控制着孙镇一带；两人都是国民党，私交极好。在那个兵荒马乱的年代，人命如草芥，杀人如杀鸡。他经过反复思考，尤其是考虑到自己的家人处在张高二人的控制区，最终不得不做出了艰难选择，骑上了张景南留下的那匹马。很快，他便成为张景南最为倚重的参谋，而且两人的私交也更上了一层楼。马耀南知道他有不得已的苦衷，虽然彼此分属不同的阵营，但是依旧保持着良好的私交。

据说，小清河以北有个名叫"时家圈"的村庄。有个婆家姓时的年轻寡妇，拉扯着三个儿子艰难度日，经常受到村里人的欺负。实在无法忍受的时候，有个明白人悄悄地指点她说："小清河以南有个时家庄。那个庄里姓时的有能人，你咋不去找找他们替你主持公道呢？"娘四个就一路步行，一路打听，终于来到了时家庄。

他们最先找到的是时家庄的另一个能人——时尚璧。一见面，娘四个就齐刷刷地跪到了地上。时尚璧见状，立即将他们拉起来。听寡妇边哭边诉说完来意之后，他先安抚了一番，然后立即出门去找时孟五商量。没过多久，时孟五就走来对妇人说："大嫂子，没有事，您别担心。现在，您就领着孩子们回去好好过日子吧。咱们都姓时，就是一家人。这事儿就包在我身上了。"寡妇再三确认之后，才带着疑惑的眼神，领着三个孩子踏上了归途。

等回到村里，他们惊奇地发现，欺负过他们孤儿寡母的人跪了一地。原来，他们走后，时孟五立即将此事反映给了张景南。张景南立刻就派人过去处理。在那个兵荒马乱的年代，一则法律不健全，二则就算有法律，当官的也不按法律办事，遇到什么不顺眼的事，就直接把人拖下去枪毙，杀个人就跟杀只鸡一样。那些欺负他们孤儿寡母的人哪个不怕死？不过，看他们悔罪态度不错，张景南这次倒也没有杀人。其实，这都是时孟五出的主意，只是想吓唬吓唬那些人。要是真杀了人，那娘四个就跟村里人结下了血海深仇，早晚还得出事。从此，那娘四个再也没受过村里人的欺负。事后，那个寡妇总是教导三个儿子："时家庄对咱们有恩，到啥时候咱也不能忘！"三个儿子长大后都很有出息。俗话说："滴水之恩，当涌泉相报。"多年之后，凡是时家村的人经过那个地方，只要兄弟仨知道了，就一定会热情地留客吃饭。如果遇到什么困难，他们也总是义不容辞地提供帮助。

那个年月，农村孩子多，很多人家地少，粮食产量又低，吃了上顿没下顿是常事。俗话说"饥寒起盗心"，实在没有办法，就只能去别人家地里偷点粮食。这原本也无可厚非。时家、孟坊、岳官三个村离得很近，不过都是穷村，既没什么可偷，也不好意思去偷。旧长白沟从岳官村南流过。沟南是今韩店镇实户、仓林、刘楷三村的土地。这些土地距离本村较远，反倒离岳官、孟坊、时家比较近。这里自然成了三个村老百姓经常出没的地方。虽说，那三个村也都有人看坡，但是架不住贼多，看坡的人便只能躲在看坡屋子里不出来，眼睁睁看着他们随便偷。

时家庄是个大庄，俗话说"客大欺店"，不但明目张胆地偷人家的粮食，有时候还殴打人家看坡的人。结果，三个庄气不过，就联合起来往县里递状子，告时家庄的人都是"土匪"。第一次递上状子去，恰好落在了时孟五手里。他知道，这一状要是告下来，时家庄不知要死多少人。他就先悄悄地把状子压了下来，寻思对策。过了几天，三个庄见上头没有动静，就告了第二状。这一次，状子先到了张景南手里。他看罢，顺手就递给了时孟五。时孟五扫了一眼，就知道是怎么一回事。他二话不说把状子往桌子上一放，就回自己屋里去了。

张景南见状大惑不解，连忙跟了过去，见他正在收拾铺盖卷，便问道："孟五，你这是要干啥？"

时孟五头也不抬地答道："时家庄的人都是土匪。我是时家庄的，也是个土匪。您怎么能用个土匪当参谋呢？我这就家去，等着您张司令来枪毙。"

张景南笑着拍了拍时孟五的肩膀，说道："孟五言重了。这件事我不插手，你自己去处理。我相信你一定能办利索。"

听到这话，时孟五也不收拾铺盖卷了，立即起身回了时家庄。一到庄里，他就召集时姓族人来开会。"尚"字辈是庄里的大辈，他又德高望重，一招呼开会，人很快就来了个八九不离十。他当众慷慨陈词道："老少爷们儿没啥吃，悄没声地偷点粮食，我也不说啥。但是，你左手偷了人家的粮食，右手还打人家看坡的人，这就伤天害理了！人家仓林、实户、刘楷咋能不去告状？人家告咱们的时家庄都是一伙土匪。我看告得对，不是土匪是啥？我在张司令面前都觉得丢人，抬不起头来。要不是张司令还多少给我留点面子，咱这次的祸就闯大了，知不道有多少人得脑袋搬家！大家都摸摸自己的脑袋瓜子！这样的事，可一不可再。谁要是还敢犯第二次，我时尚常也没脸再去求情了。我奉劝老少爷们儿，做事收敛着点儿。"听到这番话，会场上参与过偷粮食的人跪倒了一大片。经过时孟五的批评教育，时家庄人做事大有收敛。一说，时家庄众人偷窃的是张景南姑家的高粱。当时，时家庄人偷盗粮食比较猖獗，甚至有"二十四把黑剜刀子"之称。孙镇一带老百姓管用镰刀割高粱穗子的行为，叫"剜秫秫头"。

正在这时候，一个年轻人晃晃悠悠地朝会场走来。时孟五一眼看见了，就叫着他的小名说："我看你这两根腿快不牢靠的时候了。"那人听到这句话，立马吓得双膝一软，跪了下来。原来，那时候，邹平、齐东两县国民党地方部队派系林立，"有枪的就是草头王"。这个年轻人行事飞扬浮躁，今天投靠这一派，明天投靠那一派。总之，哪一派得势，他就投靠哪一派。这样很容易成为派系斗争的牺牲品。就这一句话，算是提醒他在乱世里保住了一条命。

时孟五的太太是个厉害角色，娘家是安祥村。有一回，她与大伯哥发生了点儿矛盾。时孟五领着兵回家，恰好听到太太骂了大伯哥一句。他当时只是皱了几下眉，也没说什么。吃罢晚饭，喝了一会儿茶，他便命令传令兵把太太叫来，当着手下人说道："张嘴骂长辈，就是不孝！拖出去毙了吧！"太太当即吓得面无人色，瘫软在地。手下人一听，呼啦啦跪下来给太太求情。好说歹说，好不容易时孟五松了口，这才饶了她一条命。从此以后，太太的脾气就改了不少。时太太病逝于"文革"之后。

从部队回到时家庄，没事的时候，时孟五也喜欢跟庄里人打打麻将。打麻将之前，他总是先把一摞大洋码在牌桌上。时家庄的人都知道他的习惯：打完几圈之后，要是他赢了钱，或是还没有输光，最后总会说一句："你们把这些钱分了吧。"他从来不从牌桌上带走一分钱，包括他自己的本钱。所以，庄里人都戏称跟他打麻将是"发奖"。

相传，时孟五有个本家侄子，家庭条件不大好，好不容易从仓林村说了一头亲事。迎亲前夕，女方那头传过话来，希望婚事办得风风光光，彼此都有面子。侄子没有办法，就去请时孟五帮忙。时孟五爽快地答道："我知道了。你快回去忙吧！我一定尽力帮忙。"时孟五没说具体怎么帮忙，侄子心里有点不大踏实，但是又知道这个叔叔历来说话算数，也不好意思再多问。迎亲那天早晨，花轿都上路了，也没有啥动静。侄子心里不禁打起鼓来。可是，到了女方家里却诸事顺利。等花轿从女方家里出来，侄子这才看见不但门口有士兵站岗，而且从仓林村到时家庄一路上"三步一岗，五步一哨"。原来，这是时孟五专门调来的士兵。这下侄子的面子可大了！站岗迎亲的故事，一下子就成为哄传乡里的奇谈和美谈。

时孟五虽然手里有权，可是行事正大光明，从来不做恶事，不但在本庄里，就是四邻八庄也对他评价很高。可惜，他却不幸早早地死在了日本鬼子手中。据其长孙相福听村中老人说，大约在1941年的一天，时孟五随部队在孙镇蔡家村与日军作战时，不幸被俘。鬼子见他是个军官，却又问不出他的真实身份，就捆住他的双腿，再将绳子另一头拴在汽车上，一路将他拖往九户。等到了九户，他已经遍体鳞伤。鬼子继续严刑逼供，往他肚子里灌胰子水，让他不断呕吐，直至连胃里的酸水都吐了个精光。总之，他受尽了鬼子的折磨。他的学生刘化凤（今九户镇陈玉平村人）得知此事后，多方奔走营救。几经周折，他才得以释放。然而，这时他已经被折磨得奄奄一息，虽曾到天津的大医院进行治疗，终因伤势过重在医院中去世。他去世时很年轻，可能还不到四十岁，葬于时家庄外西南方向的时氏祖茔。

时孟五夫妇育有一子一女：大女儿美英，嫁到今明集镇颜集村；小儿子长俊，以务农为业，还曾当过铜盆补碗的"锢漏子匠"。虽然没念过多少书，他却知道文化知识的重要性，努力供应三个儿子——相福、相禄、相安——和女儿翠青读书。四个孩子才分都不错：相福在邹平市供销部门工作，相禄当过民办教师，相安在滨州市应急管理局工作，翠青是大学毕业生。至今，村里人只要提起时孟五，还总不忘夸一句他家里的人都才分好！

2021年12月19日

"杀人魔王"栾思富覆灭记

解放战争时期，栾思富是孙镇一带有名的国民党特务头子。孙镇辛集村张振龙先生早年参加革命，对孙镇一带在新中国成立前后的历史比较熟悉。中华人民共和国成立后，他撰写了不少关于这段历史的文章。其中，在《栾思富股匪被歼经过》一文中，他对栾思富被歼经过有比较详细的记述。然而，笔者在采访过程中，对于栾思富其人及其被歼过程中的细节，又有了不少新的了解，正可补张先生此文之阙。

栾思富不是孙镇本地人，一说是山东莱芜人，一说是小清河以北栾家庄人。有人说，他是逃荒落户到大陈村的；也有人说，他是在老家杀了人之后逃亡来的；还有人说，他跟随家人来到大陈村时，只有八九岁，家人靠给村里的财主扛长工维持生计。总之，众说纷纭，莫衷一是。

栾思富个码不高，甚至可能还不足一米六，身材偏瘦，黄白面皮，眼珠色黄，为人精爽，性格野蛮。他有个亲哥哥，为人老实巴交。可是，外来户难免受到村里人欺负。栾思富可不吃这一套，每次都要替哥哥出头。结果，小小年纪他就跟村里不少人结了怨，甚至还落下个"不好惹"的名声。

1931年至1937年，梁漱溟先生在邹平县开展乡村建设运动。据说，栾思富曾经在孙镇辉里村（时为第十二乡乡学所在地）办过饭（孙镇方言，意为做过饭）。抗日战争时期，他曾担任山东保安独立第十一旅副旅长兼第十团团长张行舟（孙镇大三村人）的特务队队长，人称"栾队长"。该旅前身是山东保安独立第六团。自 1939 年冬起，张行舟即追随副团长兼一营营长高竹筠驻扎在孙镇冯家村。1942 年秋，该团被国民党山东省主席牟中珩升编为旅。此时，高竹筠已死。张行舟升任副旅长兼第十团团长，继续驻扎冯家村。然而，当地老百姓自始至终都管它叫"六团"。不知栾思富从何时起追随张行舟。因其性格野蛮，经常惹是生非，一营长冯汝槐（冯家村人）、二营长张兆武（孙镇村人）、三营长王恪仁（孙镇伍户村人）都不要他。张行舟就让他当了特务队队长，负责警卫工作。其间，他为非作歹，老百姓敢怒而不敢言，否则立即就会招致杀身之祸。他手上的人命不少，所以就得了个"杀人魔王"的诨名。

据孙翠兰与张振龙合著的《国民党山东保安独立第六团》一文记载，1945 年 8 月 31 日拂晓，八路军围歼了驻扎在冯家村的国民党六团。而冯敬轩的《伪保安六团在冯家村》一文则记载，此次围歼战发生在 7 月 14 日，还是由杨国夫司令员亲自指挥[1]。另外，还有人记得此役发生在那一年的农历七月二十四日，即阳历 8 月 31 日。可见，此次围歼战发生在 8 月 31 日的可能性更大。六团的抵抗并不顽强，白天在头头们的督战下，还能勉强支撑；可是到了晚上，绝大部分士兵都作鸟兽散，逃回了各自家中。只有少数头头侥幸漏网，其中就包括栾思富。当天夜里，他跟随张行舟逃往了济南鹊山。

1946 年，国民党部队全面进攻解放区。栾思富也带领十余名特务流窜回孙镇一带，摇身一变成为还乡团团长。他对共产党领导的农救会进行疯狂报复，屠杀了不少农救会干部。农历四月七日，即阳历 5 月 7 日的晚上，大陈村农救会会长于文礼、副会长于文卫被栾思富率人在村里的油坊门口用刺刀捅死。农救会参谋信允湖连同他的孙子信贵林，则被栾思富一伙带去了周村。而就在去往周村的路上，栾思富还杀了两个人。第二天，第六区（今孙镇一带）区中队长信贵武赶来给于文礼、于文卫两人开追悼会，只见他们身上全是刺刀窟窿。据说，信允湖到

---

[1]　笔者查阅杨国夫将军的自传《战斗在清河平原》，却没有发现他指挥此役的记载。

达周村后，竟被装在麻袋里从屋顶上扔下来活活摔死了。他的孙子信贵林被正在周村光被中学读书的信贵茂与信贵雨两兄弟救出，否则也要被栾思富斩草除根。

解放战争时期，孙镇一带的特务，有两个特别出名：一个是栾思富，另一个则是孙镇腰庄村人李大宾。据《中共邹平地方史（第一卷）》记载，这年5月的一天，恰逢孙镇大集，李大宾、赵常业等30余人，围攻渤海区工商管理局设在孙镇村的工商管理分局。那时的工商管理分局兼有现在工商所与派出所的职能。特务们打死杜庆亭等工作人员5人，捕去9人，商店价值480万元（旧币）的物资也被洗劫一空，并将分局房屋焚毁，然后扬长而去。被捕去的9人也遭残忍杀害。据说，栾思富也参加了这次袭击活动。日后，李大宾落网，邹平县大队在辉里村对他执行枪决时，栾思富就与两三个特务埋伏在隔街一户人家，企图劫法场。幸亏，行刑队干净利索，栾思富才没有得逞。

栾思富在孙镇村也有累累血债。村民李广源的父亲是一名教员。栾思富认为他有可能是八路，就在他的脖子上拴块大石头，投入井中杀害。家住孙镇村北门的农救会干部朱某，连同他的妻子，双双被栾思富杀害于村南门。孙镇农救会开展反贪污运动，从财主家抄出五个元宝，交由农救会干部孙玉宝保管。栾思富得知后，一天夜里带人来到孙玉宝家，抢走了元宝。幸亏孙玉宝机灵，及时翻墙而逃，否则也很可能遭遇不测。

丁亥年（1947）农历三月的一个夜晚，栾思富带领十来个特务，先来到王伍庄，将农救会委员马方钢与民兵马之明抓走，带至高家村南的一口甜水大砖井旁。家住高家村西头的高希周，也被特务们抓了来。他是村里的一个翻身农民。栾思富留下几个特务在砖井旁看守，自己则带领其余特务来到党里村。农救会副会长李冠英惨遭栾思富毒手。他先是被打了两枪，继而被捅了两刺刀。同时被害的，还有民兵队长李淑春。他是被刺刀捅死的。当栾思富一伙人回到高家村时，马方钢、马之明和高希周已死。留守的特务把他们捆得跟粽子一样，推入井中后，又搬起大石头冲他们的脑袋上砸去。事后，人们用滑车将井水抽干，然后由几个外乡人下井将三具尸体捞了上来。当马方钢的尸体被抬回家中时，年仅七岁的孙子马之玉看到爷爷不仅脑袋被砸伤，下巴上还有一条长长的刀口。后来，栾思富一伙又去了蔡家村。农救会会长蔡建清即死于特务们之手。然而，其死于国共两党之间的公仇，还是死于他与特务之间的私恨，受访者莫衷一是。但是，他的独子蔡庆法却是名副其实的革命烈士。蔡庆法曾被六团抓过壮丁。结果，他连人带枪投了八路。六团为此找到蔡建清，说不管卖房还是卖地，罚他限期赔偿一条枪的费用。蔡建清只得照办。后来，蔡庆法在山海关黄土岭战斗中壮烈牺牲。另有一说，马方钢、马之明和高希周三人被害于1946年春，而李冠英、李淑春、蔡建清则被杀于1948年3月13日，即中国人民解放军攻打周村的那个夜晚。

另外，王伍庄民兵曹春荣也死于栾思富之手。一天夜里，栾思富率领特务将曹春荣和他怀孕的妻子堵在家中。栾思富本想劝他投降，让他加入特务的队伍。曹春荣非但严词拒绝，还朝特务们放起枪来。后来，特务们把手榴弹扔进屋中将其炸死。他的妻子侥幸逃出虎口，不过腿上还是挨了一枪。即便如此，栾思富还不解恨，又派人把屋子点着，将其尸体烧焦。事后，中共党组织立即将曹春荣的妻子转移到后方医院治疗。痊愈后，她回到娘家居住。不幸中的万幸，肚子里的孩子安然无恙。1950年3月，曹春荣被追认为革命烈士。再者，信家村农救会会长杨秀领（音），也被栾思富杀害于本村西门外。

1947年，孙镇周家村的许学仲参加了村里的民兵组织，并担任民兵队长。不久，他就被调到第六区区中队，担任了通讯员。有一天，他下村催担架夫，途经今九户镇南潘村[1]，恰逢栾思富率人在此"出特务"。当时，老百姓称特务下乡勒索钱财或粮食为"出特务"。他正召集公路西（今孙镇一带庆淄路以西）各村负责人开会，向各村征钱征粮。他瞥眼看见许学仲身上带着两支枪——一支匣枪、一支美式步枪，便指着许学仲对他们说："我想借他身上的枪使使。"驳壳枪，又被称为"盒子炮"或"二十响"，孙镇当地则称之为"匣子枪"，或简称"匣枪"。

---

[1]　今九户镇南潘村、安祥村、刘家村，合称"潘安刘"。早年间，它们隶属于第六区，新中国成立后隶属于孙镇区，1968年8月行政区划调整时，划归了九户公社。

吓得众人赶紧劝阻道："他哪里肯老老实实借枪给您，您要是把他打死了，我们公路西还不知道要死多少人呢！栾队长，您要多少钱，我们就给多少钱，您拿钱买枪。"最后，众人用 25 口袋豆子换回了许学仲的一条命。1 口袋豆子有 120 斤左右。事后，有人将此事告诉了尚不知情的许学仲。

后来，许学仲从通讯员转为区中队战士。有一回，区中队十几个人从时家村驻地出发，到西南方向四五里地外的岳官、孟坊两村公干。当行至岳官村附近时，不料竟中了特务们的埋伏。他们忽然从村东头的高粱垛里放起冷枪来。区中队长信贵武被栾思富提着枪追赶，绕着麦秸垛转了好几圈，棉大衣上被打了好几个窟窿，手也负了伤，甚至连手枪也在慌乱中丢失。幸亏，当时有名战士扔了一颗手榴弹。趁特务们趴下躲避之际，区中队才得以全身而退，无一人伤亡。另有一说，此事发生在孟坊村，不是伏击战，而是遭遇战。参见《信贵武传奇》一文。

再后来，许学仲从区中队被调到邹平县大队，并担任了一连一班的班副。1948 年 5 月 3 日，县大队得到密报，"杀人魔王"栾思富正在"西安刘"一带出特务。所谓"西安刘"是指大陈村西边的安祥村与刘家村。因两村毗邻，相距不足一里地，故常被合称"西安刘"。据说，当初给县大队送信的，乃是大陈村李传永老人嫁到安祥村的姑妈。她胆大心细，挎着篮子以做"芦穗"为由，给县大队送去了情报。另有一说，给县大队报信的是南潘村一个男人（外号叫"老豁"）的女儿。此前，"老豁"被栾思富绑在村南头的一棵柳树上，开膛破肚而死。他女儿得知栾思富在"西安刘"出特务，便悄悄报告给了县大队。

此时，原第六区区中队长信贵武已经升任县大队连长。得到消息后，他便率领一个连的兵力，从今明集镇颜集村出发，决定彻底剿灭栾思富这一伙特务。信贵武与栾思富是死对头。在出发前的动员大会上，他说过的一句话，至今仍让许学仲老人记忆犹新："这一回去，也许我死在他栾思富手里，也许他栾思富死在我手里！"信贵武是信家村人。栾思富的住家在大陈村毗邻，信家村与之相距不足一里地，鸡犬之声相闻。信贵武的二儿子长兴回忆说，他俩虽是死对头，却有约在先："彼此各安天命，互不祸害对方家人。"

当县大队行进到"西安刘"附近时，有人报告栾思富说，有一队人马正朝这边开过来。不料，栾思富却根本不放在心上。他拍着腰里的匣枪说："就是来百十号人，老子也不怕！"据说，他擅长骑射，枪法尤其准，有百步穿杨的本事，骑在奔驰的马上，射击电线杆上固定电线的瓷瓶，弹无虚发。他惯使双枪，腰上总是别着两把二十响的匣枪。为了拔枪方便，他的匣枪都磨掉了准星，枪口朝上交叉别在腰间。大陈村是他经常出没的地方。每次他来到村里，总喜欢开枪打人家屋上的鸽子，而且说打哪只就打哪只。只要听到枪响，大陈村民就知道准是栾思富回来了。甚至还有人说，曾亲眼看见他把天上飞的麻雀打下来过。

县大队将栾思富一伙包围在安祥村，并在西南、西北、东南三个方位架上了机枪：东南角两挺，西南角、西北角各一挺。原来，安祥村与北边的刘家村毗邻，与西边的成家村、南边的南潘村也相去不远，而村东则是一片开阔地。为了防止栾思富逃入这三个村子，给村民造成了伤害，县大队便采取了"围三缺一"的战术，特意在包围圈的东边留下一个缺口。

据说，栾思富当时被堵在一户人家的正房中。他隔着门帘观察一阵，见无法从正房门口逃脱，便一口气向院子里扔了好几颗手榴弹。趁着硝烟弥漫的机会，他捣毁正房后墙上的土龛逃出。那时，农村时兴在正房后墙上留个土龛，放些零碎什物。土龛墙壁的厚度只有正常墙壁的一半，比较容易捣破。逃出院子后，栾思富先往北逃窜，结果被机枪封住了去路；他又折而往南逃窜。他生性多疑、狡诈而且残忍。在一条南北向的胡同里，手持冲锋枪的传令兵朱某（一说该传令兵姓孙，或许栾思富手下有数个传令兵也未可知）对他说："栾队长，这次来的人挺多，又有机枪，恐怕凶多吉少……"朱某的话还没说完，栾思富就敷衍他说："真到万不得已的时候，咱就投降。"说着，他就示意朱某将手中的冲锋枪交给他。没想到，他刚接过冲锋枪，二话不说就将其打死了。往南的路也被机枪封住了。他就再折而往东逃去，企图占领安祥村东的土窑。那里是附近的一个制高点。不料，信贵武早有准备，事先已经派人占领了土窑。栾思富转而往东南方向逃去。起初，他被打伤了一条腿。当逃至安祥窑东南方向的付家湾时，他的另一条腿也被打伤了。他便靠在一棵柳树旁。县大队的赵排长（据张振龙记载，名叫赵元水）走上前来劝降道："栾思富，你跑不了了，缴枪吧！"栾思富倒也痛快，掏出一支匣枪就扔在了地上。可是，当赵排长正在弯腰捡枪时，他却掏出另一支匣枪将其打死了。传说，在这次战斗中，还有另一名排长也死于栾思富之手。那名排长埋伏在池塘边，趁栾思富经过时不注意，一下子蹿出来从背后将其死死抱住。没想到，栾思富却不慌不忙地掏出匣枪，从胳肢窝中对准抱住他的人开了枪。

得知赵排长牺牲的消息，信贵武下命令道："坚决要死的，不要活的！"县大队将栾思富包围起来，四挺机枪、百十支步枪同时开火——俗称"排子枪"。霎时间，滚滚尘土从地上升腾起来，直冲云霄。枪声过后，栾思富被打成了筛子。即便如此，慑于他的淫威，战士们一时之间还不敢轻易走上前去查看。等确定栾思富必死无疑后，一名气愤的战士又端起机枪冲着他的脑袋，打了一梭子子弹。栾思富的脑袋顿时被打得稀巴烂。据李传永老人回忆，他曾亲眼见过栾思富的尸体，左手放在额前，作手搭凉棚状。大概临死之前，他正面向太阳，故而用左手遮住阳光，眺望前来围剿他的县大队。关于栾思富最终的身死之处，笔者采访过不少人，或说在安祥窑，或说在距离安祥窑 100 米处的一个小坟头，或说在距离安祥窑不远处的付家湾，莫衷一是。

据推算，栾思富死时最多三十冒头。后来，大陈村几个胆大的青年将他的尸体拖到村东坡的盐碱地中草草掩埋。"文革"时，对他恨之入骨的老百姓，挖出他的尸体，将其挫骨扬灰。据说，他的一条小腿上还有一支手枪，只是时间太久了，已经锈成了一团铁疙瘩。

相传，跟随栾思富的特务，除两名被擒之外，其余都被打死了。其实，还有一名特务成了漏网之鱼。在安祥剿灭战中，他被打伤了大拇指。仗着是在本乡本土，他就趁机眯了起来。事后，他不敢耽搁，连夜就逃走了。躲了一阵子，风头过了，他就又回到老家安安稳稳地继续过日子，直到前几年去世了。

当初，栾思富到"西安刘"出特务时，住在某家的土楼上。他已经搜刮了国民党的三包袱纸币，还不肯走。栾思富死后，那家人也不敢花这些钱，担心还有特务回来索要。不久，国民党的纸币作废，它们也就成了三包袱废纸。后来，这些纸币也有用来糊墙的，也有上坟时权充冥币烧掉的。

"杀人魔王"栾思富被剿灭后，邹平县政府迅速贴出告示，宣布邹平县彻底解放。孙镇一带的老百姓得知消息后，纷纷拍手称快，并带着鸡蛋、鱼、肉到县大队来慰问，感谢他们为地方上除了一大祸害。从此，国民党特务在邹平县境内彻底绝迹。

2018 年 10 月 15 日

（此文主要根据对孙镇周家村许学仲，大陈村信长明、李传永、张兆村，王伍东村魏方开，王伍西村马之玉，蔡家村蔡传林，党里村李淑明，信家村信长兴，辛集村孙道全，孙镇村张成江，范家村范宗华，新高村高希达，以及九户镇安祥村刘公富等多位老人的采访撰写而成。）

形意拳名家韩伯言在孙镇老家的岁月

韩伯言，名守信，字伯言，以字行于世，王伍庄（今孙镇王伍东村）人，中国尚式形意拳名家。他主要生活在济南，也曾有两段时期生活在孙镇老家。

他生于清光绪三十三年（1907）农历八月二十四日，长到十来岁时，离开家乡去到济南。此是他在孙镇生活的第一段时期。1968 年，他下放回到孙镇王伍东村，1984 年返回济南。此是他在孙镇生活的第二段时期。

当年，王伍庄韩氏是孙镇一带的名门望族。该村韩继文（字纯一）是著名的实业家，曾在济南经营丰华针厂，以及电话股份有限公司，同时出任政府要职。其堂弟韩继武（字荇舟）则先后担任济南、泰安、青州、烟台四大林区林务局长。1940 年堂兄病逝后，韩继武接办丰华针厂。韩氏兄弟就是韩伯言的伯父与父亲。

韩伯言少年时，体弱多病。那时，河南洪拳大王孙廷荣正在济南教拳。为了增强儿子的体质，韩继武便聘请他为家庭武师。韩伯言跟随孙师父学了小洪拳，也学了器械，比如刀、枪、棍、棒、鞭，还得了"四门刀"的真传。

1928 年，韩伯言考入北平朝阳大学法律系。因一代形意拳宗师尚云祥在大学教授武术的机缘，他得以结识并拜入其门下。他前后跟随尚师父学习形意拳六年之久，同时也学习了形意刀、形意枪、形意剑、形意棍。在此期间，除了习武，他还跟随一位大琴师学习拉胡琴。正如他带艺投师一样，此时韩伯言手上也有胡琴的基础。当时，这位大琴师已经失明，既不再拉琴，也不再收徒弟。后来，他被韩伯言的诚意打动，最终同意收他为徒。韩伯言心存感激，三年之间，每次去学琴，必定奉上三块大洋。既要读书，又要习武兼学琴，根本忙不过来。他是富家公子，当上课与习武或学琴冲突时，就干脆花钱雇一个年轻人，替他到课堂上去点卯。

韩伯言的胡琴水平非常高。据说，在北平时，他就曾与"四大名旦"之一的程砚秋多有往还，还给他做过胡琴伴奏。著名京剧表演艺术家李金泉，起初并不认识韩伯言。可是，听了他的胡琴录音后，金先生竟专程到济南来拜访他。后来，李先生但凡到济南招生，还总要去找他叙叙旧。

大学毕业后，韩伯言回到济南，在家族企业担任律师，人称"大律师韩伯言"。除了习武、拉琴，他也喜欢唱京剧，水平还很高。为了过瘾，他还曾在济南票戏。他唱须生，在《秦琼卖马》饰秦琼、在《空城计》饰诸葛亮、在《洪洋洞》饰杨六郎，这都是他的拿手好戏。在现代京剧《奇袭白虎团》中饰演关政委的谢同喜先生，就曾向他拜师，专门学习《洪洋洞》。

中华人民共和国成立后，因为资本家与律师的双重身份，韩伯言被打倒，被没收了家产，还坐了三年牢。出狱后，他在运输队做会计。为了补贴家用，他也教戏，还偷偷地教武。

1968年3月，韩伯言与夫人宋景良以"下乡"的名义，从济南下放回孙镇王伍东村。宋景良出身贫农，是戴着大红花来的。韩家是大地主，老房子早已归公。两个老人只得临时寄居在大队部的马棚中。因为漏雨，不久他们就搬到了村东头。此时，韩伯言头戴两顶"帽子"——"反革命分子"与"地主分子"。因此，他的行动受到管制。

同年农历八月十五，经郭成慈介绍，周家村郭玉信（字晓旗）拜韩伯言为师，学习形意拳。郭成慈也是周家村人。若论亲戚关系，他还是韩伯言的叔伯妹夫。当年，他在济南做过韩伯言孩子们的家庭教师，也曾跟随韩伯言学过胡琴。另外，他还是当地一位有名的中医，尤其擅长治疗身上的各种疙瘩。郭玉信带着十个鸡蛋、一瓶乌河酒作为礼物送给师父。除此之外，他还在家里摆了一桌酒席宴请师父。

那时候，讲究师道尊严，郭玉信正儿八经地磕头拜师。因为成分问题，这次拜师礼是偷偷举行的。郭玉信也是"地主分子"，所以韩伯言才敢收他为徒。用韩伯言的话说，他们师徒二人是"姑子和尚一档人"。

既然是偷偷拜师，郭玉信也就只能偷偷学艺。每次，他都是在韩伯言家里关起门来偷偷练武。此时，郭玉信已经十八岁。按理说，这样的年龄才开始练武，已经有点儿晚了。此前，他没练过武，没有任何基础，刚开始学得比较吃力。有时候，韩伯言看着着急，便冲着他说："朽木不可雕也！"郭玉信虽然不能完全听明白，可是也知道不是好话。他从小要强，暗下决心，绝不能半途而废，因此学得格外卖力。刚开始，先练习马步与弓步。有了根基之后，韩伯言再传授招式。他总是先把要教的内容演示几遍，然后将其分解，一招一式地教给徒弟。他教武非常严格，要求徒弟做到"闭门造车，出门合辙"。如果招式变了形，他就要动手调教。由于保密工作做得好，过了一年多，人们才知道郭玉信正在偷偷跟着韩伯言练武。

刚回村时，韩伯言被分在一队，后来调到四队。他从小没干过农活，连挑水都不会，更何况此时年龄也大了。恰好郭玉信的姨父当四队队长，就有心照顾他，先让他看坡，后来让他拾粪。他花十八块钱买了一辆破自行车，其中郭玉信还给师父出了三块钱。韩伯言就整天骑着自行车，后面带着一个垛篓四处拾粪，以挣工分。他在村里，无论长辈还是晚辈，无论大人还是小孩，见谁都主动打招呼。村里人都很尊敬他。直到20世纪80年代回济南，他的工作一直都是拾粪。不过，后来政策松动了，他的拾粪工作也就有其名无其实了。当年拾粪的时候，他经常到罗家村头修自行车的地方喝茶、歇脚。罗家村在工伍东村西北方向，相距不过二三里地。他喜欢下象棋，有时候也到孙镇杀几盘。

大约在1972年，郭玉信与外村的五六个青年打了一架。那伙人吃了亏，就去找领导告状："郭玉信是跟着地主分子韩伯言学的武。"结果，韩伯言受了连累。民兵押着他从蔡家联中上了敞篷汽车。蔡家村在王伍东村之北，相距不过四里地。他胸前戴着写有"反革命地主分子韩伯言"的大牌子，从蔡家村出发，一路经过高家村、党里村、于何村、辉里村、杨家村、郑家寨村、曹王村、有里村、张赵村、腰庄村，最后到达孙镇最东北角的东安村。然后，从东安村返回腰庄村、张赵村、有里村，再经过车郭村、潘刘村、小三户村、大三户村，到达孙镇公社。最后，从公社回到出发地蔡家联中。这叫作"游公社"。韩伯言下放之后，开当地地主的批斗会时，他也陪批过几次。不过，他从来没有游过街，游公社也仅此一回。

当时，郭玉信还只是一个二十刚出头的毛头小伙子。游行开始前，他就吓得逃跑了。游完公社回来，韩伯言沉着脸对他说道："陪着师父坐汽车，你都不去！扶扶师父也行啊！——跟别人打架吃亏没有？咱别我游了公社，你再吃了亏，那咱爷俩丢人可就丢大了！"郭玉信挺一挺胸脯答道："我没吃亏。那伙人吃了亏，才让咱游公社。"韩伯言这才缓和了语气，说道："这还差不多！你的武没白学，我的武也没白教。"

后来，跟着韩伯言学武的渐渐多了起来。可是，人一多难免良莠不齐。1974年11月，他慨叹人心不古，遂写成《师道悲》一诗：

千里迢迢学拳艺，朝夕苦练十五春。

尊师敬业循古道，昏晨定省报深恩。

老归故里传徒众，八年桃李已成荫。

良莠不齐终不变，善恶有别初难分。

族人领来俩昆仲，双双甜言表诚心。

相对问答谈家史，彼此原有家族亲。

自会家传少林艺，再求入我形意门。

三年艺成辞我去，数载渺渺无回音。

初见能让千圣果，再逢单会敌万金。

背离师门乱传艺，功形未满艺不真。

怀怒又生师之气，搬弄是非乱乾坤。

忆想当年师教导，不守规者概不交。

祖师留下长命宝，万两黄金不予人。

亡羊补牢未为晚，闭门封剑在今晨。

有的徒弟学了一星半点的武艺，就也想当师父收徒弟。韩伯言对此最是深恶痛绝，因为学艺不精乱传艺，不但误人子弟，还败坏了形意拳的真经。

韩伯言虽然身怀绝技，但也有无可奈何的时候。有一次，他家的房子失了火，急得团团转，可也没有办法。有人便跟他开玩笑说："韩老头，你武功再高，失了火也只能干瞪眼。"他也不生气，徐徐答道："既有所能，必有所不能。否则，就不是人了。"

1977年农历十月间，徒弟张经诚从济南来信，说阶级斗争就要结束，会给师父"摘帽平反"，济南的房子也有望发还。韩伯言得信后非常高兴，就让徒弟郭玉信骑自行车带他去了邹平县城。两人在西关饭店吃饭时，他兴致很高，还喝了几杯酒。吃完饭，两人又在附近的照相馆照了一张合影。

韩伯言回村十多年间很少照相。他很年轻就蓄了须。年轻时，有一次，他跟一个打把式卖艺的交上了手。那个卖艺的不是他的对手，被他打翻在地。可是，那人的鞋头上有一朵布做的花，里面藏了铁钩子。等韩伯言来到他的身旁时，那人一抬脚，不偏不倚恰好钩住了他上嘴唇的人中处。从此，便留下了一个小伤疤。那时，他在济南，还没到北京去读书。

1983年，韩伯言返城，回到了阔别多年的济南。可惜，他的夫人在70年代末就已去世，葬在了王伍东村的北坡里。回济南后，政府给他平了反，还发还了部分房屋。第二年的6月，他又回孙镇办理了手续。徒弟们每人凑了三块钱，办了三桌宴席，在孙镇的旅馆饭店给师父饯行。随后，韩伯言在徒弟郭玉信家一连住了八天。那几天，郭玉信每天早起到棉花地里去打药。打完药回来，韩伯言差不多也起了床。吃过早饭，他给师父冲上茶。师徒两人就关起门来，在院子里讨论武艺。此前，韩伯言已经将八十三式形意剑的前半部分教给了他。此时再把剩

韩伯言与徒弟郭玉信合影（摄于 1977 年 图片由郭玉信提供）

余的部分教给他。最后，韩伯言从郭玉信家离开孙镇，返回了济南。此后，他再也没有回过孙镇。

十几年来，郭玉信跟随韩伯言，先学小洪拳，再学七节鞭，后来在学五十八式四门刀的同时学了形意拳。1973 年，他学了形意枪与形意刀，最后还学了形意剑。他也是孙镇一带众多徒弟中，唯一跟随韩伯言学过器械的。长期以来，郭玉信始终秉持"一日为师，终身为父"的信念。韩伯言有四分自留地，也是他替师父耕种。当初，韩伯言看坡的时候，中午郭玉信就替他看着，让他回家吃饭。平日里，挑水、砸搭伙（所谓"砸搭伙"，就是先将煤粉与红土按一定比例掺和在一起，再倒上水用铁锨搅拌均匀，最后用木棒反复捣几遍，供土炉子取暖之用）之类的日常事务，自然也是"有事弟子服其劳"。那些年，农村冬天生土炉子。韩伯言的大女儿家住淄博洪山。她有煤票，自己用不完。郭玉信就推着载有两个长垛篓的独轮木推车，到洪山去给师父送煤粉。一推车的煤粉重五百斤，从孙镇到洪山单程一百多里，每个冬天送两回。过年时，家里炸了菜，郭玉信总要拿出三分之一给师父送去。每年农历八月二十四是师父的生日。济南的徒弟杨国才都来给韩伯言祝寿。每次也都是由郭玉信张罗酒席。每次他都谨遵师门规矩，师父与杨师兄喝酒，而他则负责端茶倒酒。

　　韩伯言晚年以教武为生。过生日时，正是农忙时节，郭玉信无法去给师父祝寿。每年秋后、冬天或是过完年，郭玉信总要去济南看望师父。每次到了济南，韩伯言都要让他替自己教一会儿拳，这是师父对徒弟武功的认可。1996 年，韩伯言因病去世，享年九十岁。

返济前夕，韩伯言与邹平县的徒弟们合影留念，前排中间是韩伯言、前排左三是郭玉信，第三排右四是段春雷（1984 年摄于孙镇 图片由段春雷提供）

师父返城后，征得他老人家的同意，郭玉信也渐渐收了不少徒弟。起初，他的徒弟多是孙镇本地人。后来，他先后在周村、邹平工作，在所到之处也收了不少当地的徒弟。如今，虽已七十岁高龄，他的身体依旧非常硬朗。他自豪地说："这都得益于伯言先生的教诲。"

有道是"有心栽花花不发，无心插柳柳成荫。"在韩伯言回村之前，孙镇附近根本没人知道形意拳。他下放的十余年间，无意之中为孙镇一带播下了形意拳的种子。除郭玉信之外，他的徒弟还有不少，单就孙镇而言，比如王伍庄的韩红、马科、王有民、徐杰、孙学强，周家村的郭森、郭光、郭玉刚，孙镇村的郭玉福与马西广，张家村的魏传义，蔡家村的蔡庆元，于何村的于秀水，还有辉里村的段春雷。2017 年，段春雷还在邹平县城开设了武馆——"六合武馆"，专门教授形意拳。另外，其他乡镇也有慕名而来拜师的，比如魏桥镇大坡村的刘群，九户镇陈玉平村的刘磊。再者，韩伯言的一个老家在章丘、现居邹平县城的亲戚孙曙光，也拜在他的门下。

韩伯言是中国当代武术界的一代形意拳名家。他的很多事迹在诸多报纸、杂志、书籍上流传。但是，关于他在下放老家孙镇期间的情况却很少有记载，偶有涉及也语焉不详。笔者经过多方采访，撰成此文。希望能对读者更全面地了解其生平事迹有所裨益。

2019 年 11 月 23 日

台胞赵会业回乡探亲记

孙镇郑家寨村的台胞，除了《〈钟氏世系〉与郑家寨村钟氏家族》一文中提到的钟读恩先生，还有一位赵会业先生。当年，钟赵两人都在国民党军队中任职。解放战争末期，两人又都跟随国民党政府去了台湾。自此，他们便杳无音信，与郑家寨村的亲人们失去了联系。

"岁月不居，时节如流。" 1996 年，七十多岁的赵会业老人偕夫人回到阔别四十多年的郑家寨村探亲祭祖。此时，他的父母早已去世多年，就连弟弟也已经不在，所幸哥哥赵祥业的身体还不错。他领着妻子参观家里的老宅子，并指着其中一间对她说："这就是当年我出生的地方。"物是人非，言下不胜感慨。

祭祀完先人与父母，老人在村支部书记赵本祥、外甥李汝英（时任孙镇政府文化助理）、哥哥赵祥业、侄子备战与备荒（"备战""备荒"皆是小名）的陪同下，来到郑家寨村小学看望师生。时任村小学校长的钟安仁（郑家寨村人）热情地接待了老人一行。

村支书给双方介绍以后，老人主动提出要给五年级的孩子们上一堂课。在课堂上，老人给孩子们讲了一首脍炙人口的唐诗——贺知章的《回乡偶书》：

少小离家老大回，乡音无改鬓毛衰。

儿童相见不相识，笑问客从何处来？

再也没有哪首诗，比这首《回乡偶书》更贴合老人的身世，更能淋漓尽致地表达老人的心情。在与孩子们一起吟诵《回乡偶书》时，老人曾止不住几度哽咽。讲完诗，在孩子们大声诵读时，他又出神地望着窗外，仿佛陷入了对陈年往事的回忆。老人通过这首诗，既抒发了自己久别还乡的激动而复杂的情感，以及海外游子对故乡的一片拳拳之心，同时也想借此启迪孩子们对家乡的热爱之情。

上完课，老人将低年级的孩子们聚拢起来，满脸慈祥地对他们说："孩子们，爷爷没有给你们带什么贵重礼品，只给你们每人带来一块台湾省生产的橡皮。希望你们在以后的学习中，少出错；如果不小心出了错，也能够马上改正过来！"孩子们领到橡皮以后，有的放在鼻子上闻了又闻，有的翻来覆去地看个不停，还有的用小手紧紧地攥着，仿佛怕它飞走了。总之，每个孩子都爱不释手。

在办公室与老师们交谈时，老人当众拿出五十美元，递到钟校长手中。他激动地对大家说："钱不多，只是表达我的一点心意：给老师们和孩子们买点笔和本子。希望老师们认真教书；期望孩子们努力学习，长大之后，成为对国家建设有用的人才！"事后，钟校长用这五十美元给每一位老师买了一支钢笔和一个笔记本，也给全校每一个学生买了一支红蓝双芯圆珠笔和一个笔记本。

在与老师们进行了长时间的交流之后，当同行的人催促他起身时，老人坐在椅子上久久未动，只是慢慢地品着杯子里的茶水，直到一滴不剩。最后，起身与钟校长握手言别时，老人深情地说道："家乡的水永远喝不够！真想再多喝一杯啊！"离开学校时，老人一路上忍不住回头看了又看，眼睛里满是依依不舍之情。

赵老先生此次回乡探亲祭祖，其间发生的事情，自然不少。笔者仅就所知，斟酌裁剪撰成此文。他返台后，因故再也没能重回故里。如今，又是二十多年过去了，老人家大概早已魂归道山了吧。

2020 年 2 月 19 日

张李氏传

　　张李氏，生于 1925 年，孙镇蔡家村人。十六岁时，她嫁给本乡张家村张万金。万金生于 1929 年，兄弟三人：二弟万银、三弟万铜。公爹张凤勤木匠出身，为人忠厚老实，干活实在踏实。婆婆张贾氏（邹平西关人）身子虚弱，常年患病，一年到头离不了药，甚至连干粮都蒸不了。那时候，张家家徒四壁，吃了上顿没下顿。1944 年，万金夫妇的儿子张成（后又写作"张诚"）出生。一大家人艰难度日。

　　1949 年春，在解放战争迅猛发展的大好形势下，干净彻底地消灭国民党反动派的残余势力，成为中国人民及其军队的迫切任务。张李氏积极送丈夫参军，奔赴解放战争前线。

　　平日里，张李氏与邻居们相处融洽。他们有活，她就主动去帮忙；自己家有事，他们也都自发地来搭把手。总之，她和邻居们相处得就像一家人一样，从来没和他们吵过架红过脸。1950 年 8 月，家里正在盖房子，忽然接到部队通知：张万金同志在战斗中不幸负伤，现正在山东益都（今青州）救治，请家人速来探望。邻居们都安慰她说："家里的事儿，你不用记挂。房子该咋盖还咋盖，你在家和不在家一个样。你快去医院照顾病人吧！"她告别了家人和邻居们，匆匆赶往益都。等她回家时，邻居们已经把房子盖好了。

　　张万金入伍之后，被编入山东军区第三十二军九十五师二八三团二营五连，先后参加了青即战役和渡江战役（时任班长）。在与丈夫的书信往来中，张李氏总是叮嘱他多注意安全，照顾好自己，并鼓励他英勇杀敌、报效国家，不要牵挂家里。1950 年 8 月，在福建省建瓯县剿匪时，张万金为了掩护连长而身负重伤。在益都手术时，从他坐骨上竟取出十几块弹片。张李氏长途跋涉来到医院，日夜守护在丈夫身旁。虽然经过医院的全力抢救和妻子的精心照料，张万金还是因伤势过重而牺牲，年仅二十一岁。

在相关部门的帮助下，张李氏将丈夫的灵柩运回张家村安葬。丈夫牺牲了，顶梁柱没有了，家里的天一下子塌了。婆婆依旧体弱多病，没几年就去世了。大叔子万银二十岁左右；小叔子万铜只有七岁；儿子张成更小，才五岁。家里上有老下有小，能干活的少，张嘴吃饭的多。虽说丈夫牺牲后，政府对烈士家属有补贴照顾，可是直到 1994 年张李氏去世，每月补贴也仅有几十块钱。此前几十年，自然只能更少。终其一生，张李氏只是本本分分地接受政府给予的补贴。生活中无论遇到再大的困难，她也从来没找过政府一次。她总是说："咱不能给政府添麻烦，咱也不去讨那个厌！"

此时，丈夫死了，而她只有二十多岁，不但娘家人劝她改嫁寻条活路，就是村里也有人劝她。可是，她顶住各方压力，毅然决然地要守住这个家。这一守就是四十多年。俗话说"寡妇门前是非多"，可是，在张李氏的门前，不但没有是非，有的只是全村人对她的敬重。

张李氏是一个坚强的女人，带领着全家老小吃糠咽菜往前过。从此，她成了这个穷家的当家人。她凡事打谱打量。一家人每天干啥活，比如下地劳动、外出赶集、办饭做家务等，她都一一安排妥当。每当播种的时候，家里没钱，买不起种子。她就发动一家人，到大户人家的地头上，拾人家在趄弯处掉头提耧腿时落在地面上的种子。东家地头拾一点儿，西家地头拾一点儿，攒起来到自家地里去播种。

她总是说："过日子得讲究勤俭节约、细水长流。"赶集上店一般是大叔子万银的事。她给他几角钱，告诉他家里需要买啥东西。东西买回来，她还要算账，剩余的钱交家，一分钱也不能乱花。大叔子有吸烟的嗜好。为了省钱，张李氏就琢磨着帮他把烟给戒了。每次犯烟瘾的时候，他总会向嫂子苦苦哀求："姐姐，好姐姐，让我抽两口，就抽两口！"她知道烟不是一下子就能戒得了的。可是，她总能巧妙地控制他两次吸烟之间的间隔。间隔越来越长，最后大叔子终于把烟戒了。吸烟的钱也就省下来了。

小叔子万铜患有斑秃。张李氏就每天给他洗头、敷药。有时候，她带着小叔子和儿子一起回娘家。蔡家村人有不明白底细的，还以为小叔子是她前窝里的儿子呢！她疼爱这个小叔子就像儿子一样。后来，张李氏去世时，村里人给了万铜一根哭丧棒，对他说："你跟你嫂子，名分上是叔嫂，实际上，她就是你娘！"哭丧棒又叫"孝棍"，长辈去世时，晚辈要手执孝棍，跪在灵前，为亡者守孝。张李氏对于小叔子万铜而言，正如古人说的"老嫂比母"。

对于儿子张成，张李氏除了舐犊情深的母爱，在他身上还寄托了对丈夫的思念。因此，她对儿子加倍疼爱。夏天的夜晚，她给儿子打扇子，祛暑驱蚊。儿子睡着了，她才休息。半夜里儿子醒了，她又会继续给他打扇子。她的疼爱儿子，在张家村是出了名的。不幸，十二岁那年，张成不小心摔伤了腿。他怕母亲担心，就不敢告诉她，结果落下了终身残疾，一辈子不能干重体力活。

三年困难时期，家里断了顿。张李氏就领着全家人挖野菜、捋榆树叶。野菜挖不到了，就吃带刺的青青菜。青青菜学名叫"蓟"，叶子有止血的作用。老百姓说，吃到肚子里的青青菜能吸人的血。那时候，人人饿得一副薄肚皮。吃了青青菜，甚至能看见肚皮上的青筋——静脉血管。他们不光吃榆树叶，还吃榆树皮。早年间，张家村北坡有个榆树园子。老百姓就到那里去扒榆树皮。晒干后，先上碾子碾成榆树面子，然后再蒸糠糕吃。张李氏的孙子宗义感慨地说："要是没有俺奶奶，恐怕就没有俺这一家人了！"

张李氏本就觉悟高，她家又是老革命家庭，积极为政府工作提供了很多无偿帮助。那时候，工作组来下村，就愿意住在她家里。她就和家人搬到偏房里去住，把正房腾给工作组。1976年，邹平县政府在孙镇罗家村北、张家村南开挖东西走向的孙镇南干渠。张李氏干脆带领一家人搬到别人家去住，把自己家腾给水利工作人员。工作组和水利工作人员对他们一家人都特别感激。

大叔子年纪不小了。张李氏就张罗着给他盖了房子，娶了媳妇。此前，家中曾有一架不错的榆木梁，还曾有人想拿八斗米来换。公爹张凤勤说什么也不肯，想留着给儿子盖房子使。农村就是这样，自家那东西卖的时候不值钱，等到使的时候再买就贵了，甚至都买不起了。那架梁闲置放了好多年，房子也一直没钱盖，风吹雨淋地就烂掉了。此时，在张李氏的操持下，房子终于盖起来了。可惜，大叔子在二十九岁时因胸膜炎救治无效去世。大兄弟媳妇也改嫁走了。紧接着，张李氏又张罗着给小叔子盖房子娶媳妇。小叔子结完婚不久，公爹张凤勤就去世了。料理完公爹的丧事，因为儿子跟小叔子是挨肩的，张李氏又开始忙活着给儿子找媳妇。儿媳妇李德芳是孙镇信家村人。十来岁时，她就父母双亡，与弟弟李德全相依为命，吃百家饭长大。她十九岁时带着身患脊髓炎的弟弟（当时只有十四岁）嫁入张家。年幼多病的弟弟经常住院，李德芳就为他陪床，给予精心照料。李德全终于在这个温暖的大家庭中平安长大。后来，他参军复员，张李氏一家人又张罗着给他娶了媳妇，并帮他在信家村盖了房子。夫妻两人这才搬回去居住。

儿子张成没有辜负母亲的期望。从十八岁那年（1962年）开始，他就担任了张家村第三生产队队长，一干就是二十年，直到1982年村里实行联产承包责任制分田到户。那些年，因为家里贫困，冬天为了给一家老小取暖，他就咬着牙推着木制胶皮独轮车往返二百余里到淄川去推炭。1980年，他在自己家里开了个经销点，补贴家用。三年后，他在孙镇初中门口承包了一个小卖部。学校里的年轻老师和学生们都管他叫"张大爷"。儿子宗义能成为一名人民教师，尤其让他感到欣慰。他平日里喜欢拉二胡，而且水平不低。孙子张超从小就跟随他学二胡。有时候，孙镇初中组织文艺汇演，爷孙俩还会一人一把二胡同台献技。同时，从小学二胡，也为张超日后的艺术发展道路奠定了坚实的基础。他从小学起就参加各类音乐比赛，并多次在大赛中获奖，现在高校担任音乐教师，并从事乐器方向的博士后研究。

20世纪70年代末，为了补贴家用，张李氏又做起了小买卖，赶集卖烟叶、海带。她步行到邹平、周村，甚至是新泰、莱芜去起货。去的时候还好点儿，因为是空着手；回来可就得背着货物了，俗话说"路远无轻担"，这趟辛苦吃下来真是够人受的。当时，摆摊子的人一般都用十六两一斤的秤，张李氏也不例外。卖东西的时候，得先用这个秤称一称，然后换算成市斤秤的斤两，最后再计算出钱数。她从小没念过一天书，不识一个字，但是算账却是一把好手。每次她都算得又快又对，货也比别人卖得又快又多。凡是从她摊子上买过东西的，没有不佩服她的。可是，谁也没料到，曾经帮助大叔子戒烟的张李氏，后来也慢慢地抽起烟来。有一回，她告诉孙子宗义说，她之所以抽烟，是因为家里事儿太多，心里愁得慌，慢慢就学上了这个毛病。

张李氏先是把小叔子和儿子拉扯成人。等到孙子孙女出生后，她就帮着儿子儿媳把他们兄妹五人带大。她非常疼爱孙男娣女，哪怕是一个月饼、一个石榴或苹果、几个枣，都不舍得吃，总是分给他们。后来，有了重孙子和重孙女，她又把好吃的留给他们。不过，疼爱归疼爱，她却不会无原则地溺爱孙子孙女。他们要是犯了错，挨了父亲的训斥，她总是耐心地跟他们讲明道理，从不娇惯孩子。有时候，他们调皮不听话，她也不生气，总是笑着说："这孩子！"然而，他们都心甘情愿地听她的话，帮她做事。在他们心目中，她是奶奶，更像是慈母。

孙子宗义跟奶奶的感情特别深。小时候，念书没有钱，奶奶就把攒的鸡蛋拿到集上去卖，然后将钱一分不剩地塞给他。张宗义至今记得，他小时候，每天晚上奶奶总是搓布鸡（将棉絮搓成长条状）、纺线、织布，或是点上豆粒大火焰的煤油灯，给孙男娣女们做针线活，一直到深夜。冬天寒冷的早晨，才四点左右，她就扛着耙子到公路（张家村东头紧邻庆淄路）沟里去搂树叶子，或者到坡里去搂柴火。六点钟左右，她就把一家人的早饭做好了。他还记得，每年收完了秋，有一段时间，奶奶见天总要步行十几里路，到辛集洼去拾庄稼。她专门拾人家掉在地里的一粒粒黄豆，一天下来，也就拾一两碗黄豆粒。她兜回来给家人煮黄豆咸菜吃。有时候，小宗义也跟着奶奶一起去，还曾大惑不解地问过她："您怎么

张李氏（中间坐者）与儿子、儿媳、孙子、孙媳妇、孙女合影
（摄于 1989 年春　图片由张宗义提供）

不到旁边没收的豆子地里去割点呢？那多么省事儿！何必辛辛苦苦一粒一粒地
拾？晚上您又要累得腰疼了！"奶奶摸着他的脑袋，和蔼地说："孩子，做人要
诚实，谁种庄稼都不容易。偷人家的东西不道德。"张宗义回忆说："奶奶每年
都拾庄稼，可是从来没有偷过人家一粒粮食！"奶奶的言传身教，对孙子为人处
世的态度影响很大，让他受益终身。

张李氏晚年得了肺心病。因为儿子腿脚不便，常常是孙子宗义带着她四处求
医问药。从邹平县城到周村，再到滨州的医院，他们都去过。有一年，奶奶的肺
心病又犯了。此时，张宗义正在孙镇怀家村教书。他就赶紧找到该村的怀京宝
大爷，商量借他的吉普车一用，打算第二天拉着奶奶到周村一四八医院去看病。
怀京宝得知情况后，拍着他的肩膀说道："好孩子，是个孝子！你奶奶一辈子不
容易啊！我就是明天不干买卖，也把车借给你！"第二天，怀京宝就派司机开着车，
拉着他们祖孙二人去看病了。

甲戌年七月十六日（1944 年 8 月 22 日），张李氏终因肺心病医治无效去世，
享年七十岁。而就在去世前一天，她还不让孙子宗义在家守着她，三番五次地叮

左侧是张万金、张李氏夫妇墓碑，右侧是张万金烈士墓碑
（2023 年 6 月赵方涛摄）

嘱他赶紧到棉花地里去打药，别耽误了庄稼。她去世之后，本村张凤举和魏以广两位老先生有感于她一生的事迹，特地为其撰写碑文，刻于墓碑右侧。今抄录于下：

　　李氏蔡家村人，性格贤淑，嫁万金生一子张成。家境贫寒，婆婆早故，抚仲弟万银、季弟万铜度日，历尽坎坷，栉风沐雨。一九四九年春，积极送夫加入我解放军。参加青即、渡江战役（任班长）。曾多次鼓励丈夫万金英勇杀敌，荣立战功。五〇年八月，在闽建瓯县剿匪中，因救连长身负重伤，后光荣牺牲，时年廿一岁。李氏忠贞守分，冰清玉洁，毅然承担家庭重任。上孝公爹，下抚弟子，为季弟治病，操办俩弟婚事，料理公爹寿终。随即把子张成养育成人，成家立业。老嫂比母，教子有方，众口皆碑。不幸于一九九四年农历七月十六日病故，享年七十岁。沧海云烟，时境过迁。后人裕康，子孙念其恩德，立石以昭其迹。

　　　　　　　　　　　　　　　　　　　　　　　　　　2020 年 8 月 10 日

邹平县第一代农民企业家怀京宝

怀京宝——"京"或写作"景"，是改革开放后邹平县第一代农民企业家。他的创业史艰难而曲折，同时又颇富传奇色彩，也是那一代农民企业家艰苦奋斗的一个缩影。

1936 年 5 月，怀京宝出生于今邹平市孙镇怀家村。该村位于镇政府驻地西北方向约 10 华里处，是一个以姓氏命名的普通村庄。其父名宗臣，是当地有名的正骨先生；其母李秀英，今西董街道办事处聚仙村人。怀宗臣年轻时家境富裕，娶妻之后只生了两个女儿，为了传宗接代，便又娶了小他二十来岁的李秀英。李秀英心灵手巧，自从嫁入怀家之后，便跟随丈夫学习正骨技艺。据其四子京光（生于 1945 年）所说，她的正骨水平与丈夫不相上下。坊间则传说，她的技艺青出于蓝而胜于蓝，更在丈夫之上。

解放前，农村的医疗条件非常差。人要是感冒了，只能喝点姜末红糖水，或是拿茅草根和绿豆熬点汤喝（也能发汗），顶多吃点中药，西药片是根本没有的。因此，有时候就连感冒也能死了人。相比之下，正骨就是相当了不起的医术了，更何况怀宗臣夫妻俩还都技艺精湛。他们经常被请去给人正骨。李秀英是小脚，脚力不济。每逢出诊都是病人家里牵了小毛驴或是推了小推车来请，倘或还有下一家则依样接去，最后再把她送回家。

1986 年，怀京宝在会议[1]上发言（图片由怀进步提供）

怀京光听长辈说，奶奶的胳膊经常脱臼，家里就时不时地将小清河北的一位正骨先生请来，给她把胳膊拿上。一来二去，怀宗臣看的次数多了，竟然也能自己帮母亲把胳膊拿上。从此，他就对正骨产生了浓厚的兴趣，并拜那位先生为师。勤奋好学加上刻苦钻研，他的正骨技艺进步很快，不久便远近闻名。

怀宗臣于 1950 年去世，享年六十五岁左右。当初，家里就他一个能种地的劳力，夫妻俩又经常出诊，虽然土地不是很多（但在村里也能排上号），也常年雇着一个长工。他去世后，村里进行土改、划成分，主要是因为雇着长工的缘故，加之又有成套的牲口和大车，他家便被划成了地主。多余的土地被没收，老宅子也被斗了出去。村里倒是也分给了他们一座宅子，无奈只有又矮又窄的四间。怀京宝兄弟四人，行三，长兄京辉、次兄京明、四弟京光，还有一个妹妹爱荣（大排行老四）。此时，京辉与京明哥俩已经结婚。李秀英便让他们两家人合住这四间屋子，自己则领着老三和老四以及女儿住到了村外的场院屋子里，俗称"住客（孙镇方言，读作 kēi）家子"。后来，村里有户人家有座闲宅子，跟人家商量后，才又搬回了村里居住。再后来，又从村里再次搬到了场院屋子里。总之，光搬家就折腾了好几次，其间的无奈与心酸也就可想而知。

---

[1]　此"会议"不是邹平县政协会议，就是先进私营企业代表大会，究系何会，尚待考证。

因为成分不好，李秀英不但行动受到管制，而且需要按时向村里汇报，开会时还要罚站，有时甚至被罚站在杌子上，批斗时就要挨训。一个小脚老太太颤巍巍地站在杌子上，看着就让人提心吊胆，为她捏一把汗。早年间，他们夫妻俩外出正骨，病人家里经常热情地留他们喝水、吃饭，就连这也成了罪状之一。她又经常被罚扫大街，可是身子有病又是小脚，自然力所难及。有时候，儿媳妇们就偷偷地帮她扫。即使在这种情况下，也依旧有人找上门来或是请她去正骨。她也不收什么诊费。病人痊愈后，有的送来十根麻花，有的送来一包饼干，表示感谢。至于那些实在穷得什么也拿不出来的，也就算了。然而，就是这么点儿微薄的意外所得，也让艰难的日子时不时地略有改善。怀老太太于1971年去世，享年六十六岁。

父亲去世时，怀京宝只有十四岁。那时，怀家村还隶属于齐东县九户区南北张小乡（1958年11月，齐东县撤销，原所辖九户公社等6个公社并入邹平县；1968年8月，怀家村划归孙镇公社）。按照当时的政策，地主家的小孩子不应该受到株连。可是，下面的人在执行政策时，常常有偏"左"的倾向。母亲开会罚站或扫大街时，怀京宝也往往有份。当时，交通和通信都不方便，乡里往各村下达通知，需要有人徒步接力传递。这种吃苦受累的活一般都由各村成分不好的人来干。乡长刘□□（前刘村人）便说："怀宗臣家那个老三，不是不小了吗？就叫他去送信！"乡文书怀京昌（怀家村人）传达了此项命令。自此，从怀家村到北安村这一站的通知便由怀京宝负责。实际上，他已被当作"四类分子"对待。直到后来"四清"时，才给他摘了这顶看不见摸不着却又实实在在压在他头顶上的"帽子"。

十七八岁时，怀京宝开始跟着母亲学习正骨技艺。然而，怀宗臣在世的时候，却曾叮嘱妻子千万不要再把手艺往下传了。原来，当年兵荒马乱，各种势力犬牙交错。坡东的八路军会在黑夜请他出诊，驻扎在冯家村的国民党山东保安独立第六团则要他按时去坐诊。还有九户的汉奸队，也时不时地传他去出诊。有一回，汉奸队又捎了信来。怀宗臣因故未能前往，结果竟被抓去绑在树上，头发上还被泼了煤油点起火来。幸亏当时有个亲戚在场，连忙将火扑灭，否则后果不堪设想。另外，因为名声在外，他也成了土匪勒索的对象。有一回，一伙土匪绑了他二儿子京明的票，索要赎金二百二十个大洋。他只得如数奉上，从此二儿子便得了一个"二百二"的外号。此前，他只把正骨技艺传给了蔡家庄的干儿子蔡会元。这也是他唯一的正式徒弟。此时时移世易，李秀英便手把手地把手艺传授给了三儿子京宝。正骨技艺全凭手上的感觉。她给病人正骨时，就让儿子在旁边给自己当助手，并让他亲手摸一摸，感受一下骨折处断裂的茬口，以及治疗后骨折处的复位情况。其间下手的角度和力度，都是口传心授。日久天长，怀京宝也逐渐掌握了这门家传手艺。可是，其水平尚不及母亲，连他自己也不讳言。不过，对他来说，正骨不单单是一门手艺，日后对他创业的成功也起了巨大的推动作用。

后来，怀京宝也曾将家传手艺传授给长子居干和三子居刚，可惜两人都未能尽得其所学。再后来，居刚在部队服役期间，曾在山东文登正骨医院学习；参加工作后，又到滨州医学院进修；现任邹平市中医院骨外科主任。在工作中，他已经主要采用西医疗法。顺便说一句，发轫于怀宗臣的"怀氏正骨"技艺，如今在怀氏一族已经式微，反倒是在范家村的范氏与蔡家村的蔡氏得以传承。

怀京宝兄弟四人念书都不多，其中数四弟京光文化深，也仅是南北张完小毕业。时值"大兵团作战"（1958年左右），小学生也常常需要参加劳动，所以他的文化知识也学得寥寥。说到南北张完小，怀宗臣当年还曾与之有过一段渊源。学校曾聘请他每周为学生们上一次正骨课。怀京宝小时候，村里就有初小。可是，他只上了几天的一年级，就辍学回了家。因此，他一辈子基本上不识字，甚至连自己的名字都是歪三结扭凑合起来的。

20世纪50年代，与其他村庄一样，怀家村也先后经历了单干户、互助组、初级社、高级社和人民公社等各个生产阶段。土地改革之后，怀家村每人分到1大亩（约3亩）土地。京辉与京明兄弟俩已经单过。李秀英是小脚，无法下地劳作。妹妹爱荣和弟弟京光年纪还小。十几岁的怀京宝便成为家里仅有的一个劳力。活一多一重，他根本就干不过来，有些活也干不大了。农忙时节，只能等亲戚和邻居们忙完之后，请他们来帮着收获、播种。后来，村里成立了互助组，但是只有成分好的家庭（比如贫下中农）才有资格参加。怀京宝家是地主，自然没有份儿。再后来，又成立了初级社。起初，他家依旧没资格参加。一年后，社里要把全部村民拢起来，这才有机会加入。此时，怀京宝已经十七八岁，每天能挣满10个工分。女人满分则是8分。此时，家里还是只有他一个劳力，好在执行"人七劳三"的分配制度，勉强可以度日。

1957年，怀京宝与今韩店镇邱家村的于文英结婚。于文英小时候母亲就去世了，从小跟着邻庄孙家村的外婆长大。她小时候胳膊脱臼曾找怀母治疗。一来二去，怀母便认她当了干闺女。于文英十七八岁时，有一回白天在生产队干完活，晚上去大队上工分。不料，有个女孩恶作剧，从大树后面猛地蹿出来把她吓了一大跳，当场瘫软在地，以致得了一场大病。家人无法，只得又领着她到怀家村找干娘寻求帮助。怀母便请来九户有名的王锦堂大夫。经过一番治疗，于文英方始痊愈。在那个年月，农村中成分不好的男青年想找个媳妇很困难。于家为报答其恩情，便将女儿许配给怀京宝。两人育有四子一女：长子居干、次子居阁、三子居刚、幼子进步，女儿玉美。

第二年，村里办起了集体食堂，给村民发放窝窝票，每人每天八两地瓜面，俗称"八大两"。这年秋天，农业大丰收。可是，社员们忙于"深翻土地"和"大炼钢铁"，对于丰收的庄稼收得非常潦草。地瓜也来不及刨，而是用牛拉着犁随便耕一耕（孙镇方言，读作 jing），只把翻到地肤皮的地瓜捡一捡拉倒。即便是收上来的这些半截拉块的地瓜也没有好好保存，最后还是全部烂掉了。成堆的玉米棒槌子堆在场院里，只留几个体弱多病的老人看守，结果成群结队的牛和猪便常常来光顾。最后，玉米也发霉、发芽了事。棉花地里开得一片皆白。学生们白天拾棉花，晚上背着往坡庄油棉厂里送。那个时候，油棉厂也不给村里钱，只给打个收据条子。有些人比较刁，为了减轻负重，一路走一路扔，白花花的棉花扔了一路。

怀家村的集体食堂总共吃了一年多。到1959年时，已经是集体食堂的晚期。

为了避免社员的口粮流失，食堂干脆发放成型的地瓜面生窝头。此时，怀京宝的妹妹爱荣已经嫁到今九户镇新河西村，只剩下四弟京光和母亲在一起过日子。怀京宝两口子也添了两个孩子，早就和母亲分了家。家里的口粮不够吃，想添点东西凑合一下，却连点儿糠都没有。他就从邱家村场院屋子里弄了些不知撂了几年的高粱壳子回来，碾碎后跟食堂发的生窝头掺和在一起，重新蒸成窝头充饥。除此之外，就是四处剜点野菜贴补贴补。三年困难时期，全村人人挨饿。1960 年时，怀家村的饥荒最严重，勉强能下地的人又少，还出工不出力，收成自然少得可怜。1961 年，村里分了自留地，大约每人一二分。从此，怀京宝家的日子也好过了一点儿。当时，怀京光就在宅子外边的自留地里种了好几垄野菜，每天采摘一些贴补口粮。

辛辛苦苦劳动一年，队里分的粮食和现金根本不够一家人用。怀京宝历来好做点小买卖，就趁机当起了牛贩子，从中赚一点儿差价以补贴家用。因为家庭成分不好，他的行动受到管制，出村时需要到生产队请假。他便常常以外出给人正骨为由请假。此前，他们一大家人东拼西凑地盖了七间房子。怀京宝的小家庭分到了两间，剩余的由怀京光一家人和母亲居住。结果就因为做小买卖，他被扣上了"投机倒把"的罪名。两间房子被没收充公，一家人被撵出了村子，只得又到场院屋子里去安身。数年以后，这两间充公的房子才由怀京光出钱赎回。

在人民公社时期，怀家村有四个生产队，后来数量略有增加。怀京宝家隶属于一队。1972 年，怀务国（生于 1939 年）担任一队队长，便主持着给队里立了一个小油坊。其实，怀家村很早就有榨油的传统。早在 1949 年前，村里就有个姓怀的大财主开了一家私人油坊，字号"义丰"。这个油坊立得很早，怀务国说他记事时就有，具体立于何年，他也不知道。上改时，"义丰"家的油坊被没收。一人多高的大石头碾子，也被劈成了石头盖了屋。到 1960 年左右，油坊被拆除，拆下来的木头则被一队卖到了南边子。一队在"义丰"旧址盖了宽大的饲养处。新立的小油坊便在饲养处北边，有石碾、炒锅、榨手、铁锤等工具。那时候还是采用传统的人工榨油方式：先把棉籽上碾碾压，再放在锅里蒸，最后放入榨手，从左右两边用大铁锤往里砸木头楔子，进行物理榨取。

小油坊成立伊始，怀京光便在里面抢大锤，后来又改为包垛。怀京宝因为有正骨的技艺，在十里八村认识的人多，又善于交际，怀务国便派他赶着小驴车外出联系棉籽。此前，他一直是下地劳动挣工分。每年春天播种完棉花之后，各村的生产小队（那时实行小队核算）常常有剩余的棉籽。小油坊进行来料加工，从生产小队收来棉籽，返还一定数量的棉籽油和棉籽饼，同时收取加工费。当然，棉籽油和棉籽饼也还有一些盈余。收棉籽、送棉籽油和棉籽饼都是怀京宝的活。队里每天给他记 10 个工分，另外还有两毛钱的伙食费。怀务国回忆说："联系棉籽比下地干活轻快，工分又不少挣，还有伙食费拿，怀京宝干得挺卖力。然而，他的成分不好，有的社员就攀扯他，扬言'就是每天花一块钱，也不能用这个地主羔子！'可是，我心里明白，一个人一段材，在一队还就是只有他怀京宝能干得了这个活。换个别人，措措（孙镇方言，意为任凭）谁也不行。我自始至终不为所动，坚决支持他。"

小油坊里的活，有的轻快，有的辛苦。联系棉籽、上碾轧棉籽（轧糁）相对轻快一点，一天 10 个工分；包垛、炒锅、抢大锤都是实打实的力气活，一天 15 个工分。有时候联系的棉籽多了，包垛的还得打夜工。多给他们记工分，下地劳动的社员也不愿意，为了平衡农业与副业，队里就管他们一顿饭。小油坊的日常经营由贫协组长怀居进掌握。遇到大事时，他就与队长怀务国商量。

此时，二队也有一个小油坊，还比一队的早立一年。两个油坊便形成了竞争关系，其中的关键就是看谁联系的棉籽多。认识的人多固然是一个方面，另外怀京宝脑子特别灵活，同样的条件，生产队长们大多愿意把棉籽交给他加工。他成分不好，联系的棉籽又比二队油坊多，就很担心二队队长会故意刁难他。怀务国就对他说道："你大胆地联系棉籽，但千万不要惹别的事，否则我可是保不了你。要是说棉籽的事，无论他谁想刁难你，我都会给你撑腰。"成分不好没少让怀京宝及其一大家人遭受不公平对待。怀京宝自己就曾说过："出了怀家，我就是爷爷辈；进了庄，我就是重孙子辈！"怀京宝去世后，其长子居干坚决反对将父亲的灵柩运回怀家村。

一队有两百一十来口人。小油坊干得红红火火，秋后算账时，一个工值（即10个工分）5毛钱。村里有的生产队没有副业，一个工值仅有1毛5分钱。二队也有油坊，工值也不低。这两个生产队是全村经济条件最好的。当年，公社把下乡的知青分派到怀家村、前刘村、冯家村、杨家庄、蔡家庄五个先进村庄。其中，分到怀家村的十个知青，就一分为二安排在了一队和二队。一年后，他们分配了工作就离开了。一队的油坊红火了三四年，二队的油坊撑到改革开放时也关了门。

1976年，怀务国去大队当了大队长兼副书记。一队的领导班子有点不团结，三年换了三个队长（怀心祥、李文修、怀心勇）。小油坊也因此停了业。怀京宝有经商头脑。在此期间，怀务国曾找到他，希望他能给一队招揽点儿副业。他提出两个项目：一个是"揽小鸡子"（即孵化小鸡），另一个是"熟牛皮"。可惜，或是因为投资不菲，或是别的原因，两个项目都没能启动。

1979年左右，一队在提供厂房、设备的条件下，对外承包小油坊。怀京宝联络了几个人，以他为核心，承包了小油坊。队里有机器供小油坊使用。他从邻近的高唐村借来轧糁用的铁滚子，又出资从外地购买了气压榨油机，取代了从前的大锤与手榨。不过，这笔费用会从承包费中扣除，气压榨油机则归队里所有。此前小油坊停业后，怀京光便去了大队副业上干日工。此时，小油坊重新开业，他也没回来。县粮食局的傅股长到怀京宝的小油坊来视察，对他大加赞赏，还同意调拨一部分大豆和菜籽交给他加工。那时，粮食系统储存着大量的菜籽与大豆，需要找工厂做代加工，从而为县直各机关供应菜籽油或豆油。另外，豆粕还是酿造酱油的重要原料。不过，怀京宝的小油坊可不是直接与县粮食局对接，而是与孙镇粮所签订来料加工合同。县粮食局则通过系统内部运作，将需要加工的大豆与菜籽调拨给孙镇粮所。

接下来的两年，小油坊的生意做得红红火火，有些人就看着眼红了。有一天，队里当官儿的忽然提出来，小油坊要一年一承包。孙镇粮所的大豆已经运到了小油坊的院子里，非但不能按部就班地储存、加工，当天晚上还必须得运走。怀京宝急得团团转，只得去找怀务国想办法。当时，怀京宝家刚盖了土坯房，连墙皮都没来得及处理。怀务国安慰他说："你别着急，着急也没有用，先去找几个人，把豆子运到你新盖的土坯房里去。小队不让你干，那就到大队里来接着干。我去找书记商量。——还有一件事，一队既然别扭你，那边的机器设备肯定也不会让你使了。这个你心里要有个数。"怀务国找到书记怀心义，为怀京宝争取到路北的五间旧学校作为厂房。怀书记不无担忧地说："他光有厂房也没有用，没有机器设备，照样无法生产！"怀务国答道："怀京宝是个能人，办法多，只要大队租给他厂房，我敢打包票，他就一定能呼呼隆隆地干起来。大队等着收承包费就行了。"

果然不出怀务国所料，怀京宝先从小清河以北的后刘家借来一部气压榨油机（该村油坊停业，后来他就干脆买了过来），然后从齐河县购买了一部。大队给他提供了机器。怀京宝这个人能屈能伸，用老百姓的话说，就是能大能小，做事有一股韧劲，不达目的誓不罢休。此时的油坊，怀京宝、怀京明、怀京光、怀心吉、怀务玉、怀居进，还有怀京宝住在孙镇北街上的一个干亲戚，每人各占一股。怀京宝对内揽总，对外接洽，不参加厂里的具体劳动，由二儿子怀居阁代替他出工。他们一伙人白黑两班倒，正如俗话说的"歇人不歇马"，一派繁忙景象。后来，一队的小油坊也没承包出去。县粮食局只认怀京宝，根本不认一队小油坊，即便有人想承包，没有原料也没法干。从此，这个小油坊便散了烟。

五间旧学校处的油坊大约干了两年。第一年效益不孬，每个股分了一千来块钱。在此期间，为了给二儿子找媳妇，怀京宝还个人独资在今九户镇新河东村又立了一个小油坊。他的外甥李士新（怀爱荣之子）就曾在那里上班。他笑着回忆说："那时候，我还小。人家说他们是股东，就让我扛包干活。我心想：在我舅开的厂子里，我还得下苦力！这是什么道理啊！"虽然买卖也很红火，无奈既无地利更无人和，年底一算账不挣反赔，只得关门大吉。好在二儿子的婚事还算是比较顺利。

在这两年中，原料有时也供应不上，最后一次竟然停了大半年工。此时，怀京宝也感觉到队伍有些不好带，就解散了原先的股东，又把厂子挪到了南边停业的粉房里。当时的油坊，有前后院子，房屋也很宽敞。这一回他与怀家村大队部成员合伙，让他们每人认一个干股，又称"权力股"。他们没有时间和精力参与油坊的具体生产，便各自找了一个亲戚去顶替他们上班，厂里按时支付工资。唯独怀务国表示坚决拒绝干股。最后，怀京宝就替他找了一个人去上班。这些来上班的人相当于打短工，其工作积极性自然不及先前那一拨直接在厂里干活的股东。

在此阶段，怀京宝在事业上得到了县粮食局长赵鲁民的大力支持。起初，两人并无交集。有一回，赵夫人的腰不慎受伤，辗转找到怀京宝治疗。他技艺高超、手到病除，从此与赵局长结识，并成为好朋友。这时怀京宝的油坊不仅榨大豆和菜籽，还榨花生。那一年县里召开四干会议，就是吃的怀京宝油坊里榨的油。油坊的原料源源不断，经济效益也与日俱增。

粉房处的油坊干到第二年时，怀京宝忽然遇到一个事业发展上的大机遇，同时也是一个大挑战。原来，在20世纪70年代末，惠民地区（今滨州市的前身）下辖七县粮食局储存的蓖麻籽一直由小营的一家榨油厂代为加工。后来，小营那家榨油厂自己的棉籽油订单还忙不过来，便不再为其做代加工。截至1984年，各县粮食局的蓖麻籽已经攒了三四年，总量达到数百万斤。粮食系统的物资不能随便往外卖，只能挂在账上，地区领导也非常着急。是年，赵鲁民局长到地区参加会议，应承帮忙寻找榨油厂进行代加工。这可是一笔大买卖，县里有好几家油棉厂也试着榨了一下，结果都把蓖麻籽榨成了一锅粥，根本没法使用。其他几家油棉厂，也纷纷表示加工不了。赵局长找到怀京宝，没想到他竟一口答应下来，说道："行的！咱没有干不了的！"坡庄油棉厂的朋友见到怀京宝，调侃他道："老怀，你还真大胆！这个活我们厂里都干不了！我就等着看你怎么变这个戏法了。"

既然已经答应了赵局长，而赵局长又向地区领导做了汇报，怀京宝也就只能硬着头皮往下干。1984 年春天，怀京宝成立了"邹平县怀家榨油厂"。在粉房处的油坊继续运转的同时，他在其南边租了一大片地，着手修建新厂。此时，他手里也就有个一两万块钱。对于普通农村家庭来说，这无疑是一大笔钱，可是对于建厂来说实在是杯水车薪。县粮食局非常支持他，预付了十几万的加工费。俗话说"打虎亲兄弟。"怀京宝的大哥明辉早已去了东北谋生。怀京宝就找来二哥京明和四弟京光，商量一起干蓖麻籽榨油。怀京宝对他们说："我虽然答应了赵局长，但是到底能不能榨出蓖麻籽油来，我这个心里也没有底。如果将来失败了，公家给的预付款还不上，我一个人去坐局子。我家老三和老四还都没成人，到时候你俩就一人替我抚养一个。要是成功了，我就多分点儿钱，你们就少分点儿。"农村的老人们把给儿子找媳妇当作头等大事，管儿子结了婚叫"成了人"，也说"自己完成了任务"。直到此时，怀京宝都没让大儿子居干到厂子里来，而是叫他在家老老实实地种地，万一厂子不行了，也好有口饭吃。怀京明跟怀京宝差不多，基本不识字，就在厂里看家，并做一些杂七杂八的事情。怀京光有文化，就负责跑外。当时交通条件不行，外出只能坐公共汽车。起初，他连在孙镇的哪个地方坐车都不知道，慢慢地邹平、淄博、济南都跑熟了。那时候，他只要外出办事就拎着一个提包，里面放着干粮和西红柿，不舍得下饭店。有时候，购买了几十斤重的零件，他就背着走到车站，哪里舍得雇三轮车？有一次，零件实在太重，他就狠狠心雇了一辆人力三轮车。开始说好连人带零件一起拉着，可是看着三轮车夫实在太吃力，他就下车跟着跑了一路。

怀京宝一面筹划着修建厂房，一面投资 12 万元购置了 200 型现代化自动榨油机。可是，他这里还乱哄哄的没个头绪，各县送来的成麻袋的蓖麻籽已经垛得跟小山似的。同时，以蓖麻籽油为原料的化工厂早已等得急了眼（那时还是定量定向供应），派来拉油的车辆已经排起了长队。此时，厂子还没来得及垒垣墙。怀京宝就让人临时把来拉蓖麻籽油的铁桶摞起来，暂时充作垣墙。几个月之后，蓖麻籽榨油厂就建了起来，占地 10 来亩，有大车间、大仓库、大锅炉，俨然一派大厂气象。

怀京宝从前没榨过蓖麻籽油，完全是摸着石头过河。着手建厂的同时，他还亲自到小营那家榨油厂去聘请技术员，可惜无功而返。后来，怀京光又去了两趟，总算把师傅请来。师傅来了之后，还介绍了田镇的电气焊工人来施工。最后，怀京宝终于榨出了合格的蓖麻籽油，投资的十几万元不到半年工夫就回了本儿，他成为全地区的纳税大户。不过，他也由一名精壮的汉子跌至体重仅有93斤，而且自从干起了蓖麻籽榨油，由于时间和精力全部花在了上面，他就不得不停止了正骨业务。此次来料加工，干了好几年，共计榨蓖麻籽300多万斤。从此，蓖麻籽榨油成了厂里的主要业务。怀京宝开始榨蓖麻籽油时，得到了时任邹平县委书记董凤基的亲切关怀和大力帮助。董凤基称赞他道："你搞蓖麻加工，在全地区带了个好头，为县里作出了大贡献，解决了大问题！"

1985年，怀京宝成为名震惠民地区、名扬全省的农民企业家。省、地、县各

邹平县怀家榨油厂的两个大储油罐

（摄于1985年　图片由怀进步提供）

级领导慕名到怀家榨油厂参观学习，一时间厂里的访客络绎不绝。是年 5 月，他以"优抚对象勤劳致富先进代表"的身份，出席了山东省扶贫扶优工作先进代表会议。第二年，他捐资一万余元在邹平县城的黄山上修建了仙逗亭。在那个无数人梦想成为"万元户"的时代，这可是一笔数目不小的捐款，一时之间轰动了整个县城。1987 年 4 月 12 日，他以农民界委员的身份，当选为第六届邹平县政协常务委员会委员，并担任会议执行主席。

截至 1988 年，怀京宝的怀家榨油厂盈利 120 余万元，缴纳税金 7 万余元，并主动认购国库券 4 万余元。是年 6 月，他再以工业代表的身份，出席"山东省先进个体劳动者表彰大会"，受到省政府的表彰奖励。同年，新华通讯社山东分社的《山东省先富乡镇村户画集》刊出了各地市 155 家单位和个人的先进事迹。怀京宝的怀家榨油厂作为惠民地区 10 家代表之一，其事迹被收录其中，文章题目为《为国家出力　为乡亲造福》。1989 年 2 月，惠民地区行政公署授予他"惠民地区农民企业家"光荣称号。

世上没有随随便便的成功，怀京宝在蓖麻籽榨油过程中也交了不少"学费"。当年没有经验，也想不到更好的防潮措施。起初，他在储存成麻袋的蓖麻籽时，底下先墁了水泥，然后再铺上一层干麦穰。蓖麻籽实在太多了，用的时间也太久了，以至于最底下的几层都发了霉，只得扔掉了事。榨蓖麻籽油需要使用蒸汽，负责跑外的怀京光便与济南锅炉厂进行了接洽。那时候，购买大型设备还需要指标。厂家说一年半后才能有货。厂里等着开工，哪里等得及，怀京宝托了关系，几个月之后锅炉就来了。按照规定，锅炉得使用深井水，还得用水处理设备。可是，听说打一口深水井要花十好几万，怀京宝就有些不舍得，也实在是手里没有钱。当时着急开工，连水处理设备也没上，就直接用浅层地下水开了工。专业人士的事前警告果然应验了！几个月后，管道被水垢堵死，锅炉竟被烧化了，只得从济南锅炉厂请来师傅维修。到这时，怀京宝只得上了水处理设备，可是浅层地下水杂质太多，还是处理不下，依旧不合格。他下定决心打了一口 500 米的深水井。由于当时周围的深水井很少、压力大，那口井自喷了好几年，还是温水。它不但

怀京宝（1988 年摄于怀家村家中　图片由怀进步提供）

满足了厂里的用水需求，还定时为怀家村民免费提供自来水。

成功的背后，除了"学费"，还有伤心。期间二哥家侄子的意外受伤，让怀京宝及其家人都很难过。这个侄子在厂里烧锅炉，黑白两班倒。厂里的效益好，他的收入自然不错，便调了班，白天在家盖新房子，晚上烧锅炉。时间一长，就是铁打的人也扛不住。有一天，他在家里刮胡子时，突然向后摔倒，不幸磕伤了脑袋。怀京宝便出钱给他治病，从邹平到青岛再到北京，可惜到底没能治愈。十来年后，侄子还是去世了。

怀京宝干榨油厂发了财，便开始有人打他的歪主意。有一天早晨，家人忽然在大门底下发现了一封信。拆开来一看，竟然是封勒索信。怀京宝当即把信上交给有关部门。政府也非常重视，立即派人展开调查，并进行了严肃处理。

怀京宝致富不忘乡亲们。有一年春节，他给全村老少每人发了 10 元钱过年。总数在当时也是笔不小的开支。又有一年，施肥的季节到了，他送给全村每人 20 斤蓖麻籽饼做肥料。另外，他厂里的发电机多年来无偿为怀家村小学供电。学校里教师缺乏，他就聘请怀心志老师来给孩子们上课，并按时支付工资。当时，村里的农业水利条件不大好，怀京宝又出资为各队打机井 3 至 4 眼，合计 14 眼。

1985年9月10日，孙镇乡中小学教师齐聚乡电影院举行第一个教师节庆祝大会。他捐资1000元，赠送孙镇初中教职员工每人一条毛毯，以示祝贺。

后来，怀京宝与村里的负责人因故发生了矛盾冲突。他们虽然曾经一度有过合作，但是"阶级斗争年代"积累的宿怨，以及怀京宝在政治上积极要求进步却遭到阻挠等诸多因素，导致两人走向了决裂。最后，还是由政府相关部门出面解决了此事。

1991年，受邹平县东关村书记王在忠的邀请，怀京宝举家迁居该村，并在那里成立了东关油脂厂。怀家村的榨油厂土地租赁合同尚未到期，他便将厂子交给二哥继续经营。二哥独自经营有些吃力，有人便想乘虚而入，参与经营。怀京宝经过一番慎重考虑，决定让四弟经营，同时每年给二哥分红。合同到期后，厂子又被他人承包。1994年，怀京宝不幸因车祸身受重伤，无法继续主持工作。刚刚大学毕业的四子怀进步临危受命，接任东关油脂厂厂长。

此前，怀京宝与四弟怀京光曾因怀家榨油厂的产权问题发生龃龉，甚至对簿

怀京宝全家福，前排坐者怀京宝夫妇、站者怀玉美，后排右起怀居刚、怀居干、怀居阁夫妇及怀进步（摄于20世纪90年代初　图片由怀玉美提供）

怀京宝、于文英夫妇合影（摄于 2008 年左右　图片由怀玉美提供）

公堂。父亲遭遇车祸后，怀进步积极从中斡旋，终使兄弟两人一笑泯恩仇。怀京宝颇有真性情。车祸恢复后，亲属推着轮椅带他外出散步，无论是见到一张废纸还是一块半头砖，他都会说："快捡起来，拿回家卖钱！"他从小吃苦受罪，勤俭节约已经刻到了他的骨子里。2012 年 1 月，怀京宝因病去世，享年七十六岁，葬于邹平公墓。临终前，四弟京光去看望他，还给了他三百块钱。他伸出三根手指头，兴奋地对别人说："老四来看我了！还给了我三分钱。"那时，他已经有点糊涂，把"三百"当作了"三分"。多年之后，怀京光还感慨地说道："俺老三，从小就吃苦，一辈子没大享福。"

自从执掌东关油脂厂之后，家族企业在怀进步手中得到迅猛发展，在坚持榨油业务的基础上，陆续向生物科技、房产开发、物业管理和酒店经营等多个领域拓展。2022 年 5 月 26 日，山东兴健投资控股集团有限公司成立，怀进步担任董事长。该公司注册资金 1 亿元人民币，迄今下辖的全资控股子公司有山东众义达生物科技有限公司、山东邹平天兴置业有限公司（成立于 2005 年）、邹平天兴物业管理有限公司（成立于 2006 年）、邹平乾永酒店管理有限公司（成立于 2019

年）、山东兴健置业有限公司（成立于2022年）。集团以"兴于至诚，健行致远"为核心价值观，现有员工600余人，成立当年上缴税金1.4亿元，被邹平市政府授予"特级明星企业"光荣称号。

山东众义达生物科技有限公司位于邹平市韩店镇工业园区，占地面积达258亩，就是由当年的"邹平县怀家榨油厂"逐步发展而来。公司在坚持榨油的基础上，对蓖麻籽进行深加工，拥有年处理蓖麻籽4万吨的产能，产出蓖麻籽油2万吨，年产精制癸二酸1万吨、十二羟基硬脂酸1.5万吨、癸二酸酯类1500吨。除怀进步之外，怀氏家族还有三家加工蓖麻籽油的企业：怀居刚（怀京宝三子）的邹平裕宏油脂有限公司，年加工蓖麻籽1.5万吨；怀居强（怀京光之子）的邹平新隆油脂有限公司，年加工蓖麻籽2.5万吨；怀涛（怀居干之子）的邹平卓涛生物科技有限公司，年加工蓖麻籽2万吨。如今，怀氏家族已经将邹平市打造成了全国重要的蓖麻籽油加工和集散地。

在企业之外，怀进步还身兼多重社会职务，非常重视企业家所应当承担的社会责任，为社会公益和慈善事业进行了大量捐款，尤其不忘老家孙镇。2007年，

山东兴健投资控股集团有限公司办公大楼（王桂贤摄于2023年10月底）

他捐款 3 万元，用以改善孙镇初级中学的办学条件；第二年，他又向该校捐款 100 万元，修建综合实验楼——"进步楼"。2011 年，怀家村怀氏参与续修家谱，他也进行了大力资助，捐款 2.5 万元。

2023 年 11 月 9 日

（本文主要根据对怀家村怀务国、怀京光、怀居干，以及九户镇新河西村李士新等诸位先生的采访撰写而成。同时，特别感谢王忠军先生不辞辛劳地陪同笔者四处采访，在撰写过程中，又不厌其烦地帮助笔者与各位知情人士联络沟通。特此致谢！）

孙道诚的外出求学之路

孙道诚，生于 1937 年 1 月，孙镇辛集村人。1961 年，他毕业于南京工学院（今东南大学）土木系公路与城市道路专业，从事公路测量、设计、施工、管理、监理等工作三十余年，曾任济青高速公路滨州地区工程指挥部总工程师。1997 年 1 月，他以高级工程师身份退休。

在那个年代，农村大学生极为罕见。在其《八十岁忆童年》（此文已经收入张传勇教授主编的《孙镇乡贤忆往录》一书）中，关于他的求学之路，仅仅涉及在本村读初小的部分。笔者通过对其本

孙道诚（摄于 1953 年初中毕业时）

人的采访，了解到他外出读完小、中学、高中、大学的曲折求学经历，故而撰成此文，以激励家乡学子。

1943 年，孙道诚六周岁，进入本村初小念书。初小只有一到四年级。即便如此，校舍依然很紧张，有时候四个年级挤在一口教室里，有时候只有四年级的学生才能单独占用一口教室。

1949 年冬，他从初小毕业。邻居家比他大两岁的陈中正跟他是同学。当时，与辛集村毗邻的辉里庄有所辉里小学——分为小学部（一至四年级）和完小部

125

（五六年级）。陈中正听说完小部正在招生，就拉着孙道诚一起去投考。当时的招考不发录取通知书。数天之后，两人来到完小部看榜。陈中正考入"正取"，孙道诚则考入"副取"，好在是第一名。正取是已经正式录取的考生，而副取则是候补录取考生。那时候的小孩子普遍腼腆，见了老师眼生。还是陈中正拉着孙道诚找到完小部的冯敬轩老师，询问孙道诚能不能来上学。两人先给冯老师鞠了一个躬，然后说明来意。冯老师痛快地答应说："可以。"后来，孙道诚才知道，即便是考入正取的同学，也有不能来上学的，比如陈中正就是其中之一，而且即便是已经来上学的，也有中途辍学的。另外，同村跟他一起考上辉里完小的，还有一个孙金义。

开学那天，孙道诚背着书包到陈中正家叫他一起去上学。可惜，因为家庭原因，陈中正没能去上学，而且自始至终他也没到辉里完小念过一天书。孙道诚只能一个人去上学。直到完小毕业后，孙道诚到周村光被中学（相当于现在的初中）读书，陈中正才到周村去读五六年级。

因为是冬季入学，在辉里完小念了一年半，孙道诚就毕业了。那时候，整个邹平县还没有初中。1951 年 1 月，十四岁的孙道诚就背着一床薄棉被，步行跟着同学一起到周村投考光被中学。当天考试，第二天出成绩。这一次，孙道诚又考入了副取，这回是第二名。当时，辛集村有个名叫孙奎鹤的人正在光被中学教书。同村正取的孙金义就陪着孙道诚找到孙奎鹤老师，问他能不能来上学。这一次，他又幸运地得到了肯定的答复。

光被中学是一所私立教会学校（今淄博六中）。那时候用小米缴学费，大概每学期需要交七八十斤小米。孙道诚就跟同学回家准备学费。孙道诚的生父名叫孙学孔。他有五个儿子，孙道诚排行老二。弟弟孙学孟无子，就把孙道诚过继了过来。正因为如此，家里才有能力供他去上学。当时，辛集村一带春季种植谷子和黍子，因为它们不怕旱，称为"春苗"。谷子产小米，黍子产黄米。夏季种植豆子和高粱，因为它们不怕涝，称为"夏苗"。豆子春天和夏天都能种，春天种的叫"春豆"，夏天种的叫"麦豆"。很快，父亲孙学孟就借了一头小毛驴，驮

淄博第一中学高二级一班同学毕业合影，第一排左四是孙道诚（摄于 1956 年 6 月 20 日）

着小米和草料送孙道诚到光被中学去报到了。这些小米除了学费，还有孙道诚一个学期的口粮。学校有食堂，给学生蒸小米面窝头吃。

光被中学的学制本是三年，也是因为冬天入学，两年半就毕业了。中华人民共和国成立之初，各级学校的招生考试一学期一次，后来取消了冬季招生，只在夏季招生。孙道诚的学习成绩不错，老师就鼓励他考高中："考上高中，还可以考大学。如果考了师范或中专，毕业后就得立刻就业。"孙道诚也没跟家人商量，就与同学一起投考了博山一中（今淄博一中）。此时已经取消了正取与副取。这次孙道诚的考试倒是非常顺利。因为没与家人商量就去考了高中，家里大人便有些不高兴。养父母曾说："本想让你念点儿书，不抢锄把子就行了，没想到你还要上高中上大学，多咱是个头啊！"话虽如此说，他们依然供他继续上学。不过，读高中期间，生父与养父一起承担了他的费用。博山一中是公立学校，不需要交学费，只交口粮钱。因此，开学的时候，也就无需父亲再送他去报到。他先步行到周村，再搭乘火车，途经张店到达博山一中。

孙道诚大学毕业证（1961年8月颁发）

孙道诚在博山一中读了三年，准备考大学。当时，北京工学院和哈尔滨工业大学都是军事院校，由学校推荐学员。他和大部分同学皆不在被推荐之列。那时的孙道诚对于大学和专业两眼一抹黑，只知道南京曾是国民政府的首都，是一座繁华的城市，就蒙着头报考了南京工学院。南京工学院的前身是中正大学，即今之东南大学，与南京大学同一级别。他顺利考入该校土木系，进入公路与城市道路专业学习。那时，读大学不交学费，从农村来的学生每月还有十二元的"人民助学金"——十元生活费，两元文具费。家里只需给他提供衣服和来往路费。五年后毕业，孙道诚被分配到惠民地区公路段（今滨州市公路局）工作。从此之后，他从事公路工作三十余年，直至1997年退休。

2021年2月2日

（文中图片皆由孙道诚先生提供。）

全国民兵英模代表信长林

信长林，1937 年 7 月生，孙镇信家村人，中共党员。大陈完小（设在与信家村毗邻的大陈村）毕业后，他就在本村做起了财粮先生，也就是会计。

1955 年，他被上调到孙镇区政府担任通信员。那时候，农村基本上没有自行车。信长林自然也不会骑。区政府有一辆从西德进口的洋车子。它虽是一辆大轮车，但是比较矮，不但好骑，还自带发电机，晚上车灯非常亮。当通信员不会骑自行车可不行。区长指着那辆自行车问信长林："给你三天时间，能不能学会？"十八岁的信长林拍着胸脯说："还用三天？用不了一天，我就能学会。"除开始的时候连人带车摔倒过一次，之后他就摇摇晃晃地骑了起来。仅仅过了半天，他就能骑着自行车四处转悠了。

信长林（摄于 20 世纪 90 年代
图片由信统斌提供）

当时，邹平县政府有个名叫周贵堂的干部，在潘安刘一带当驻村干部。他骑着自行车要回邹平县城去，恰好碰上信长林在骑自行车。反正也没啥事，信长林就陪他一起去了县城，权当练自行车了。

从此之后，信长林便经常骑着自行车出现在从孙镇到县城的路上——要么是去送文件，要么是去取文件。有时候，遇到机密文件，不论白天还是黑夜，他就

129

立刻骑车去县城。那时候，还没有公路，甚至也没有沙子路，全是土路。从孙镇到县城，来回七八十里地，他只用两个来小时。除了跑县城，他还得往孙镇区下辖的各村送文件。当时，他的活动范围遍布孙镇全区：西到潘安刘，东到东安村，南到霍坡村，北到坡庄村。

不送文件的时候，信长林就老老实实地守在区政府那部唯一的电话机旁边，等着接随时可能响起的电话。1956年8月份的一天，电话铃声突然响了起来。电话那头说要找樊临照县长。原来，这天樊县长正在孙镇区政府主持会议。那时候，信长林还不认识樊县长。他立刻放下电话，快步走向会议室，敲门进去后，沉着地问道："谁是樊县长？有电话，需要立刻接听。"樊县长接完电话，把信长林从上到下打量了一番，问了他的姓名和年龄，也没再说什么。

三天以后，区政府忽然接到一纸调令，让信长林立即到邹平县政府去报到。此时，他在区政府当通信员前后也就半年左右。樊县长亲自接见了他，并给他布置了工作任务，让他负责收发县长办公室的文件。樊县长还嘱咐他说："干工作要认真，要把文件管好，不要出漏子。"平常，信长林把文件分门别类地收管好，到了规定时间，就把相关文件送往县委收发室。此时的邹平县委书记是焦干卿同志。除了收发文件，信长林还负责打扫县长办公室的卫生。扫地、擦桌子、打水，他都干得一丝不苟。樊县长经常出发，不是到省里、地区里去开会或学习，就是下乡去调查研究或指导工作。自始至终，信长林的文件收发工作从没出过一次差错。

调到县里不久，全县就开大会进行"精兵简政"。信长林心里犯嘀咕："自己刚来不久，估计会在精兵简政之列。"可是，名单贴出来，却没有他。原来，一年多之前，时任邹平县法院院长的李先孝同志，就到北京学习去了，为期三年，由副县长任学三（女）兼任法院院长。她知道信长林能干，不怕吃苦，就将他调到了法院工作。信长林在法院干的活挺多，打字、会计、收发文件、办公室卫生，总之凡是能干得了的都要干。在法院干了一年多，原院长李先孝同志学习结束。信长林又奉命乘坐火车到北京去接他。李院长回来后，此前兼任院长的任副县长即回县政府工作。信长林继续留在法院。

有一次，惠民地区中级人民法院的周洪治院长到邹平县来开一次长会。他是惠民地区人，原先曾在北京工作，后来主动要求调回了家乡。他工作水平高，还写得一手好毛笔字。开会期间，他需要的所有文件都是由信长林给他打。信长林打字非常快，干活利索，人又勤快。周院长就想把他调到惠民地区中级人民法院工作。可是，勤快的人谁也喜欢。既然李先孝院长不愿割爱，周院长也不好夺人所爱。此事便不了了之。

在邹平县法院工作期间，信长林也负责办案子。有一次，他接手了一个大案子。由于案情重大，案件一下子被提到山东省高级人民法院办理。邹平县法院便派信长林到省里去汇报案情。他在惠民地区中级人民法院工作人员的陪同下，前往济南汇报工作。当时，时任省高院院长王云生和沈副院长（女），以及另外一个个子不高的女同志听取了他的汇报。20 世纪 30 年代，梁漱溟先生在邹平县进行乡村建设运动时，曾经创办了一所乡村建设研究院。当年，他们三人都曾在研究院工作过。那个个子不高的女同志来自北京的最高人民法院，奉命前来了解案情。后来，这个案子很快了结。最高院的来人和省高院的两位院长都与邹平县有渊源，而又一起听取一个邹平人的工作汇报，也算是一段奇缘。

1960 年，信长林被邹平县政府推选为全国民兵代表。他与另外三人（焦桥的郝怀友、苑城的孙大岭、西董的傅玉柱）先在县里集合，然后在济南大礼堂进行了为期两个月的步法训练，主要是齐步走和正步走。之后，他们乘坐火车到达了首都北京。在怀仁堂，信长林与来自全国各地的民兵代表，一起受到毛主席的亲切接见。当时，在所有的民兵代表中，信长林是最年轻的，只有二十四岁。他们在北京待了二十多天，在开大会或晚会时，见到了党和国家的领导人。他们不但和毛泽东等国家领导人合影留了念，中央军委还颁发给他们每人一枚纪念章，并奖励每人一把半自动步枪。"五一"劳动节过后，他们才返回各自的工作岗位。信长林早就练就了百步穿杨的精妙枪法。从拿到这支半自动步枪的那一刻起，它就成了信长林的宝贝。然而，在"文革"期间，他毅然将这支枪上交给了国家。

　　大约在 1967 年，信长林离开邹平县人民法院，到桓台县进行了为期大半年的"社教"。所谓"社教"就是"社会主义教育运动"的简称，又叫"四清"，即"清政治""清经济""清思想""清组织"。邹平县派去了一个分队，有 20 多人。信长林任副分队长。他们来到农村，与老百姓同吃同住同劳动。晚上开展"四清"运动；白天，老百姓干啥活，他们就干啥活。信长林一米八多的高个子，不很胖，却是有名的大力士。当年，在信家村干活时，往地里挑水浇地瓜苗，他肩上挑个扁担，前后钩子上各挂一桶水，然后左右两只手再各提一桶水。此时参加"社教"，无论是割麦子、砸坷垃，还是用铁耙耧地，就连村里的壮劳力也不是他的对手。

　　这年还在桓台县参加"社教"时，上级就公布了对信长林的新工作安排，让他去担任孙镇公社书记。那时候，正在进行公社合并。先前的孙镇公社与毗邻的九户公社合并，统称"孙镇公社"。可是，他还没来得及上任，任命就发生了变更，让他去担任魏桥公社副书记。当时，邹平县分为八个区，魏桥公社就是其中之一。崔竹林同志任魏桥公社书记，下设四个副书记，信长林就是其中之一。

　　1970 年左右，信长林由魏桥公社调任邹平煤矿工作，担任书记兼矿长。邹平煤矿在今淄博市周村区王村南十里左右，也叫"岭子煤矿"。他在岭子煤矿主持工作五年，经常下井检查生产和安全工作。在此期间，从没发生一起死人的矿难。

　　1975 年，邹平化肥厂与邹平煤矿进行领导对调，信长林又转战到化肥厂任职，担任书记兼厂长。虽然名叫"化肥厂"，其实那时并不生产化肥，而是生产氨水。氨水进一步加工，才能变成现在常见的化肥之一——尿素。

　　氨水虽然是一种非常初级的化学肥料，但计划经济时期在服务地方发展过程中却发挥了很大作用。到 1982 年，化肥厂已经面临着设备老化、工艺落后、效益不好等多重实际困难，甚至到了停产的地步。正在考虑转产的时候，恰逢省里要在惠民地区（今滨州地区）建设一家啤酒厂。经时任邹平县委书记董凤基等同志的积极争取，该项目最终得以落地邹平，并计划在已经停产的化肥厂的基础上改建。1983 年 3 月，信长林受命担当此任，成了啤酒厂的书记兼厂长。俗话说"万事开头难"，凡事他都身先士卒。比如厂里打井，他就亲自到井底去掏泥。啤酒厂就是这样在信长林的带领下，一步步改建而成的。试产成功后，第二年改名为"山东琥珀啤酒厂"，主打"琥珀啤酒"。在 1990 年和 1995 年的两届行业评比中，山东琥珀啤酒厂都荣获第一名。

1997 年，信长林年满六十周岁，已经到了法定退休年龄。鉴于他极强的工作能力和良好的人品，啤酒厂续聘了他 13 年，直到七十三岁才得以真正退休。2019 年国庆节前，他忽然接到通知，受邀参加国庆 70 周年阅兵式及群众游行。当天下午，在长子信统斌的陪同下，他们从济南乘坐飞机，于傍晚时分抵达北京。10 月 1 日，他作为山东省唯一的全国民兵英模代表，坐在群众游行致敬方阵中的 21 号车的 3 号座位上，通过了天安门广场。习近平总书记亲自向他颁发了一枚"庆祝中华人民共和国成立 70 周年"纪念章。对于庆祝中华人民共和国成立 70 周年之际，国家没有忘记他这个老兵，他深感欣慰。对于两次受到党和国家最高领导人的接见，他深感荣幸。

如今，八十三岁的信长林老人依旧身体硬朗，在邹平县城过着颐养天年的幸福生活。

2020 年 9 月 7 日

补记： 2021 年 8 月 24 日，信长林因病去世，享年八十四岁。

2023 年 6 月 19 日

正骨先生蔡会元

蔡会元，生于民国六年（1917），孙镇蔡家庄人，是孙镇一带及其周边地区有名的正骨先生。他长着一张国字脸，大高个子一米八左右，为人和蔼可亲，不笑不说话。但凡有人请他正骨，他总是有求必应，基本上都能手到病除。孙镇一带上了点儿年纪的人，很多都曾请他正过骨，他在老百姓当中有着极好的口碑。

蔡会元小时候，他家是蔡家庄有名的大财主，喂着不少牲口。有一回，家里的牤牛抵角，致使他父亲的肋骨骨折。那时候，今孙镇怀家村的怀宗臣夫妇都是有名的正骨先生，据说夫人的手艺比丈夫的还要更胜一筹。蔡家人便专门请了怀夫人来正骨。

蔡会元兄弟两人，有个哥哥叫蔡会明。怀夫人是小脚，脚力不济，走不了远路。平常，家里人总是派蔡会元牵着小毛驴到怀家村去请怀夫人。因为家境殷实，每回蔡家都热情地款待她。一来二去，她就与蔡家人热络起来，尤其喜欢小蔡会元。有一回，她对蔡会元的父亲说："我看你这个小儿子，脑袋瓜子相当聪明，手还特别巧使，就叫他跟着我学学干这一行吧。"说着，她扬了扬手。从此，蔡会元便拜怀宗臣夫妇为干爹干娘，并经常到怀家村跟随干娘学习正骨。

干娘传授正骨技术毫无保留。她骑着毛驴出诊时，常常把小蔡会元带在身边，手把手地教他正骨。传说，怀宗臣家曾有一个小铜人，上面有人体上的所有关节，每个关节还都能拆卸开来。起初，干娘让他看着拆卸组装，等摆弄熟化了，便将拆卸零散的零件放在一个黑布口袋里，直到他能摸黑将小铜人一毫不差地拼装起来为止。

怀氏夫妇的三儿子名叫怀京宝。蔡会元的孙子蔡玉民说："我爷爷比怀京宝大将近二十岁。当年他娘去世时，怀京宝还只是一个不懂事的小孩子。后来，他也跟随父亲怀宗臣学习了正骨。"时至今日，蔡家村还流传着一个说法，说"蔡会元的技术是跟着怀宗臣的老婆学的，怀京宝的技术是跟着怀宗臣学的"。其实，这些说法并不准确。怀宗臣于 1950 年去世，怀京宝当时只有十四岁。等长到十七八岁时，他才开始跟随母亲学习正骨。他的技术也不孬，还曾在其创业过程中发挥过不小作用。另有一说，蔡会元的正骨技术是跟怀宗臣学的，并且还是他唯一的正式徒弟。

俗话说"名师出高徒"，再加上本人的刻苦努力，蔡会元的正骨技术很快就得到了孙镇一带老百姓的认可。起初，他以种地为生。十里八村以及周边地区有人受了伤，便到蔡家庄来找他正骨。在此期间，他还与桓台县起凤镇田氏正骨的第四代传人田宜湖多有书信往来，交流探讨正骨技术。那时候交通不便。有一回，一个病人步行到桓台找田宜湖正骨。当得知病人来自邹平县时，田宜湖满脸疑惑，

蔡会元（前排右二）与家人合影（摄于 1993 年　图片由蔡玉民提供）

问道："大老远的，你怎么到我这里来呀？孙镇蔡家庄蔡会元的正骨技术，也非常好啊！"

20世纪50年代初，孙镇一带属于邹平县第五区，成立了"孙镇区卫生所"，即今孙镇中心卫生院的前身。后来，因其正骨技术高超，蔡会元就携带着户口，被聘为卫生所正式医生，并专门为他成立了"正骨科"。此时的孙镇区卫生所可谓人才济济，网罗了不少出名的医生，比如朱红云（中医）、李善礼（中医）、孟庆山（外科）、蔡会元（正骨），每天的病人络绎不绝。那时，蔡会元的正骨技术已经达到相当高的水平，在与各位同事交流学习后，又弥补了他在医学理论上的不足之处，特别是以后可以将X光片作为正骨的参考。

后来，政治运动兴起，并波及医院。蔡会元因家庭成分问题，被迫停止为病人正骨。有一次，院里来了一个病人，下巴骨脱臼了。这对蔡会元来说，不过是手到擒来的小病。可是，如果给病人治疗，那就是明目张胆地犯错误；不治疗，眼睁睁看着病人受罪，又于心不忍。他眉头一皱，计上心头，若无其事地从病人身旁经过时，假装一抬胳膊，就这么轻轻用手一拂，病人的下巴骨就复位了。病人还没反应过来，之前扭曲变形的面部就已经恢复如初了。

再后来，政治运动愈演愈烈，蔡会元在医院存身不住，只得返回蔡家庄。一则因其正骨技术高超，历来又和蔼可亲、有求必应，二则他的年龄也大了，已经年过半百，大队里格外看顾他，让他管理果园。庄里人如果有谁受了伤，便到果园去找他。如果他不在果园，那一准儿在家里，反正不外乎这两个地方。学生们格外喜欢运动，受伤的概率自然比较大些。蔡家庄的小学生、联中生，若是晃了筋、闪了手、崴了脚、脱了臼，甚至是骨折了，也是第一时间去找他。若是骨折了，他就先用手捏一捏，将骨头对接好，然后用竹片逼住，或者是用石膏固定；若是前面几种情况，经他一番治疗，立刻手到病除。

在生产队时期，有辆链轨车停在蔡家庄的一个斜坡上。四五个小孩子也知不道好歹，便爬到铺链上玩耍起来。想不到，链轨车竟自己顺着坡，慢慢往下移动起来。有一个七岁的小孩子不幸被轧在了铺链下面。闻讯赶来了一大群老百姓，用结实的木棍翘起铺链，将孩子救了出来。结果，他身上竟有多处骨折，就连内脏也被压迫地移动了位置。那些骨折的地方便是由蔡会元给他治好的。

蔡会元的左右手都可以正骨，而且水平不分上下。然而，他的心灵手巧，不仅仅表现在正骨上。果园里有很多苹果树，上面总是长一些不结果的滑条子。庄里人便将它们剪下来编成筐子或篮子。蔡会元起初并不会编。有道是"一等人不用教"，看别人编了几次，他也就会了。除正骨之外，庄里人又多了一项去果园找他的理由，说是"找会元哥给编个筐子"或是"找会元哥给编个篮子"，还不忘夸一句"人家干的那活，就是样子！"另外，他还能左右手同时各打一副算盘算两笔账，而且分毫不差。在酒桌上，他也擅长划拳，能左右开工，同时跟两个人拇战。十里八村有些划拳高手，还常常自豪地说："也不看看我划拳的师傅是谁，蔡会元！"

他给人正骨，从来也不收钱。若是本庄人就直接去找他；若是外庄人，便常常先从蔡家庄找个熟人，领着病人去找他。找他帮忙的人，知道他不收钱，为了表示礼节，便会带上一包烟：有时是两毛二一盒的丰收牌，有时是五毛一盒的云门牌。蔡家庄的蔡庆厚老师，特别喜欢交朋友，便经常有受伤的朋友要他领着去找蔡会元。如果蔡老师不在家，就由他十来岁的长子蔡振江领着人去找蔡会元。无论是大人领着来，还是小孩领着来，他都一视同仁，认真治疗。因为经常给人家正骨，相较他人，蔡会元的技术自然更胜一筹，名声也就更大一些。就连高青县甚至更远的地方，也有不少病人慕名而来。倘是伤势较重的病人，就由家属来请他上门。

大约在 20 世纪 70 年代末，蔡会元被平反，重新被请回孙镇卫生院，并于1981 年退休。回到蔡家庄后，他继续免费为人正骨。就在这一年，蔡玉民从孙镇初中毕业，从此便跟随爷爷学习正骨。直至去世的前一年，已经八十岁高龄的蔡会元，仍然为病人正骨。那时候，他手里的劲已经不大，大的正骨就需要孙子动手，而他则只治疗一些诸如碰了手、晃了筋之类的小毛病。1998 年，蔡会元因病去世，享年八十二岁。

如今，随着交通条件的迅猛提升，蔡玉民的正骨范围已经不再局限于孙镇一带，而是扩大到了全省。同时，他将正骨技术传给了儿子蔡奇，使爷爷蔡会元的手艺后继有人。

2022 年 1 月 26 日

李汝民医生传

　　孙镇中心卫生院自1956年建院迄今，在孙镇地区最广为人民群众所知的医生，恐怕非李汝民医生莫属。一则他从医时间特别长，前后达54年之久；二则他态度和蔼，勤勤恳恳，深受老百姓的信赖，也得到上级领导的认可。最近，笔者对李汝民医生进行了专访，据以撰成此文，以其生平为线索，同时也对他所处时代的生活状况、教育情况，以及孙镇地区乡村医疗的变迁和卫生院的发展，有一定程度的反映。

　　乙酉年（1945）腊月三十，李汝民出生在辉里庄一个贫下中农家庭。那时候，农村普遍孩子多。他家却只有他与姐姐两个孩子。

　　1953年下半年至1957年上半年，他在村里读初级小学——简称"初小"。当时，初小设在辉里庄东南角的李氏宗祠——庄里人管它叫"家庙"。1957年下半年至1959年上半年，他考入本村的辉里完小。辉里完小是邹平县境内一所建立比较早的完小，中华人民共和国成立之前就已存在。清朝乾嘉年间，辉里庄出过著名的"五子登科"。他们家盖了一座二层楼，庄里人称之为"五子登科楼"。最初，辉里完小就设在五子登科家的宅子里。李汝民就读时，辉里庄又在五子登科宅子的路南修建了新教室，而建筑用的砖头和木头则是从五子登科楼上拆下来的。

　　1959年下半年，李汝民考入孙镇初中——又名"邹平县第七中学""七中"。它创建于1958年，李汝民是第二届学生。第一届学生入校后，先帮着搬砖、提灰，

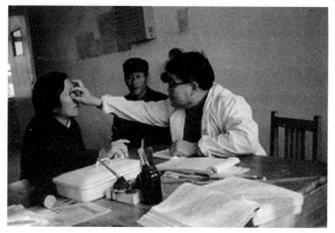

李汝民医生正在坐诊（摄于 20 世纪 90 年代）

修建了两排坐北朝南的砖瓦教室，每排六间。第二届学生入校后，则帮着修建了一排教师宿舍。相比教室，教师宿舍又窄又小。学校没有学生宿舍，便将学生三人或五人分成一组，安排在孙镇村的老百姓家中借宿。不过，倒是不用给房东交房租。

开学时，李汝民带着户口到七中报到。户口落在学校，孙镇公社按学生人头，每人每月配发 28 斤粮食。其实，所谓"粮食"，主要是"地瓜干子"，即把生地瓜用地瓜刀子切成片晒干。吃的时候，放在锅里蒸熟。每顿饭每人只能分到三四片地瓜干子，有二三两重，偶有生斑、发霉的现象。那时，每个星期学校还能吃一次馒头改善生活。这半年的生活还行。虽然刚建校不久，生活条件也不太好，但是学校的教学活动非常正规，语文、代数、几何、物理、化学、植物学、动物学、政治、音乐、体育、美术等学科都开设了。只是还没有外语课。

转过年来，初一下学期刚开学，生活骤然变得困难起来。孙镇公社已经无力给学生们发放口粮。他们便自己动手去挖野菜、刨茅草根，甚至去扒榆树皮。榆树被扒了皮，自然也就活不了了。孙镇村的老百姓为此找到学校。于是，连榆树皮也没得扒了。学校食堂前面有一个水泥池子，放上水不久就能长出不少"淤柴"——水草。学生们就吃淤柴，当时管这叫"吃小球藻"。其时，老师们也一样饿肚子。他们把食堂的刷锅水盛在容器中，放在宿舍里，门上挂上棉被，屋里再生上炉子。气温一高，刷锅水很快变质，就会长出些像凉粉一样的东西。他们就吃这种东西，美其名曰"吃人造肉"。

吃"小球藻"和"人造肉"也不是长久之计。学生们只得把户口迁回家，从家里往学校带口粮。学生们一般一周回家一次，上学时带着干粮。李汝民偶尔带棉花种皮做的窝头，最常带的还是用玉米芯做的窝头。那时，在孙镇公社的坡庄村有个油棉厂，按照全县的排名，叫"邹平县第三油棉厂"。棉花种皮是缺货，有些村弄点儿回去，给社员们分着吃。棉花种皮有毒，也不好吃，吃多了还要大便不畅。即便如此也捞不着常吃。玉米芯窝头更糟糕，且不说没有营养，放在锅里一馏就粉了。干粮不能多带，时间一长就会发霉。一周中间，或是家人给学生送一次干粮，或是学生在星期三或星期四回家拿一次。那时候，上下学没有交通工具，从辉里庄到孙镇往返20多里地，全靠步行。

到了1961年，农村的饥荒更加严重起来。家里已经没有干粮让学生往学校里带。于是，从清明节开始放假，直到农历十月一日才开学。原本，李汝民这届有两个班，每班54人，不光有孙镇本地的，还有高青县的。不过，高青县的学生不多，大约也就十三四个。等到开学的时候，到校的学生连先前一个班的人数都达不到。老师们就挨个上门去动员。最后，这一届还是只回来了48个人。生活虽然艰苦，课程依旧很正规。

1962年上半年，李汝民初三毕业。至今半个多世纪过去了，他还清楚记得好几位老师的名字：语文老师王献文、代数老师王思顺、几何老师于兰田、物理兼化学老师李来喜。其中，王献文老师后来调到了邹平师范学校任教。初中毕业考高中，他们班有21名同学投考邹平一中，剩下的27人在于兰田老师的带领下投考高青县的高青一中。结果，只有2人考上邹平一中，考上高青一中的则有8人。李汝民和同村的李乃云（李东）考上了高青一中。

当时的高青一中位于高青县的高城镇。读高中跟读初中时一样，还是背着干粮上学，一周回家一次，依旧步行，不过来回的距离已经变成了100多里。他们从辉里庄出发，途经郑家寨、曹家庄、腰庄村，在东安村附近渡过小清河，然后沿小清河北岸继续步行，几经周折才到达高青一中。这一届也是两个班，学生虽然也有邹平的，但以高青的为主。李汝民上初一时 1 米 28，考上高中时 1 米 33，初中三年只长高了 5 厘米，体重只有 80 多斤。高中同学中像他似的个子不高的很多，大多数都是挨饿造成的不长个子。

1963 年秋，李汝民与李乃云去上学，依旧从东安村附近过小清河。当时，那里有个摆渡。船很小，摆渡人用木扬锨当船桨，渡一次每人两毛钱。船到北岸，李乃云站在船头，往后一蹬，往前一跳。他倒是一下子跳到了岸上，由于反作用力，船往后一退，稍后起跳的李汝民就掉进了小清河里。摆渡人赶紧用木扬锨把他救上岸，可是他全身的棉衣服已经湿透。晚上，他到学校锅炉房烤衣服。为了让衣服干得快一点儿，他就把衣服紧紧地贴在了锅炉壁上，结果烤煳了。这天夜里，他越想越不是滋味。第二天一早，他就背上被褥、衣裳、书籍，以及其他生活用品往家走，一路上走走停停。他个子矮，背的东西又重。每次起身的时候，他都得找个土坡，借着坡势才能勉强站起来。他整整走了一天。走到腰庄村时，他就把被褥放在了父亲的一个朋友家里。晚上，他在郑家寨的姐姐家过了一夜。后来，高中老师虽然来家中找过他，可他到底还是退了学。

退学之后，他先给村里的生产队放牛。这年七八月间，在辉里卫生所工作的刘方同找他去干活。李汝民既是司药，又是会计，还负责办饭。他虽然已经十八岁，但个子还是很矮，甚至连中药柜子上层的药抽屉都够不到。大约干了一个月，辉里小公社的书记来卫生所拿药，见他还是个小孩子，就把他打发回家了。当然，这个月他也没白干，给他开了十二块钱的工资。

转过年来，辉里卫生所还是没找到合适的人。刘方同就又找到李汝民，还是让他来干。这年 8 月份，李汝民算是正式参加了工作，依旧是干从前那些活。他虽然长高了一点，可是做饭挑水时，水桶却离不了地。他就把扁担两头带铁环的钩子各挽起一扣来。这时他的工资比去年涨了 3 块钱。

也就是从这时起，他开始接触医学。当时，辉里卫生所里有三位医生，分别是刘方同、王茂山和成庆云。他们在卫生所坐诊时，李汝民就留心观察他们是怎样给病人看病的。病人有哪些症状，医生判断病人得了啥病，开的啥药。医生出诊时，他捞不着跟着去。等病人家属来拿药时，他就问病人得了啥病，有啥症状。卫生所里有中药，也有西药。没事的时候，他就拿着西药瓶子琢磨，看它们都治些啥病，每天吃几次，一次吃几片。晚上，他还捧着医学书籍自学，背诵《药性赋》《汤头歌》经常到半夜。这样的学医经历持续了好几年。

1966年，李汝民与邻村杨家庄的孙学芳喜结连理。那时，一则因为他在卫生所工作，二则因为他工作积极，格外受到两个村的尊重。举行婚礼那天，杨家庄的红卫兵将新娘送到两个庄的交界处，而辉里庄的红卫兵则簇拥着新郎前来迎亲。结婚不能影响工作。新婚的第二天，他就到卫生所值班去了。

这年年底，孙镇公社与九户公社合并成"孙镇公社"。原先两个公社的卫生所人员调换。辉里卫生所的三名医生，或者调到九户工作，或者调到孙镇其他卫生所工作。原本在九户卫生所工作的张如青、郝子正两位医生则来到了辉里卫生所。李汝民因为不是医生，工作地点没有变动。

1968年和1970年各开展了一次"卫生所医生下放"运动，即卫生所医生回本村当赤脚医生。张如青、郝子正两位医生回九户做了赤脚医生。因为是本村人，李汝民自始至终都留在辉里卫生所工作。也是从这时起，"卫生所"改称"卫生室"。当时，辉里卫生室就剩他一个人了。上报情况之后，有关领导让他再找一个人。他就找到刚从魏桥卫校毕业的本村人李汝贞。从1968年起，李汝民开始给病人看病。当时的辉里卫生室负责给辉里管区下辖的六个村（辉里庄、辛集子、杨家庄、郑家寨、于何村、曹家庄）的村民看病。那时候，村民（包括小孩子）得病之后，还不习惯到卫生室就诊，而是将医生请到家里去看病。李汝民和李汝贞每人骑一辆自行车，穿梭在各村给病人看病。不光白天，晚上他们也经常出诊。

因为工作积极、态度和蔼，1968年李汝民被村里评为"学习毛主席著作积极分子"，并参加了在邹平县举行的"学习毛主席著作积极分子大会"，还作了发言。1973年8月，他加入中国共产党。那时候，入党没有预备期，批准之后就是正式党员。

是年 10 月，第二次下放回村做赤脚医生的原卫生所人员，全部上调邹平县医院孙镇分院，即今孙镇中心卫生院的前身。原先村中卫生室里的一切物品，包括家具与药品，全部折价卖给所在村大队。自此，李汝民开始在孙镇分院工作。

1974 年刚溜过年来，孙镇分院便派遣李汝民到"惠民地区人民医院"（位于滨州）的"五官科"学习，为期一年。他在五官科跟着医生，一边学习理论，一边进行实践。遇到不懂的问题，想不明白他就问，还自己购买相关书籍进行学习。1975 年，他就在孙镇分院建立了五官科。当时，这个科室不但邹平县的很多乡镇医院没有，高青县那边的很多医院也没有。

五官科刚成立不久，李汝民就加入了"计划生育"手术队，开展输卵管结扎手术。他们不仅在孙镇分院实施手术，还下村去做手术。他甚至还把手术做到了自己家里。丙辰年五月初三（1976 年 5 月 31 日），李汝民的小儿子永进出生。初五，他就在自家的床上，给妻子做了结扎手术。当时，岳母正在他家照顾女儿，还对此事非常不满。1979 年，沾化县向邹平县借用计划生育手术队。县里便派了 9 名医生支援沾化，李汝民就是其中之一。他在沾化县的泊头医院做了一个月的结扎手术。从 1975 年到 1985 年的 10 年间，他累计给 5000 多人做过结扎手术。

在此期间，李汝民只要不出去做手术，就在五官科坐诊。扁桃体切除和青光眼手术是五官科的分内之事。除此之外，他还割痔疮、整骨，甚至是接生。当年在辉里卫生室工作时，特别是 1968 年至 1973 年期间，周围村里的孕妇生孩子，基本都是找他去接生。后来，他上调到孙镇分院，工作特别忙，才由别人接生。在做结扎手术过程中，他积极地将手术要领教给年轻医生。1985 年之后，一般的结扎手术都由年轻医生来做。只有遇到比较复杂的情况，他才亲自出马。另外，虽没经过专业培训，凡是院里有比较大的手术，诸如剖宫产、疝气手术之类，他也都认认真真地去做助手。

李汝民为人忠厚老实，偶尔也恶作剧。有一天夜里，他和同事贾善宝一起从院里骑车回家。贾善宝家在于何村，位于辉里庄西南方向，相距不足二里地。两

邹平县计生双先会孙镇乡代表留影，后排右一是李汝民（摄于 1985 年 1 月 10 日）

个人一起顺着冯辉公路结伴同行。原本，贾善宝应该在于何路口右拐。可是，到了于何村茔地路口处，李汝民就对他说："老贾，到路口了，你转弯吧！路上慢走。"贾善宝也没起疑心。没走多远，他就进了茔地，花花绿绿的花圈甭提有多瘆人了。他本就胆小，大声喊道："汝民，不对呀！咋走到茔地里来了！这不是于何路口，是往茔地的那条路！"他一边大喊，一边调转自行车往回狂奔。李汝民则在路口上哈哈大笑。

他初到孙镇分院时，院里的党员还不多。1984 年的一天夜里，李汝民正与几名党员开党员会，却突然停了电。那个时候，停电倒是常有的事，院里早就准备了发电机。那天正好电工不在。他就领着几个党员去开发电机。结果，他一不小心伤到了右手的四根手指：无名指缺了一截；中指不但伸不直，连神经和肌腱也损伤了；小拇指畸形愈合；好在食指痊愈了。事后，他自嘲地说："没事，结扎手术还能继续做！"李汝民是一个勇于尝试的人，在做手术时如此，在生活中也是如此。

1985 年，他出任孙镇分院院长，并兼任党支部书记。在担任党支部书记的十年间，他陆续发展了十三四名党员。他曾两度出任院长：第一次是在 1985 年至 1987 年，第二次是在 1989 年至 1990 年。这两段时间是他一生中最累的时候：既要在五官科坐诊，又要处理院里的日常事务，还要兼顾党支部的工作。那时候，家里的四个孩子都在上学，上头还有两位老人，一家八口人的土地也需要耕种。他只能在早晨上班前、下午下班后，以及中午下班时间，甚至是夜里下地去干活。1984 年他右手受伤后的两年不能干重活，生活的重担全都压在了妻子一个人的肩上。

1987 年，驻在孙镇乡冯家村研究中国农业状况的美国亨德森女士要到孙镇分院调研。事前大约一个星期，惠民地区卫生局副局长提前来院里视察。他对医院的工作很满意，却对李汝民的着装提出批评。那时，一则家里生活确实困难，二则他历来艰苦朴素：截一块布，做上两件衣服，他就能穿上三五年；袜子都补了三回了，他还不舍得扔。

自从 1973 年上调孙镇分院以来，他年年被院里评为"先进工作个人"，还当选过第六届和第七届县政协委员。各级政府和卫生部门颁发的证书，他有一大摞。

2005 年，他年满 60 周岁，正式退休。此前，各乡镇甚至到县城的医院，有不少想继续聘请他去工作。可是，他都婉言谢绝了。最终，他还是接受了孙镇中心卫生院的返聘，继续工作了 13 年。直到 2018 年他 73 岁时才回家颐养天年。从 1964 年在辉里卫生所参加工作算起，他已经在卫生系统工作了 54 年。回顾半个多世纪的从医生涯，勇于尝试使他取得了不少成绩，同时也留下了遗憾。

李汝民夫妇育有两子两女。其中，小儿子永进子承父业，继续在孙镇中心卫生院五官科工作。

2020 年 8 月 5 日

（文中图片皆由李汝民医生提供。）

落户腰庄村的"下乡青年"曲乃达

腰庄村位于孙镇东北角上。村委办公室小广场前面有一座小小的院落。三间北屋里住着八十四岁的曲乃达大爷。他个头不高，满面慈祥，是村里的一个老农民。然而，他这个农民却是半路出家。五十多年前，发生在他身上的一段"上山下乡"经历，如今已经鲜为人知。

1970年8月27日，三十五岁的青岛人曲乃达带领一家人，来到孙镇公社腰庄村落户。他老家在青岛沧口，此前正在做搬运工。家里连老婆带孩子总共六口人，生活比较艰难。党中央号召说，"我们也有两只手，不在城市里吃闲饭。"当时的政策，没有正式工作，且生活困难的家庭，也可以"上山下乡"。

这一天，曲乃达夫妇带着两儿两女，先乘坐火车到达周村，接着雇了一辆拖拉机奔赴邹平县城，又从县城雇了一辆汽车，一路往北开往孙镇公社。最后，由公社书记亲自送他们一家来到腰庄村。村里事先得到通知，组织村民敲锣打鼓欢迎他们一家人。

当时，青岛也派了专人送他们一家下乡。来到腰庄村后，由青岛拨款，村里人出工给他们盖了三大间土坯北屋。从此，曲乃达与普通社员一样，加入了生产队。当时，村里有六个生产队。他们一家分在了二队。生产队实行工分制：男劳力干一天活挣8分，女劳力挣6分。家里孩子多，曲乃达的妻子只能在家带孩子。

曲乃达在青岛生活了三十多年，对农活一窍不通。虽然已经在腰庄村生活了将近五十年，但他依旧干不顺手。生产队粮食产量低，小麦亩产四百斤就算好的。曲家孩子多，劳力少，劳动一年，根本不够浇裹。一年下来，一家人分百十斤玉米、三四十斤麦子、二三斤豆子，以及一点点棉花。吃饭时，常常是孩子吃，大人看。一分钱一块的糖，买一块回家，给几个孩子分着吃，分不匀就要打架。家里连买盐的钱也没有，只能靠养只老母鸡，拿鸡蛋换盐吃。曲大爷回忆说："也不只是我家这样，当地大多数村民都是如此。"

当初在青岛时，四个孩子都上过学，只是小学还没毕业。此时来到村里，就上不起学了。更不幸的是，因为生活困难，一个女儿还夭折了。曲大爷是个文化人，1957 年毕业于青岛商业学校，学的是财务。村里人都说，无论他穿啥衣裳，都不像个农村人。虽然自己有文化，整天给一家人淘换吃食还来不及，哪有工夫教孩子们念书。好在国家有政策，他们年满十六周岁后都回了青岛，国家还给分配了工作。

来到腰庄村后，曲大爷夫妇又生了三个女儿。1982 年前后，村里实行了联产承包责任制，将土地承包到户。那时，曲家有六口人，每人分了一亩多地。自此，生活水平有了显著提高。

曲大爷又回忆说："当初刚来村里时，尖顶房子少，平顶房子多。从前的房子，现在是连一间也看不到了。"曲家也在八九年前，盖了新房子。谈到五十年来农村发生的翻天覆地的变化时，他激动地说："这是不能想，也不敢想的！"回青岛探亲，与老同学或同辈聚会，他们总是由衷地说："好好活着吧，摊上了好时候！"

八十多岁的曲大爷早已白发苍苍，但是依旧乡音未改。他说："城市与农村，人们的思维方式和生活方式都不同。不能拿青岛的一套来要求村里人，这是办不到的。人要适应环境，不能让环境去适应人。环境也不会去适应人。"不过，他也承认，自己在生活方式上，有些地方至今还保留着青岛的影子。另外，因为受过高等教育，在思维方式上，也与村民有所不同：看问题，不是仅仅站在自己的立场上，而是能从村庄、乡镇，甚至是县、省、国家的层面来看。

他又说："我不想回青岛，或许是性格内向的原因，更喜欢农村的清净。虽然年年回青岛，但是我的根还是在腰庄村。"如今，曲大爷的姐姐和妹妹，以及两个弟弟都住在青岛。谈到腰庄村，他说道："农村宗族观念重，腰庄村也不例外，至今也还是这样。但是，腰庄民风淳朴，村民不欺生，知道我有困难，就主动帮助我。否则，我一个外来户，根本就待不住。历任村干部与村民都很团结，干部不欺负村民。"

曲大爷常常挂在口头的话是"知足心常乐"。现在，虽已是耄耋之年，他依旧身体硬朗，能独自往返于青岛和腰庄之间。他又心灵手巧，烙饼、水饺、馄饨，样样拿手。如今，老伴已经去世，儿女们分散各处，忙着各自的工作。他一个人继续安静地生活在腰庄村。

最后，曲大爷还说，"孙镇信家村好像也有一个下乡落户的，听说后来还在医院分配了工作。现在怕是早就退休了吧。只是腰庄村比较偏僻，我又不善与人交际，也从来没有跟那人交往过。"

2021 年 11 月 7 日

补记： 今天，惊悉曲乃达大爷已于 2022 年 12 月 30 日去世，享年八十八岁。

2023 年 6 月 5 日

"痴人" 刘立忠

2020 年 5 月初，笔者有幸结识了孙镇蔡家村的蔡振江大爷，并从他口中第一次听说刘立忠老先生的奇闻逸事。知其事而想见其人。后经多方打听，惊悉老先生已于去年驾鹤西归。怅恨何如？如今，搜罗逸闻，撰成此文，借以表达对老先生的敬意。

大约在 1975 年，蔡振江正在蔡家小学读四年级。当时，学校外边有一片七八十亩的大果园，种着梨树、桃树、苹果树、李子树、海棠树……学校的体育课就在大果园旁边上。有一天，王和老师（孙镇村人）带着蔡振江那个班的学生来上体育课。只见路边一棵高大的梧桐树下，有一个中年人正坐在塑料纸上旁若无人地读着一本厚厚的英语书。此人便是在山东莱芜钢铁厂轧钢厂工人大学任教的刘立忠。王老师指着他，对同学们说："你们看看人家，看看人家这种学习精神。大家都应该向人家学习啊！"这时的刘立忠已近不惑之年，此刻正在自学英语，后来竟达到能阅读英文原版书的程度。

刘立忠，生于 1936 年 10 月，蔡家庄人。有兄弟五人，他排行老大，其中有一个弟弟跟随姑姑生活。解放前，他在村里念书。解放之初，孙镇一带村里的小学停办，年仅十二岁的刘立忠便到周村的光被小学读了一年书。返乡时，他个子小，背着被子走不了远路，便将里面的棉絮掏掉，带着剩下的被面和里子回了家。之后，他以优异的成绩考上了辉里完小。完小毕业后，他顺利考取了高苑中学（初

刘立忠与父亲刘成美合影（1985 年 10 月 1 日摄于博山
图片由刘立训提供）

中）。家里穷，没有能力供他考高中，读大学。于是，初中毕业后，他就去济南考取了山东建材学院，毕业前又曾到南京动力学校学习，并从那里毕业。

1956 年毕业后，刘立忠被分配到四川省渡口森工机械厂任电气技术员。他曾在四川的成都、重庆等多地工作，前后长达十八年之久。在此期间，他也曾结婚，夫妇两人还有一个养女。在结婚前的"三年困难时期"，女方在生活上曾给予他很大的帮助。他是一个顾家的人，每月七十元工资，他总会寄五十元回老家。老家的父母兄弟多亏他的帮助，才能渡过一个又一个难关。在调回山东工作前夕，妻子与他协议离婚。

1975 年，刘立忠调入山东莱芜钢铁厂轧钢厂的工人大学工作。有一次，弟弟刘立训去看他。他看到弟弟的衣服破烂不堪，当即脱下自己的裤子给弟弟穿上。1980年，他调到山东建材学院分院（博山）自动系电气自动化教研室任教。他喜欢安静，集体办公室让他感觉难以安心工作。他便到离学校10多里地的一座小山上的小屋里去备课，然后再按时下山来上课。那间小屋非常简陋，刘立训去看望他时，还曾在那里住过一夜，满屋的墙上贴满了英语单词。那里的生活很艰苦。刘立忠从学校往上带馒头，开水则是拿着暖瓶到半山腰的农户家里去借。但是，他的课一直受到学生们的热烈欢迎。一个只有中专学历的人能在大学教书，是很了不起的，这当然是与他的刻苦自学分不开的。1983年后，他逐步晋升为讲师、副教授，最后从淄博学院退休。即便是在退休之后，学校图书馆也是他最经常去的地方，而且一去就是一天。有时读书太投入，他还不止一次被下班的工作人员锁在了里面。如今，在网上还能检索到他在各个工作时期发表的论文若干篇。当然，他的那些关于电学方面的专业论文，一般人根本看不懂。

蔡振江大爷有一个表哥，名叫张百海，一直跟随母亲蔡美英住在蔡家庄的姥娘家。他学习成绩非常好，在20世纪80年代初，以孙镇第二名的成绩考入邹平一中。有一年暑假，刘立忠见到他，两人一见如故，谈起英语来更是相见恨晚。他们谈单词的发音、来源、演变，以及单词背后的故事，一会儿用汉语交谈，一会儿用英语交谈，间或两种语言夹杂在一起使用。蔡振江大爷回忆说，当时他一句也听不懂。两个人竟然谈了一个通宵。第二天，张百海睡了整整一天。后来，张百海先是考入哈尔滨工业大学，后来考入北京工业学院（今北京理工大学）深造，并留校任教至今。

刘立忠不但精通英语，对电动机也极有研究。也是在某个暑假，有一天傍晌午，他要去孙镇高唐村看望朋友曹玉成。据说，两人是干兄弟。路过孙镇时，看见路边有一家机电维修门头，他就径直走进去跟人家攀谈起来，从电机的用途谈到工作原理，再谈到电机的维修。中午的时候，人家问他吃饭没有。他又不好意思说没吃，就说早已经吃过了。就这样，他一直跟人家谈到下午很晚。等他到达朋友家时，已经傍黑天了。

在蔡家村人眼中，刘立忠就是一个书呆子。他不会骑自行车。每次放暑假或寒假，他从罗家村（蔡家村在罗家村正东三四里地处）附近下了公共汽车，再徒步走回家。他总是扛着一把伞，伞把上挑着一个书包。半路上遇到蔡家村人，他也不跟人家打招呼，只是笑一笑。

他不善于跟陌生人沟通交流，离婚多年也一直没有续弦。在他四十四五岁的时候，有热心人给他介绍了一个对象。有一天，那热心人跟他说："你对象都生病住院了，你咋也不去看看人家？"他就提着一个鼓鼓囊囊的书包来到医院病房。对象见他提着满满一书包东西来看望自己，心里非常高兴。可是，打开一看，竟是满满一书包胡萝卜。他一本正经地拿着胡萝卜给人家普及科学知识，说什么胡萝卜最有营养，富含多种维生素，弄得人家哭笑不得。结果不问可知，人家自然没有跟他走到一起。

退休之后，为了照顾年迈的老父亲，刘立忠又回到了蔡家村。他和村里的一般老百姓谈不来，倒是经常找蔡振江的父亲蔡庆厚老先生聊天。蔡老先生是一位老教师，是村里的文化人，而且走南闯北、见多识广。有时候，蔡老先生不在家，蔡振江就陪着他聊天。刘立忠回忆说，蔡家村南曾有一棵大柳树，三个人手拉着手都搂不过来。他小时候就跟同学们爬上去，躺在树杈上读书。他还说，早年间，正月十五孙镇各村之间流行赛鼓。那时候，各村都有自己的鼓谱。晚上，他还曾跟着庄里的年轻人，悄悄地跑到张家村附近，偷听人家打鼓的鼓点。可是，赛鼓时他依旧不是人家张家村的对手。有人耍了阴招，用刀子把人家的鼓给捅破了。不过，公是公，私是私。事后，两个村的人还是友好相处，并不因此产生嫌隙。

他孝顺父母，与兄弟们相处也是"兄友弟恭"。同时，他的宗族观念也比较重。刘姓老家谱早已遗失。1997年2月，他凭一己之力重起炉灶新修了《刘姓家谱》。对于那些在外工作的族人，为了获得准确信息，他都自费前往拜访。此谱虽然仅有寥寥数页，但是对于刘姓西、中、东三支记载得清楚明白，尤其难得的是在描写有些人物时还附有简短的小传。两年后，他作了《先祖追思》一诗：

人生一世如春蚕，作茧寿终回自然。

气随春风远远去，两手空空攥虚拳。

遗传后代亲骨肉，留下物业和宅园。

家族世系环链树，一代一代往下传。

刘立忠从年轻时就非常注重养生，还曾在报刊、杂志上发表过吃鱿鱼有助于长寿、如何自我预防感冒、如何治疗脚气等诸如此类的文章。直到五十多岁，他还坚持洗冷水浴。大冬天，从井里打上凉水来，直接从头上往下浇。直到这时，他还满头黑发。可惜，晚年惑于养生，在购买相关书籍和保健品上所费不赀，而身体却消瘦得厉害。

晚年，他又搬回了博山居住，而此前在蔡家村购买的房屋，则送给了弟弟刘立训。2019 年，他因病去世，享年八十四岁。他生前酷爱读书，购买了大量书籍，而且每本书都从头至尾仔细读过。无论谁跟他借书，都必须写借条，就连亲弟弟也不例外。去世前，他还把自己的那些书托付给了族中一位学业有成的后辈。

虽然与前妻离婚多年，刘立忠却一直与她保持着联系，关系也不错，有时候还到南方去看望她和养女。前妻先于他不久去世，养女便把养母的骨灰送到了山东，后来与养父合葬在了一起。单凭此举，刘家人就对她评价极高：一则避免刘立忠死后孤单；二则在农村人的观念中，"外头有孤坟，家里有孤人"。

想来，在其长期生活和工作过的博山，刘立忠老先生大概也留下了不少奇闻逸事。倘若无人收拾，任其零落，也殊觉可惜。明人张岱曾说，"人无癖不可与交，以其无深情也；人无疵不可与交，以其无真气也。"刘老先生可算是一位既有癖又有疵，既有深情又有真气的"痴人"吧。普通人常以不同于流俗为异类，殊不知异类中常有出类拔萃的人物。

2020 年 7 月 12 日

货郎霍永章

　　岳官村，俗名"官庄"，位于孙镇最西南角处。九户镇、明集镇、韩店镇在西北、西南、东南三个方向上，分别与孙镇的岳官村搭界，该村距离四个镇政府驻地大约都是15里地。冬天寒冷的早晨，严霜覆盖了大地，嘹亮的公鸡打鸣声传得格外远，俨然有"鸡鸣四镇"的气势。

　　在从前的农村，绝大多数老百姓以务农为业，人口流动性极小。大家不但彼此熟悉，甚至还熟悉彼此的上两辈或三辈人。这也就是费孝通先生在《乡土中国》中所谓的"熟人社会"。农闲的时候，整个村庄安静得像一泓平静的湖水，只有袅袅炊烟丝丝缕缕地飘向天空，最后犹如撕碎的锦缎消失不见。一旦到了收获的季节，整个村子，不但是人——大人小孩、男女老幼，就连牲畜、农具，甚至街道、房屋、空气都会有节奏地律动起来，唱着听不见的歌，跳着看不见的舞。

　　无论喧闹还是宁静，都是由村庄自身固有的生物钟所致。当然，外力也能短暂地打破平衡，引起局部的骚动，比如忽然来了一个下乡做买卖的人，仿佛一群沙丁鱼里窜入了一条鳗鱼。那时，粮食是农村里流通的另一种货币，拿豆子换豆腐，拿玉米换苹果，拿小麦换油条、麻花……各种粮食当中，最通用的当然还是小麦，没有它不能换的东西。

　　一年三百六十五天，随着季节的流转，各种各样的买卖人便会络绎不绝地轮番来到村里。春天有换锅饼、麻花的……夏天有换西瓜、甜瓜的，卖雪糕的……

秋天有换苹果、干粉的,爆棒子花的……冬天下乡的买卖人不多,但是村庄也决不会寂寞。清脆的梆子声一响,村民们就知道,是换豆腐的来了。

凡是当季的买卖,比如换瓜果梨桃之类,大多是"打跑枪"的。今天来,明天后天未必来,甚至以后再也不会来,简直就像一颗划过天空的流星。跟这样的人做买卖要格外加小心,毕竟是一锤子买卖,弄不好就会"买倒了眼儿"。而有的买卖人,不但几乎每天都来,甚至还按着钟点来,比如换豆腐、麻花、火烧等吃食的,一般都赶在老百姓吃饭之前来。他们简直成了村里"固定的流动人口",完全够资格被授予"荣誉村民"的光荣称号。

小时候,曾经有两个下乡的买卖人,给我留下了深刻印象:一个是官庄东北方向四五里处时家村的中年妇女,娘家姓郭,夫家姓张,经常到村里来卖牛血;另一个是官庄正东方向五六里处霍坡村的货郎霍永章。据说,时家村的那位中年妇女,娘家是孙镇村(东南小庄)杀牛的。她有一个儿子名叫张军,至今还在孙镇初中教书,当年曾是我的班主任。张老师的妻子王霞女士,又曾是我的初中语文老师。霍永章的全套装备都在一辆木制胶皮独轮手推车上,两边各放一个近乎长方形的篓子,中间车轮上方的木架子上还有一个长方体的大玻璃盒子。大玻璃盒子又被间隔成一个个小方格子,盛放着各种各样的零碎东西:纽扣、针线、糖块、小玩具……老百姓一般拿钱买东西,不过,也有拿家里不用的破烂来换的。那两个长方形的篓子,便是用来盛放那些破烂的。

首先总是一阵滴里咣啷的拨浪鼓声,紧接着便是浑厚的吆喝声:"香胰子香粉雪花膏,胭脂口红全带着。"

这是第一套词。第二套词接踵而至:"破铺衬烂套子,戴不上的破帽子,拿来换针换线。"

这两套词回环往复,总要反复吆喝上几遍。吆喝的间隙,还不时响起拨浪鼓声。小孩子们一边嘴里不断叫嚷着"拨浪鼓子来了",一边迫不及待地冲出家门;大人们嘴上虽不说什么,但是心里知道是霍永章来了。他高个子,瘦身量,长乎拉脸儿,要是在冬天,还要戴上一顶遮耳棉帽子。至今,我还记得,当年在小孩

霍永章生前用过的货郎鼓（摄于 2014 年初　图片由张传勇提供）

子们中间，曾流行过一种塑料皮筋小手枪。那手枪极小，扣动扳机的孔洞，大人的手指是根本伸不进去的。那时，我就从霍永章的货郎车子上买过一把。

从我记事起，霍永章就经常摇着拨浪鼓推着独轮车到村里来做买卖，那时他就是一个老头子了。在我幼小的心灵中，还甚至曾一度怀疑他一下生就是个老头子呢。只要他一来，立刻就会被小孩子们包围，连大姑娘、小媳妇、老太太也要赶来买点针头线脑、松紧带之类的零碎东西。男人们自然也不会放过这个跟他闲磨牙的好机会。霍永章就像一台收音机，把从各村听到的消息，广播到其他村里去。

从霍坡往西到官庄，要经过孟坊（俗称"坊子"）；时家、韩店镇的波店（俗称"波拉店"）、东韦家也都距离霍坡不远。这几个村的街巷里，一定也成年累月地响起过霍永章清脆的拨浪鼓声和浑厚的吆喝声："香胰子香粉雪花膏，胭脂口红全带着"；"破铺衬烂套子，戴不上的破帽子，拿来换针换线。"至于稍远一点的孙镇王伍东西二村、罗家，韩店镇的东白、大白，不知他去不去。总之，霍永章这货郎当了好多年，一定反反复复走过不少村庄。

后来，大概货郎的生意不好干了吧，霍永章转行卖起了"酸蘸子"。孙镇一带管冰糖葫芦叫"酸蘸子"。别人卖酸蘸子常常骑着一辆大轮自行车，在后座外侧竖着绑一根木棍，事先用塑料编织袋将稻草裹在木棍上，半截用绳子捆扎结实，此刻就可以在上面一圈圈地插满酸蘸子。可是，霍永章既不骑自行车，也不推从前的独轮车，而是扛着这么一根插满酸蘸子的木棍，就像从前当货郎一样，走街串巷地叫卖。霍永章留给我的最后印象是在我们村的某个冬天，那时的他有六十多岁，胡子已经花白，身着黑棉裤黑棉袄，用松紧带扎住裤腿脚以防止扫地风钻进去，手上戴着一副连指棉手套，脚上穿着一双黑布棉鞋。那棉裤腰极肥，需要先在腰前打个折，再用宽大的布腰带束住。在人堆里，他将木棍往地上一杵，只用一只手轻轻扶住，插满酸蘸子的木棍便牢牢地站在了地上。随即，他就成了聊天的中心人物，不时引得众人哈哈大笑。看看想买酸蘸子的都买了，他就转移阵地，扛起插着酸蘸子的木棍行走如风，吆喝声依旧那么浑厚洪亮："酸蘸子来，酸蘸子来……"

霍永章是十里八村公认的能人。他有两个儿子，凭着当货郎和卖酸蘸子，就为他们每人盖了一座砖屋、娶下一房媳妇。当年，在农村能盖上一座砖屋就已经很了不起，更何况是两座呢？

数年之前，一次偶然的机会，从别人口中辗转听到霍永章的消息。有人开玩笑似的问某人道："霍永章那个老家伙呢？""在家数檩条子呢！"那人笑着答道。此时，霍永章已经瘫痪在床。大概是中国的老百姓太苦了吧，就连别人的不幸也能拿来开玩笑。但是，我知道，在这样的玩笑里并没有什么恶意。

如今，霍永章已经去世好几年了。"香胰子香粉雪花膏，胭脂口红全带着"和"破铺陈烂套子，戴不上的破帽子，拿来换针换线"的吆喝声，再也听不到了。他的容貌在我脑海里也已渐渐模糊。只不过，偶尔心中还会忽然泛起那两句熟悉的吆喝声，想起曾经有个叫霍永章的货郎。

2022 年 1 月 28 日

时玉强老师

孙镇时家村的时玉强老师，前后在岳官村（俗称"官庄"）教了十几年书，最后也是从这里退休。他为人谦和，与人为善，从无疾言厉色，与村民相处极为融洽。那些年，他简直成了村里的一口人，不论是小孩子，还是大人或老人，没有他不认识的。所以，不但是跟着他念书的小孩子，就是村里的大人，甚至比他年龄还大的老人，都尊称他"时老师"。

时老师生于民国二十年（1931），祖上是村里的大财主。他的父亲时象坤，毕业于京师大学，写得一手极好的毛笔字。时老太爷既做过国民政府的职员，也做过国民党军队的军需官，由于太过本分，晚年竟不得已当起了估衣店老板。中华人民共和国成立后回村生活，病逝于 20 世纪五六十年代的三年困难时期。

大约从 1949 年起，时老师就读于济南市第一中学，1952 年毕业于"淄博联师"（大概是"淄博联合师范"的简称）。毕业后，他被分配到邹平县明集区教书，先后在解家、张家庄、吴家、曹家、宋家、许道口、颜集等村的小学任教。1968 年，在"侯王建议"（教师返回原籍任教）的背景下，时老师被调回孙镇公社，先后在成家小学、孟坊小学、时家小学、刘王小学、大陈小学任教。最后，他才来到位于时家村西南方向约五里地的官庄小学任教，并于 1990 年退休。

退休之后，时老师立即被返聘，继续在官庄小学任教。我于 1984 年出生，按照惯例，本应该在七周岁上一年级。可是，岳官村是一个不满三百口人的小庄，

时玉强老师（20世纪 80 年代末 90 年代初摄
于官庄小学校门前）

学生自然更是少得可怜。时老师说："上一级，只有四个人；你们这一级，又只有六个人，实在是太少了，没法教。你们再等一年吧。"上一级的四个人都比我大两岁，分别是岳厚雷、岳鹏、赵虎、乔北京。我们这一级的六个人，则是赵玲玲、张萍、岳虎、赵方和、岳慧芳，还有我。赵玲玲比我们大一岁，而我则是同龄人中生日最小的一个。我们就又等了一年，结果只等来三个小一岁的同学：王刚、赵双和岳小娜。可我们的下一级，也是只有四个人：岳小葵、王宁、文静和牛纪来。村里人说起年龄来，总喜欢说虚岁，父母便都说我是九岁那年（1992 年）上的一年级。倘若按周岁计算，我就会赚点儿便宜，因为村里人算周岁，是在虚岁的基础上，大生日去一岁，小生日去两岁。

那时候，学校里只有三位老师：教语文的时老师、教数学的赵方春哥哥，以及教育红班的赵方兰姐姐。其他小学科就由语文和数学老师兼任。在我的印象里，时老师从一开始就是一位满头白发的老人。方春哥哥和方兰姐姐是村支书赵干大爷的长子和女儿。若是论起来，我跟他们还是没出五服的本家。官庄小学不光老

前排左起依次为时玉强、赵干、赵翠兰、赵方兰（1989 年摄于官庄小学教室前）

师少，学生也不多，只有三十来人。

时老师教过我一二年级的语文。他教语文有个特点：无论课本上是否要求背诵，他都一律要我们从第一课背到最后一课。除了冬天，中午放学后我跑回家时，父母通常上坡还没回来。我也不开大门，伸进手去把插关子（门闩）拨开，一侧身从门缝里挤进去，匆忙吃口凉干粮，再从门缝里挤出来，就跑回学校办公室去背课文。一二年级四册课本，每篇我都背得过。现在回想起来，直到今天，我还对文学保持着浓厚的兴趣，大概就是在那时候打下的底子。

在语文教学中，时老师特别会激励学生。那时候，他曾在教室后面的黑板上，专门开辟了一个"奖牌榜"：横着从左到右写着四种奖牌——"金牌""银牌""铜牌"之外，竟然还有一个"铁牌"；竖着从上到下依次排列着学生们的姓名。根据学生的课堂表现以及测验成绩，奖励相应的奖牌。这大大调动了学生们的学习积极性。据说，我们学校的期末考试成绩在全乡一直名列前茅。

记得学习《日月潭》一课时，我把"清晰"一词中的"晰"字写成了"目"字旁。当时，时老师把我叫到讲桌旁，指着那个写错的字，和蔼地问我："天上有几个太阳呢？""一个。"我嗫嚅地回答说。"那你怎么能把'日'字中的一横写成两横呢？"他又说。从那时起，我忽然明白，原来汉字的偏旁部首都是有含义的。可以说，关于文字学的最初知识，也是时老师给我启蒙的。

那时候，小学也有早自习和晚自习。上完晚自习，如果家中没事，时老师就住在学校里；有事的话，他就骑着自行车回家。可是，第二天早晨，他来得比学生还早，从来不耽误上早自习。劳动的时候，他又总是身先士卒。厕所里的粪满了。他就带领学生们先往粪里掺土，然后再用挑篮子把粪土抬到校外空地上晾晒。他和学生们一样，弄得满身臭味。当时，学生念书还要交学费和学杂费。村里谁家好过，谁家经济困难，时老师心里一清二楚。同时，他也知道，如果手里有钱，没有哪个家长愿意让自家的孩子晚交。倘若不是收费的期限临近，他从来也不会急着向那些还没交费的学生催要。

那时候，还流行"请老师"。每逢过完新年，一开了学，村里的人就要张罗着轮流"请老师"，有的安排午饭，有的则安排晚饭。那是全村的一件盛事，自家孩子在学校念书的请，没有孩子在学校念书的也请，而且完全出于自愿。村里人已经把能请时老师到家中吃一顿饭，当成了无上的荣耀。平时，时老师在学校自己做午饭和晚饭。开学后的半个正月，他基本不用开火。看着别人家纷纷"请老师"，我也着了急。可是，我家却从来没请过老师。后来，读三年级时，教语文的换成了也是来自时家村的时相禄老师。此时，时老师才真正退了休。我又再次央求父母"请老师"。可最终，还是没请。不过，那时家里种着梨树园子，母亲便从地窖子里挑了一筐最好的梨送到了学校。

然而，我的父母与时老师却不疏远。但凡遇到时老师家里盖屋修房，村里要派人去帮忙的时候，母亲总是积极支持父亲去。而父亲也总是实实在在地干活，从不偷奸耍滑，甚至比干自家的活还要仔细，还要卖力。现在想来，父母之所以不请老师，并非不想请，实在是家里太穷，拿不出像样的东西招待老师。好在，老师们也从来不在乎我家请不请他们。

20世纪90年代，孙镇一带大面积种植棉花。棉铃虫闹得特别凶，农民们隔一天就要打一遍农药，有的甚至一天打一遍，以至于不少人因打农药而中毒。只

前排左二起依次为时玉强、赵干、赵方春、赵方兰（20世纪90年代初，摄于官庄小学的校门前）

前排坐者左二起依次为时玉强、赵翠兰、赵方兰（摄于1987年）

有这样才能压制得住棉铃虫，不至于泛滥成灾。可是，即便如此，种一季子棉花棉铃虫也还是会繁殖三四代。为了遏制棉铃虫的繁殖势头，学校有时便组织学生去捉棉铃虫变成的蛾子，以减少它们产卵。记得有一回，时老师要我们第二天早起到校，一起去棉花地里捉蛾子。不承想，当天晚上我还兴奋得跃跃欲试，第二天早晨竟起晚了，睁开眼时已经大天地明。没有办法，我只得装病，还像煞有介事地吃了几片大青叶。到校之后，学生们正在老师们的指挥下，兴高采烈地数着自己捉了多少只蛾子，然后集中焚烧。不过，时老师自始至终也没有追究我旷工的责任。

那时，九年义务教育实行"五四制"。1995年下半年，我刚要上四年级时，恰逢实行合班并校。各村小学的中高年级都要合并到管区小学。我们就来到了时家小学。曾经有一个极短的时期，学校的数学老师短缺。时老师竟然被再次返聘，恰好还教我所在的班级。我小小的心里，忽然生出"他乡遇故知"的感觉。

我的大姑嫁到了时家村，恰好与时老师家对门。大姑父比时老师晚一辈，大姑就喊他"强叔"。记得我读高中时，有一回交学费，家里实在没钱。父亲就到大姑家，托她向时老师借钱。时老师当即一诺无辞。

后来，时老师原先住的那座宅子，腾出来给小儿子娶了媳妇。他则独自搬到村东头小湾旁边的一座小砖屋里居住。此前，他的妻子已经因病去世。我的叔祖父树忠公也是一位老教师，与时老师相识多年，而且感情极好。2008年10月8日，他曾写下一首《白发翁》送给时老师。其诗曰：

鱼塘岸边小砖房，坐北朝南气清爽。

出进见一白发翁，手牵小孙笑声扬。

诗下有自注云："为两度在我村教学的时玉强老兄画像。"

2008年夏，我大学毕业，第二年正式参加工作，也成为一名小学语文教师。从此，逢到新年，或在年前，或在年后，我总要去看望一下时老师。扪心自问，期间也有间断的时候，心里不免惭愧。赵利叔叔和岳立华叔叔等一班老学生们，才真正是每年都去看望时老师。

今天上午，我又去看望时老师。他第一句话就是："我啥也不缺，有吃有喝，也有钱花。你空着手来看我，我就很高兴。以后，千万不要再带东西了。"询问过他的近况，忽然发现老人家还保留着一些从前的老照片，就挑选了几张，打算带到镇上去扫描，并告诉他下午会把照片送回来。下午，他送我出门的时候，高兴地对我说："过年的时候，岳立华和赵利来看我了。岳立华的闺女真有出息，听说现在在北京读博士。"他问我："赵利家的闺女什么时候结婚？"我回答说："还小呢！"他叮嘱我说："结婚的时候，一定要告诉我一声！"

时老师今年已经九十二虚岁，腰是早就弯了，不过腿脚还算利索，只是耳朵背得厉害，听别人说话特别费劲，好在生活还能自理。他兄弟三人：长兄玉章，早亡；次兄玉光，曾在淄博洪山医院工作，现在也已去世。

祝老人家长命百岁！

2022 年 2 月 9 日

补记： 临近过年时，我还和母亲商量，打算过了春节就去看望时老师。不料，初三那天忽然听说老人家去世的消息，实在有些意外。前几天，跟时家村的一位同事谈起来，说是年前去世的，年后发的丧。最近好几次路过时老师的小砖屋，屋门左右的墙上都用白纸条落了门。我总是禁不住想起某次葬礼上主事人说过的一句话："再也看不见咯！"平平常常的一句话，落到心坎里却有无限的悲凉。

2023 年 2 月 22 日夜

（文中图片皆由时玉强老师提供）

记张方乾老师

张方乾老师，生于壬申年（1932）腊月二十日，孙镇信家村人。他为人正直廉洁，工作认真负责，是孙镇一位德高望重的教师。

中华人民共和国成立之前，信家村就有初级小学。不过，全面抗战时期社会动荡不安，学校时办时停。在 1940 年左右，张方乾入本村初小念书。那时，学校里只有两位四十多岁的私塾出身的老师——张方珍（信家村人）和王兴武（东安村人）。当时没有统一的教科书。语文课上，学生最开始念的还是《三字经》。时值抗战，也有人到学校里来向小学生们宣传抗日。八十多年后，张老师还依稀记得两首抗日歌曲的部分歌词：第一首只记得一句半——"救国是个道德事，我们的民族……"第二首记得三句——"青山处处柳叶黄，阵阵秋风吹战场，战士无衣裳。"抗战全面爆发前，本村的信连华女士就参加了革命。张老师回忆说，到学校教唱抗日歌曲的或许就是她。

1944 年，张方乾初小毕业。信家村附近有两所完小——孙镇完小和王伍完小。正规的完小，一般都是在秋季招生，但是没有统一的招生考试，而是各招各的。同时，招考时间也不相同。他参加了两所完小的招考，结果投考孙镇完小落榜，王伍完小倒是考上了，由于家里实在太穷，不得不放弃了这次机会。至今，张老师还记得当时王伍完小三位老师的名字：冯家村的冯汝功（字敬轩）、王伍庄的王汝贞和徐继勉。

第二年春天，张方乾听说刚成立的"道民完小"正在招生，便去投考，结果一考即中。道民村在信家村西，相距不过六里。道民完小的创办人是该村的张勤安。他是有名的大财主，既有文化也重视教育。后来土改时，九户区供销社占用的就是他家的房子。然而，在校期间，张方乾却从没见过他。

道民完小设在该村东门里路北的一座庙里。张方乾的班主任是范家村的王凤仪老师，教授语文、历史和自然；家住小清河以北的毛旭村老师则教授数学和体育。另外，还有大陈村的一位陈姓老师。除了上述科目，学校也开设了地理、美术和音乐。

有一天，王老师正在上课，忽然接到从窗口递进来的一张小纸条。看罢，他高兴地说道："有一个天大的好消息，同学们猜一猜。看能不能猜得到？"

同学们顿时七嘴八舌地猜了起来：有猜放假的，也有猜郊游的，还有猜有好东西吃的……所谓"郊游"，只不过是老师带领学生们到村边的茔地里玩一玩，男孩子们可以在那里打螃练、摔跤、爬树、折树枝……

王老师喜不自胜地说："都不是。是一个天大的好消息，日本鬼子投降了！"听到这句话，教室里立刻响起暴风骤雨般的掌声，紧接着又是一片欢呼沸腾。

从此，人们再也不用担惊受怕。然而，清明才开学的道民完小，在日本侵略者无条件投降后，随即宣布解散，前后不过存在了几个月的时间。十三岁的张方乾又一次面临没学可上的状况，只得返回信家村。

1945 年 8 月 31 日，八路军拔除了国民党山东保安独立第六团设在冯家村的据点。孙镇一带随即解放。第二年即开展了轰轰烈烈的土改运动，并根据财产情况给农户划定成分。张方乾的父亲兄弟两人，行二。当时，张家兄弟还没有分家，十来口人，有 10 大亩（折合现在 30 亩）涝洼地和一头小毛驴，被划为中农。信家村南有一大片很难侍种的红土地，以至于村里流传着一句顺口溜："早晨湿，上午硬，下午耪地蹶着腚。"如果遇到洪涝灾害，基本上颗粒无收。张家的地便在村南。土改后，他们家的财产既无增也无减。

此时，信家村初小也停了学。凡是念过书的小孩子，地主家的除外，都参加了村里的儿童团，四处站岗放哨。另外，他们还用下发的一米来长的竹竿子（俗称"蚊帐杆子"）和制钱，自制"莲花落"：将竹竿子内部的关节打通，塞入制钱，用手一摇，随即发出清脆的响声。遇到村里开会或举行其他集会活动时，他们就或是打莲花落，或是扭秧歌。

1947 年时，村里除了村长，还有一位专管学校的管理员。当时，信家村的条件相对较好，便重新办起了初小。东边与之毗邻的罗家村条件不大好，村里的孩子们便结伴到信家村来上学。1949 年秋，张方乾重新到村里的初小上起学来。

此时，上级教育部门决定派辉里庄的李善长到信家村来教书。村里的管理员便让张方乾牵着自家的小毛驴，在另一个同学的陪同下，一起到辉里庄去接李老师。多年之后，已经担任邹平县教育局副局长的李善长老师，还曾对张方乾老师说："方乾，当年还是你用小毛驴驮着我走上了教育战线！"

那时候，老师得住校。不过，李善长老师不住在学校里，而是住在村里信贵和家的闲宅子里，因而与他们一家人建立了深厚的友谊。晚上，学生们都喜欢来找他玩。他就给孩子们讲三国故事，诸如"桃园三结义""三英战吕布""三顾茅庐""张飞之死"之类。李老师的口才和文采都很好。当时，信家初小还有两位当地老师：大三户村的张世海老师、孙镇村的李老师。

张方乾此时再念初小，已经意义不大：早在五年前，他就已经初小毕业，甚至连完小都已经读了好几个月；此时四年级就他一个人，老师也没法教。有一天，李善长老师对他说："方乾，我替你问好了，你可以到辉里完小去考插班生。"这年七月十五，李善长老师便领着他去考插班生。在辉里完小的办公室里，原本要考语文、数学、常识三门课，可是他只考了两门——数学得了满分，常识得了90 多分——就被录取了。

他这一级共有三个班。张方乾所在的三班，共有 40 来人，主要来自蔡家、信家、大陈、成家、道民诸村。教室位于辉里庄"五子登科"家二层楼的二楼上。校长是今韩店镇小王驼村的王进忱；老师有冯敬轩、徐祥符（今韩店镇苏家村人）、张兰水（今九户镇道民村人）、刘瑞生（今九户镇东风村人）。另外，还有一位曲治平老师。据说，他毕业于重庆大学，离开辉里完小后，曾先后在邹平师范学校、博山一中教过书。当时，王校长相信共产党，积极宣传马克思主义。为此，政府还曾配发给他一把小手枪，专门用来防身。

1950年底，张方乾从辉里完小毕业。对于曾经就读过的两所完小，他至今还认为，绝大多数老师学识渊博，工作责任心强，对待学生的态度和蔼可亲。

转过年来的正月十五，张方乾顺利考取了淄博一中的师范部，学制三年。下半年时，师范部并入刚刚成立的周村师范，位于周村区油坊街第十四胡同。学校大概是地主家的房子，院落很多。1954年2月，师范毕业后，张方乾被分配到博山区西寺完小工作。此后，他先后于1956年在北关完小、于1957年在柳行完小、于1958年下半年在博山区石马公社的中石马完小、于1962年在西石马完小任教；1963年下半年，他被调回中石马完小工作。在北关完小时，张老师担任了教导副主任。等调到柳行完小后，他则担任了教导主任。刚参加工作时，他的月工资只有24块5。两年后，工资定级，因为他是学校干部，月工资涨到了45块5。

他在博山工作期间，张家发生了几件大事：1955年，张老师与今韩店镇苏家村的苏芳云女士喜结连理；1961年，他的父亲不幸因病去世；同年，出嫁的大妹妹也去世了。此前，大妹妹嫁给了今九户镇安祥村的一个贫下中农。家里住的屋漏，连做饭的锅也漏。遇到生活困难，大妹妹便饿死了。此时，他的大兄弟十四五岁，小兄弟只有七八岁，小妹妹十来岁。大伯是个知书达理的人，继续领着一大家人过日子。张老师每月向家里交15块钱，如果遇到盖屋修房，就额外多交些。张老师的爱人则主要负责给一大家人洗洗涮涮、缝缝补补。1965年分家：大兄弟结婚另过；小兄弟和小妹妹继续跟着大伯过日子，好在他们已经能干活；张老师夫妇则领着两个孩子过日子。

1968年底，教育系统逐步落实"侯王建议"，在外地工作的教师陆续调回家乡任教。1970年，张老师调回信家村小学，并担任了学校负责人。学校还有两个本村的女老师：张翠华（公办教师）和李玉凤（民办教师）。第二年春天，张老师调入设在原长白公学旧址的王伍联中工作。当时，学校的负责人不叫"校长"，而叫"组长"。王伍联中的组长是周家村的郭芬老师，副组长就是张老师。他们是师范同学。郭组长因病做了手术，需要在家休养。学校的日常事务则由张老师主持。

根据毛主席的《五七指示》（1966），学生不但要学习文化知识，还要勤工俭学——"学工、学农、学军"。王伍联中有针对性地开展了打铁、熬硝（"学工"），种蓖麻子（"学农"），照顾军烈属（"学军"）等一系列活动。其中，前两项活动为学校积攒了部分教育经费，而后一项活动则为学校赢得了不小的荣誉。

其时，教育系统大力提倡学生在课余时间照顾军烈属——为年老体衰的军烈属打扫卫生、整理内务、提水等。王伍联中将这项工作制度化和系统化，还定期抽查，顺理成章地被公社评为照顾军烈属的模范学校。是年，张老师还曾带领周家村的学生卢红伟前往前刘村礼堂，参加公社各村书记出席的照顾军烈属表彰大会。卢红伟是照顾军烈属的积极分子：在学校时，照顾王伍村的军烈属；周末或假期则照顾本村的军烈属。他在表彰大会上做了典型发言。后来，郭组长还作为代表参加了县里的表彰会。

1972年秋，张老师被调入车郭联中。岳官村的岳立宽老师担任组长，他则仍旧担任副组长，并兼任语文、政治教师，还当着班主任。那时候，联中一般每级两个班，三个班的不多。跟在王伍联中时一样，学生也要"学工、学农、学军"。车郭村大队在北坡划给学校五六亩地。学校便组织学生种棉花。等到秋天，棉花卖掉后，现金归学校，棉花的产量则给大队顶指标，彼此合作双赢。

那时候，老师需要住校，只有周末才能回家。从当年在博山参加工作直到调入车郭联中初期，张老师一直没有交通工具，在学校与家之间来回全靠步行。信家村距离车郭联中二十来里路。1972年冬（也有可能是1973年春）的一天早晨，当他步行走到曹家庄北利民河边的小木桥时，河水已经漫过桥面。当时，这座小木桥是两村来往的捷径，而且过桥300多米就是车郭联中。如果绕道另一座桥，则需要多走十五六里地，肯定会耽误上课。张老师咬咬牙，脱掉棉鞋，挽起棉裤，深吸一口气，踏进了满是冰碴儿的刺骨河水。当他赤着彤红的双脚、提着棉鞋走进校园时，学生们正在跑早操。那双赤脚立即吸引了所有学生的目光，同时也震撼了他们的心灵。

那年月，买东西除了要花钱，还需要相应的票或指标。学校领导外出任务多，或是学习，或是开会。在车郭联中期间，张老师得到了一个自行车指标。当时，一辆自行车要154多块钱。他每月的工资还是45块5，需要三个多月工资。

公社各管区联中陆续建立的同时，先前的公办孙镇初中则升为高中，被称为"孙镇高中"。在转过年来的升学考试中，车郭联中的升学率位居公社各联中第一名；而在公社举办的联中运动会中，车郭联中取得了总分第一名的好成绩。

1973年时，因前刘联中组长李鸠信老师调往教育组工作，张老师便被调往前刘联中主持工作。而就在他调到前刘联中之后，因为车郭联中成绩突出，被公社评为教育先进单位。张老师还以车郭联中副组长的身份，作为邹平县代表团成员之一，到惠民地区参加了教育系统的表彰大会。

当时，前刘联中的老师有刘书诏（前刘村人）、刘升林（刘张村人）、张秀美（刘升林之妻）、田凤桐（坡庄村人）、赵振兴（高唐村人）、陈兆斌（辛集村人）等人。起初，怀家、北安、前刘、高唐、坡庄五个村的学生在这里读书；后来，先前在大三联中读书的大三户、小三户、大里三个村的学生，也到了这里来读书。

"四人帮"被粉碎后，邹平县文教局公布了一批正式任命的联中校长。其中，孙镇公社有三人：李一斋（辉里庄人）任王伍联中校长，孟宪荣（时家村人）任时家联中校长，张老师则任前刘联中校长。其他联中的负责人，或称"组长"，或称"负责人"。

张老师两袖清风，从不拿学校一针一线。前刘联中学生勤工俭学的办法是在怀家、北安、前刘、高唐、坡庄五村"复收地瓜"，每年大约能复收四五千斤。曾有人建议他挑点好的带回家，但他一块也没动，而是悉数以市价卖给了前刘村的粉坊，并将所得款项全部作为学校的办公经费。至于别人想从学校谋私，他不惜得罪人，也会坚决予以制止。

邹平县教育系统双先会孙镇代表团留影，第一排左四是杨惠贞，第二排左一是张方乾，第三排左二是王兴林，第四排左三是蔡庆厚（摄于 1983 年 3 月　图片由王兴林提供）

有时候，老师们除了教学工作，还要参加政府组织的劳动。比如 1975 年冬天，张老师便带领学校的男老师们来到大陈村南，参加由公社组织的挑河。时任公社副书记的冯永喜身先士卒，第一个下到刺骨的河水中。老师们也和其他老百姓一样，把棉裤挽到大腿上，在冰冷的河水中挖泥、运泥。张老师家距离工地不远，自然就成了老师们的"伙食团"。

张老师先后在前刘联中工作了十年。调离时，学校账上还有 460 多元的结余，这是很不容易的。1983 年下学期开学后，他重新回到信家村小学担任校长。村里实行联产承包责任制后，除了责任田，每家每户还在临近水源的地方分到了一小块菜地。放学之后，他常常率领儿女们到种满豆角、茄子、辣椒、白菜的菜地劳动，度过了三年的温馨时光。

1986 年秋季开学后，身兼孙镇教委组织委员的张老师被调到冯家小学担任校长。当时，与他一起在该校工作的还有魏方刚、张云忠（民办教师）、冯大平、焦爱云、李庆吉等老师。

那时，冯家村是孙镇乡乃至邹平县有名的好单位。张老师为人不卑不亢，与村领导相处十分融洽。当年，在前刘联中时，学校花每一笔钱，他都要亲自经手，保证不乱花一分钱。此时到了冯家村，他则与村领导约法三章：学校的每一笔账目都会经过村里的会计。

有一天，学校接到孙镇教委通知，要求每个学生上交10元钱。张老师将这件事告知村领导后，冯永喜书记也觉得有点蹊跷。冯书记是全国人大代表，随即就此事电话询问了省财政厅与教育厅，得到的答复都是"本单位没有下令征收此款项"。很明显，收费的源头不在省里。等到上交期限的最后一天早晨，跑完早操集合了队伍，张老师便向学生们宣布了事先经过村领导同意的收费通知："各位同学，今天的早自习暂停。根据上级要求，每人需要上交10元钱。今天是最后一天，大家现在就回家，吃完早饭后务必把钱带来。家里有钱最好，没有的就借一下。"

邹平县首届教代会孙镇代表团留影，前排右一是张方乾

（摄于 1987 年 9 月　图片由张方乾提供）

幸亏冯家村的经济条件比较好，一个早晨就把钱收齐了。

一旦遇到学生需要保护时，张老师便会毫不犹豫地挺身而出。那时，冯家村有一片苹果园。村里规定，任何人不得祸害树上的果子。学校也做了相应的配合工作，反复教育学生不准到苹果园去摘果子。有一天中午，几个学生趁回家午休的机会，偷偷去摘果子，结果被看护人员抓了个正着，还罚他们下午在那里劳动。张老师得知消息后，第一时间与村领导进行了沟通：一、学生还是未成年人，不能对他们进行体罚或变相体罚；二、可以根据村规乡约要求其家长进行赔偿；三、不要耽误孩子学习。经过交涉，几个学生很快就回到了学校，而张老师也对他们进行了批评教育。

1991年初，张老师退休。冯永喜书记破例在村委办公室为他饯行。后来，他还曾多次登门看望张老师。

张老师夫妇育有三子两女：长子长平、次子建平、三子张洁，长女小平、幼女庆卫。其中，长女在县城担任幼儿教师。如今，年已九旬的张老师依然身体硬朗、精神矍铄，与老伴在信家村过着宁静幸福的晚年生活。

2022年6月5日

补记：2023年6月1日，张方乾老师因病去世，享年九十二岁。

2023年6月19日

蔡庆厚老师传

提起蔡庆厚老师，凡是上点年纪的孙镇人，大多都认识他，甚至还是他的学生。他交友广泛，不但朋友遍及孙镇，就连当时邹平县的很多领导，也曾与之有过交往，比如县长王永田、县文化馆馆长房庆海、县政协主席杨秉海、县法院的贾玉忠、县劳动局局长朱学能、县武装部部长蒋忠田、军代表郭志臣、县水泥厂厂长刘树祥、县外贸公司成树祥等人。

蔡庆厚，孙镇蔡家庄人，生于1937年。魏桥高小毕业那年，他正好十八岁，先在本村当了一年大队会计，从第二年起就当了小学教师，曾在孙镇的不少村庄——比如前刘、时家、蔡家、辉里、车郭等村——任教。在此期间，他还曾到滨州师专进修。蔡庆厚老师多才多艺，语文、数学、美术、体育、音乐都能教，还能书善画。至今，五十多岁的李乃春老师（孙镇小三户村人）还清楚记得，当年车郭小学举办"学雷锋活动"，蔡庆厚老师画的雷锋像栩栩如生，就摆放在学校大门口展览，供师生和过往的村民观看。他所擅长的是利用网格等比例放大的碳素画。1975年，他还曾以母亲王桂英摄于前一年的一寸黑白照片为蓝本，画成一张碳素放大画像。王桂英是孙镇

蔡庆厚为母亲所绘碳素画像
（2022年赵方涛摄）

王家庄（今北王村）人。抗日战争和解放战争时期，今孙镇范家村著名的女共产
党员"范大娘"是她的亲妹妹。范大娘小时候没有大名，参加革命后，便与姐姐
共用了同一个名字。因为蔡庆厚老师画得特别像，村里不少人都拿来家里老人的
小照片，请他帮忙给碳素画像，这样可以将画像放大。另外，他也曾利用同样的
绘画技法，帮助村里在墙壁上绘制过一大幅毛主席画像。

　　"文革"初期，在时家农中任教时，蔡庆厚老师还曾带领年龄大些的学生去
过北京，在天安门广场上接受过毛主席的检阅。那次跟随他去北京的，不只有孙
镇的学生，还有县里其他公社的人。他的大儿子蔡振江在县城工作，有好几个外
乡镇的人都曾跟他说起，当年曾跟随其父去过北京。

　　蔡庆厚老师为人正直。1974 年的一天，他骑着自行车载着母亲到县城去照相，
路上捡到三十多块钱。他连家也没回，就直接到派出所把钱交了公。当时，他一
个月的工资也就三十来块钱。他又是一个古道热肠的人。在生产队时期，每逢过年，
只要听说穷朋友们缺吃少穿过不去年，他就让家人蒸白面掺玉米面的两面馒头给
他们送去。有时候，他还嫌掺的玉米面多。其实，家里人吃的，跟送给朋友们

蔡庆厚与家人合影，前排坐者为蔡庆厚夫妇（右一、右二）和蔡美英（左一）
（摄于 1995 年　图片由蔡振江提供）

的一样。他做的热心事不胜枚举。比如十里八村男女青年的婚事有眼看要黄的，而媒人又无计可施，就常常请他去帮忙说合，俗称"帮媒人"。一般情况下，只要他出马，基本上都能重归于好。再比如每逢过年，村里几乎家家户户都找他写春联。他不但白搭工夫，有时候甚至把墨汁和红纸也赔上。然而，在他所做过的热心事中，最为孙镇老百姓熟知且称道的，就是他曾多次义务为苦主在孙镇法院写状子、打官司。另外，他在邹平法院替人写的状子、打的官司，也为数不少。

蔡庆厚老师特别能说会道。有一次，他到外地办事。在某个饭店吃饭时，不知因为什么事情，一番道理说下来，老板竟激动地免费请他吃饭。然而，他的好口才加上古道热肠，又使他不限于为乡人义务写状子、打官司。1979 年左右，他还曾到省城济南去帮人反映情况。当时，蔡家庄有户人家，丈夫在外面工作，妻子不幸因结扎手术落下了残疾。按照医疗事故相关规定，妻子应该享受一定的救助。政策却迟迟没有落实下来。为此，蔡庆厚老师好几次骑着自行车到济南的相关部门反映情况。其中一次，他是骑车带着大儿子振江，陪同那家男主人去的。去的路上，走到今青阳镇一带时，爷俩骑的自行车爆了胎。他就找到当地马埠村的书记，并得到了慷慨的帮助。十二岁的小振江当时还很纳闷："青阳离孙镇这么远，他咋认识这村书记的呢？"四天后，三人从济南坐船沿小清河顺流而下，在孙镇坡庄下船返回了蔡家庄。

可是，在家庭生活中，他却是一个甩手掌柜，除了把工资交家，其他什么事也不管。原来，小时候，他家境颇为殷实，很少干农活，基本是玩着长大的，等到成家之后，秉性一如既往。他家自然就成了个玩场子，不但众多朋友隔三差五地来找他玩，就连本村在外工作的人回家后，也喜欢找他玩。他们能谈得来，用孙镇土话说，这叫"能拉到一搭里"，更粗俗些的说法是"能尿到一个壶里"。同时，他也喜欢到处找朋友去玩，经常不着家。家里大大小小的事，主要落在了妻子一个人的肩上。妹妹蔡美英结婚后住娘家，也常在工作之余帮助嫂子料理家务和干农活。

20 世纪 80 年代初的一天，有个阳信县人推着小推车来村里换黄瓮子。大大小小的黄瓮子，各式各样的都有。村里有个人跟他打了半天价，结果买卖没成，一气之下竟把人家的小推车给踹歪了，黄瓮子也打破了好几个。东西都是管着本钱来的，那个阳信县人自然不肯善罢甘休。可是，踹车的人家里穷得叮当响，既不想赔也赔不起。蔡庆厚老师为了息事宁人，不但拿出麦子把剩余的黄瓮子全部收市，还管了那人一顿饭。其实，大多数黄瓮子根本没什么用处，后来干脆扔掉了事。

20世纪八九十年代，孙镇一带条件差些的农村青年，流行到云南的落后地区去领媳妇。蔡家村有个人也从云南领回来一个媳妇。可是，还没过几天，领回来的媳妇就不愿意了。她一个人跑到打麦场上，躲在玉米秸秆垛里不出来。蔡庆厚老师得知此事后，便将其领回自己家中，让她和女眷们住在一起。后来，他一方面与本村那户人家沟通协调，另一方面征得云南女子同意，把自己家权作她的娘家，将其嫁到了邻村，从而成就了一段姻缘。

蔡庆厚老师是孙镇的传奇人物。至今，他的不少逸事还不时被人提起。他在生活上比较懒散。当年，在外村教书时，需要自己在学校做午饭。有时候，他懒得开火，就将馒头往塑料兜里一放，然后再往院子里的晾衣绳上一系，等太阳把馒头晒热，一顿午饭就凑合过去了。他的古道热肠得到老师们的一致认可，然而对于他的经常外出，有的老师持有不同看法。另外，他也不大修边幅，曾做打油诗以自嘲："四角四方一座城，里头睡着一个窝囊兵。臭衣烂袜堆满铺，不怕蚊子怕苍蝇。"

丙子年十月十五日（1996年11月25日），蔡庆厚老师因病去世，享年六十虚岁。他的祖父和父亲都是一脉单传，就特别想多生几个儿子延续香火。据说，蔡庆厚老师的母亲每次生育都是双胞胎，一辈子生了十五胎。最后存活下来的却只有三个孩子，还都是双胞胎中的一个，所以妹妹蔡美英戏称他们同胞三人是"茧包残"。蔡庆厚老师是家里唯一的男孩。大姐嫁到孙镇大三户村，不幸早逝。妹妹蔡美英也是孙镇的一名小学教师。

十八岁那年，蔡庆厚老师娶孙镇张家村魏玉荣为妻，育有两子三女：长子振江，次子振海。按照当时的政策，除大女儿已经结婚外，另外的四个孩子都农转非，在外被招了工。

参加招工之前，蔡振江一直在家务农。改革开放初期，为了改善家里的经济条件，他就开起了馒头房。有一次，他到大三户村去换馒头。那时候，小麦就是农村的"万能货币"，啥也能换。结果，有个年轻小伙子把馒头拎回家后，却拿来质量很差的小麦以次充好。他当即表示强烈反对。眼看两个人就要动起手来，不远处有个老大爷见势不妙，快步走上来拉了小伙子一把，训斥道："你这是干啥？他是蔡庆厚老师的大儿子。你还捣鼓这一套！"小伙子一听，二话不说，不但按照麦子的成色折算了斤两，还主动向蔡振江道歉。

蔡振江头脑灵活，觉得开馒头房虽然赚钱，却不过是小打小闹，就想着开个面粉加工厂。不料，却遭到了父亲的激烈反对。父亲语重心长地对他说："钱这东西，没有不行。多了也是一害！日子能过得去就行，别整天想着挣大钱。"血气方刚的小伙子哪里听得进这种话，当即跟父亲拍了桌子。不过，由于父亲的强烈反对，面粉加工厂到底没有开成。时至今日，提起这件事，蔡振江仍不无遗憾。老话说"失之东隅，收之桑榆"，后来，也是因为父亲，他得以成为邹平县建筑公司的一名正式职工。

蔡庆厚老师去世后，家属到教委办理医疗报销。教委答复说："先把票据放在这里吧，一会儿就转交到镇上去。不过，镇上经济紧张，还不知道猴年马月才能报销呢？"于是，家属又找到镇财政所的领导，当面说明情况。高所长深情地说："老人家也是我的老师，当年对我们都很好。镇上长期经济紧张，不过，也该清理一次教师们的医疗报销了，还有十多年前的没报销呢！"以此为契机，积累多年的教师医疗报销问题得到了一次大清理。

父亲去世多年后，子女们还会在不经意之间，听到别人提起他老人家。有一次，蔡振江要跟孙镇的某人做一笔买卖。那人听说他是蔡庆厚老师的儿子，便爽快地说："我非但不怕赊账，就冲'蔡庆厚'这个名字，你从我这里拿启动资金就行。"后来，虽然因故买卖没有做成，蔡振江却一直牢牢记着这件事。

还有一次，蔡振海路过孙镇霍坡村时到超市买鸡蛋。听说他是蔡家村的，老板就问他说："你认不认识蔡庆厚老师？"蔡振海回答说："那是家父。"老板高兴地说："他老人家是我老师。"于是，老板执意每斤鸡蛋便宜五毛钱。此事虽小，但也可见先人遗泽不坠于地。

蔡家村的《蔡氏家谱》老谱，不幸在"文革"期间损毁遗失。蔡庆厚老师早就想着重修家谱，可惜一直未能完成夙愿，直到病重时还念念不忘。蔡振江对父亲说："您放心吧，我一定会重修家谱，完成您的心愿。"大儿子只有小学文凭，初中也只念了半年。蔡庆厚老师没有作声，大概以为儿子心有余而力不足吧。父亲去世后的第二年，蔡振江就凭一己之力，完成了《蔡氏家谱》的草稿。后来，蔡氏家族参考他的草稿重修了新家谱，并在后记中写道："在此，特向为续蔡氏新家谱呕心沥血、洒尽最后一滴血的蔡庆厚先生，表示深情的怀念！让他在九泉下瞑目安息吧！"多年之后，五十多岁的蔡振江大爷提起这件往事，还禁不住老泪纵横。

2021 年 4 月 23 日

王兴林老师传（上）

王兴林老师，中共党员，孙镇时家村人，生于 1940 年 10 月。在那时的农村，女孩子大多没有受教育的机会，而即便上得起学的男孩子，以今日眼光看来，入学年龄也大多偏大。1951 年秋，十一周岁的王兴林才入本村小学就读。当时的时家小学还只是一所初级小学，本村的时玉会老师便在那里任教。四年级毕业后，他顺利考取了位于时家村西南方向十余里地的实户完小。实户完小设在实户村（起初隶属于明集区，今隶属于韩店镇）。

王兴林老师（摄于 1999 年　图片由王兴林提供）

1956 年秋完小毕业后，王兴林顺利考取了位于长山区乐礼庄的邹平师范学校，俗称"乐礼师范"，今名"鲁中职业学院"。自中华人民共和国成立，直至 20 世纪 90 年代初，它为邹平地区培养了大批教师。其中，孙镇教育战线上的不少教师即毕业于该校。那一年，邹平、广饶、桓台、博兴、寿光、高青等县的很多完小毕业生，甚至还有当过民办教师或会计的，也都前来投考。据说，报考的有五千多人。很多考生听说后，自觉希望渺茫，便中途折返。据《邹平师范暨鲁中职业学院校史》记载，最后参加招考的也有两千五百多人。然而，那一届却只招收初师四个班，两百人，学制三年。阅卷结束后，考生的成绩普遍很高，相同的也很多，以至于无法筛选出计划的招生名额。数学满分的就有一千多人，而此科成绩已经没有了更改余地。阅卷老师只得制定更严格的标准，将语文试卷重新批阅一遍，这才选拔出两百名优中选优的考生。结果，发榜日期不得不推迟了一天。

时家村投考的学生有十来个，只有王兴林一人被录取。邻近村庄考取的学生，还有岳官村的赵树忠、孟坊村的王润清、霍坡村的霍桂华、冯家村的冯美英、车郭村的刘忠福和刘立功，以及张德佐村（今隶属于九户镇）的张振兴等人。其中，赵树忠与霍桂华是王兴林在实户完小的同学。在实户完小时，王兴林在甲班，霍桂华在乙班，赵树忠在丙班。"甲""乙""丙"只是当时平行班的班号。考取师范学校后，王兴林与赵树忠被分在了同一个班。

1958年8月，从邹平师范学校提前一年毕业后，王兴林被分配到桓台县索镇的刘家茅坨小学任教。那时候，教师不分学科，语文、数学、音乐、体育、美术什么课都教，用他们自己的话说，这叫"围着桌子转一圈"。他先后在索镇的刘家茅坨小学、张家茅坨小学、李家小学、官庄小学、于家磨小学、西镇小学、五里小学、东镇联中任过教。当时，公办教师少，民办教师多。自张家茅坨小学起，哪所学校的师资薄弱，王兴林老师就被派到哪里去充实力量，主持工作。他前后在桓台工作了十二年。从桓台到老家，来回两百多里地。起初的三年间，他没有交通工具，只能步行，短则一月或数月，长则半年，才能回家一次。后来，好不容易攒钱买了一辆二手自行车，工作和生活上这才方便一点。

在桓台任教的十多年中，学校里的运动也不少。据王兴林老人回忆说，1958年刚参加工作，为了响应"大跃进"的号召，老师白天带领学生"复收"，晚上还要翻地。所谓"复收"，就是到收获完毕的庄稼地里，捡拾遗漏的粮食，做到颗粒归仓。桓台与博兴搭界。为了在"大跃进"中赶超博兴，桓台喊出"打博兴，压博兴，压得博兴不作声"的口号。"作"，孙镇方言读作 zū。老人又回忆说，"大炼钢铁"时，他还曾带领学生给四宝山（此地炼钢）送过麦秸。老师背着麦秸，学生两人一组抬着麦秸，来回几十里路，必须当天返回。

　　大量教师在远离家乡的外地任教，造成了生产生活上的诸多不便。1968 年底，教育系统逐步落实"侯王建议"，在外地工作的教师陆续调回家乡任教。1969 年，王兴林老师被调回时家小学。此一时期，孙镇各管区相继成立民办联中。1970 年左右，时家联中成立，招收时家管区下辖的时家、霍坡、信家、罗家、孟坊、岳官等村的小学毕业生，其前身依次是时家农中、孤儿福利院、邹平工读师范，校址在村东约一里地处的路南。王兴林老师随即被调入时家联中任教，并担任教导主任。此时，校长是同村的孟宪荣老师。

　　"文革"时期，下放代课教师的传闻在时家联中流传，打破了学校的平静，以致他们不能安心教学。王兴林老师便建议他们主动与县里的教育主管部门进行沟通。此种情况在当时的全县各所联中都存在。教育主管部门全面了解情况之后，并没有将他们下放，后来不少人还得以转正。孟坊村的王兴华老师就是当时的代课教师之一。那时候，公办教师由上级教育部门发放工资，而民办教师除去少量补贴外，属于哪个村，便由哪个村给他们记工分。等到实行土地联产承包责任制以后，民办教师在工作之余，还需要帮助家里耕种责任田。

　　王兴林老师在时家联中工作时，恰好大儿子兆文也在那里读书。当时的学校还没有院墙，距离学校不远处，就是时家村的桃树园。有一天，兆文与两个同学偷偷去摘桃吃。王兴林老师得知此事后，便将三人叫到办公室，首先狠狠地训斥了儿子一顿，见另外两个学生已经认识到了错误，便没有再训斥他们。

　　那时候，每周六上午还要上半天课。所以，当时曾流行这样一句顺口溜："过了星期三，一天快一天；过了星期四，快得没法治；过了星期五，还有一头午。"这种作息制度施行了很多年，这句顺口溜也流行了很多年。一般情况下，星期六上午多数老师要去公社开会，只留少量老师照看学生。某个星期六的上午，一男一女两个学生大吵了一架。等老师们开会回来，吵架败北的女生便跑到王兴林老师那里去告状。他便将肇事的男生——赵利（王兴林老师的同学兼好友赵树忠的长子）——找来，当着女同学的面，狠狠地训斥了他一顿，最后还撂下一句话："想念就念，不想念就家去别来了！"赵利自以为错不在己凭什么挨训，下个星期一果真没来。晚上下自习后，王兴林老师便找来与赵利同村的学生，让他们捎话，叫他第二天来上学。星期二早晨，他又将赵利叫到办公室，笑着说道："你小子脾气还挺大！叫你不来，你就不来啊？咋就这么听话呢！"多年之后，当年的肇事男生已经是五十多岁的中年人，对这件小事却记忆犹新。

1972年左右，王兴林老师被调往辉里联中任教，并继续担任教导主任。此时，校长是郑家寨村的钟读礼老师。辉里联中位于辉里庄东南角，招收辉里管区下辖的辉里庄、辛集子、于何、杨家洼、郑家寨、曹家庄等村的小学毕业生。学校距离时家村有二十来里地，早上和晚上有自习，加之还有规定，王兴林老师便只能每周回家一次。

那时候，教师们在全公社范围内的调动比较频繁。1974年左右，王兴林老师又被调往大三联中任教，孙镇教育组并有意让他出任校长。当时，联中与小学在一个院子里，位于大三户村南，主要招收大三户、小三户和大里三个村的小学毕业生。他考虑到冯美英老师的婆家是大三户村，便于开展工作，就坚决支持她担任小学和联中的总校长。冯校长只在小学任课，而王兴林老师除担任班主任和语文教师之外，还负责主持联中的日常工作。

两年后，王兴林老师再被调往位于车郭村南的车郭联中任教，并继续担任教导主任。此时，校长是孟宪荣老师。在评选优秀教师时，王兴林老师建议荣誉向民办教师倾斜，一则有无荣誉并不影响公办教师的工资；二则有了荣誉，一旦有机会，民办教师或许就能转正。他的建议得到了绝大多数老师的赞同。

那些年，孙镇的联中毕业生考邹平一中或中专的成绩还不错，孙镇教育在全县还属于比较先进的单位。有一年，周围明集等公社的升学率忽然提升了一大截。经过调查访问，原来它们开办了"重点班"。孙镇教育组当即决定，于1980年秋在蔡家村成立"重点班"，俗称"蔡家重点班"，从全公社范围内选拔优秀教师与初中生，以便提高孙镇的升学率。当时，教育组的领导找到王兴林老师，有意让他出任校长。他考虑一番后，沉着地说道："校长我可以干，不过有两个条件：第一，优秀老师得由我主持选拔；第二，优秀学生也得由我主持选拔，其他部门不能加塞差生。否则，学校成绩不理想，我无法向教育组和全公社父老乡亲交代。"考虑到当时的实际情况，教育组无法完全答应他提出的两个条件。他便婉言谢绝了校长一职。第二年，为了加强师资力量，教育组又想调他到蔡家重点班工作。此时学校的领导班子已经健全，他能当一般老师。可他毫无怨言，服从领导安排，兢兢业业地从事语文教学工作。

来到蔡家重点班以后，王兴林老师便向校长建议将学生一月回家一次，改为一周回家一次。那时候，学生的在校生活非常艰苦，只吃干粮和咸菜，根本谈不上什么营养。他的意思是磨刀不误砍柴工，"每周让学生回家上上油水"。校长虽然觉得他的话有道理，却又担心影响学生学习。最后，学校采纳了一位老师的折中意见——学生每两周回家一次。

蔡家重点班位于蔡家村西南方向，于1982年秋季学期开学后一段时间，师生集体转入孙镇高中，前后办了两年多。这一届初中毕业生也是最后一届孙镇高中生。孙镇高中的前身是孙镇初中，而它又是今日孙镇初中的前身。按照最初全县的初中排名顺序，孙镇初中被命名为"邹平县第七中学"，当地人管它叫"孙镇七中"，或者干脆叫它"七中"。合并到孙镇高中后，王兴林老师继续担任语文教师。那时候，学校的各门学科也都成立了教研组。学校有意让王兴林老师担任语文教研组长。他却没有答应，理由有二："第一，其他各公社的语文教研组长都是由高中老师担任，我的资历不够，对高中语文教材也不熟悉，在以后的校间交流中可能会造成麻烦；第二，学校的杨家良老师是正牌大学毕业生，我当年在桓台工作时，读在职函授大专，他就是我的老师，我咋能去领导我的老师呢？"学校充分考虑他的意见后，最终决定由杨老师担任组长，由他担任副组长。

1983年，根据上级教育主管部门的相关规定，孙镇高中撤销，改为孙镇初中。1986年，王兴林老师被调入孙镇教育组工作，担任小学教学教研员，成天东跑西颠，到各小学去听课，指导教学工作。从前，教育上有内退制度：女教师五十周岁，男教师五十五周岁便可以退休。等到1995年，王兴林老师也准备内退，一则因为家庭经济困难，二则同龄的同事基本都已内退，三则想给年轻老师腾位置。

可是，教育组却另有安排。鉴于他在孙镇教育系统，尤其是时家管区的影响力，领导找他谈话时开门见山地说："别人能内退，你不能内退。你还得到时家联中去完成三项任务：一是把联中的院墙修起来；二是完成教师的考评工作；三是完成教师的聘任工作。"他明白领导的苦心：修院墙既是个累活，更是个花钱的活，他在时家管区有威望，跟各村打交道要钱，没人好意思驳他的面子；再则，他办事公平，主持考评与聘任工作能服众，就算有个别挑刺的老师，也不会闹腾。既然工作上有需要，他就痛快地接受了新任务，出任时家联中校长。是年，他被评为"邹平县优秀共产党员"。

三项任务完成后不久，全镇联中统一撤销。王兴林老师便由时家联中校长，改任位于村东头的时家小学校长。他觉得领导交给自己的任务已经完成，便有意将校长的担子交给年轻教师去挑。于是，他主动辞去校长一职，由既年轻又有能力的时佃统老师接任。在学校工作几年后，他于1999年8月正式退休。至此，王兴林老师已经在教育战线上兢兢业业地工作了四十一年。

2022 年 5 月 4 日

王兴林老师传（下）

1959 年，王兴林老师与今九户镇南潘村的潘桂英女士喜结连理。结婚时，家里实在穷得厉害，连桌子和椅子都是临时赊来的。后来，村里有穷人家办喜事时，他们还把桌子和椅子出借过好几次。婚后，王兴林老师远在桓台工作，家里的体力活就主要落在了潘师母一个人肩上。

生产队的时候，为了兼顾公平，村里实行"人七劳三"的工分分配制度。家里劳力少，挣的工分自然也就少。为了多挣点工分，每次出工干活，潘师母总要带上镰刀和绳子。散工时，无论多么累，她都要砍一背草背回来晒干。一年下来，她向队里交了 2500 多斤干草。这样就能多挣些工分。

从前，农村常用胶皮独轮木推车：车轮大半在车盘子下面，小半在上面；左右两边各有一个用荆条编成的长条形垛篓。有一回，潘师母把两个垛篓装满粪一趟趟地往地里推。那一天，她一共推了 30 多趟。最后一趟时，还没来得及推到地里，她实在没了力气，手上一软，小推车侧翻在地，粪也顺势倒了出来。粪是干的，她先竖起小推车，然后就用两只手不停地往垛篓里捧，而两股泪水再也抑制不住，哗哗地往外流。

家里的房子坏了，不能再住人，只能重新盖，可是又没有钱。石头碱脚只能垒得矮矮的，上面再用红土掺麦秸和泥垒成墙，一直等到平了口垒山墙尖子时，才舍得用点土坯。王兴林老师不在家，公公赶着牛车把土拉来，却卸在距离碱脚

王兴林夫妇与三子一女及养父母合影（约摄于 1978 年　图片由王兆文提供）

好几米远的地方。潘师母一看，就知道公公干不了这个活。她也不声张，先独自把这车土一锨锨地端到碱角跟前，接下来又亲自赶着牛车去拉土，直到紧靠着碱脚卸了一大圈土为止。如此一来，放上麦秸，和了泥，用三锤往碱脚上送就轻快多了。这些全是重体力活，她却笑着自豪地说："凡是地里的活——从锄地到犁地，甚至盖屋修房，我没有干不了的。就是饭做得不好，直到现如今，还分不大清生熟，有时不是忘了放油，就是忘了放盐。年轻的时候，主要精力都用在种地干活上了。"

　　1981 年左右，时家村施行联产承包责任制，土地分包到户。那时候，单家独户买不起大型农机，加之生产方式落后，往往相熟的几家人插伙浇地、收庄稼。当时，潘师母家便与七八户人家合伙买了一台 195 机器，相互帮衬着轮流浇地。别人看她太累，就劝她说："你家三个儿子，不如从学校里抽下一个来！也能给你搭把手。"可是，她就算再累，也没有让一个孩子辍学。此时，王兴林老师早已调回孙镇工作。种地时，他也能给潘师母搭把手。最初他对农活比较生疏，甚至连浇地的机器都不会熄火，地浇完了，只能把土阳沟刨个口子，朝沟里放水。许多年过去了，潘师母说起这件事，还止不住地笑。后来，王兴林老师不但会停机器，连拖拉机也会开了。开拖拉机，在农村本是件极平常的事，可王兴林老师却高兴得不得了。渐渐地，几乎所有的农活，他都能干得有模有样。可是，村里人还是觉得，他咋看都不像个种地的老百姓，因为他身上有一股浓厚的书卷气。

王兴林老师与潘师母结婚60多年来，夫妻关系一直和睦融洽。两人育有三子一女：长子兆文、次子兆武、三子兆军，女儿秀峰。其中，长子兆文也是一名人民教师，现任教于邹平市孙镇中心小学。

其实，王兴林老师本不姓王，而是姓高，原籍今淄博市淄川区城南镇双泉村。他的生父高纯中是一名共产党游击队员，不幸在抗日战争时期的莱芜之战中壮烈牺牲。他是三兄弟中的老小：大哥聿信，二哥聿诚；当时，他还没有大名，只有个小名——"闺女子"。父母给他取这个小名，与盼望生儿子的人家给女儿取名"招娣"，大概是同样的心理。1942年，生母带着他们哥仨讨饭来到时家村。王姓人家没有孩子，生母本想留下二儿子。可是，七八岁的聿诚却嚷着说："等我长大了一定会回去。"一听此言，王家便不愿意留他了。于是，她便将三岁的闺女子留了下来。还在桓台工作时，得知了自己的身世，王兴林老师便主动与生母一家相认。起初，养父母还有些担心，甚至害怕儿子一去不返。其实，生母也确实动过这样的念头，并亲自劝说过小儿子。事实证明，王兴林老师绝不是一个忘恩负义之人。

王兴林老师夫妇非常孝顺。自从他在桓台参加工作之后，养母便常年生起病来，一病十三年。这些年的工资，夫妻两人基本上都给老人家买了药。有时候，工资发得不及时，他们便把麦子粜了当药费。家里的经济状况也就可想而知。

至今，在桓台工作时发生的两件事，还让老夫妻俩记忆犹新。当时，学校打算在教学之余开办识字班，给村里的老百姓扫盲。结果，王兴林老师从新华书店赊来了识字课本，而老百姓却对识字没什么兴趣。最后，他便将课本免费发给了老百姓，八九块钱的书费则由他垫付。那时候，他的月工资只有二十六块五毛钱。另一件事说起来，更让人心酸。当年，桓台县教育部门曾派遣王兴林老师到烟台，进行为期三个月的聋哑教师培训。当初启程时，他穿的就是一条旧裤子。等培训结束，旧裤子已经破烂不堪，根本没法再穿，而身上又没有买裤子的钱，简直出不了门，回不了家。实在没有办法，他只得烦请培训学校的缝纫组，把自己铺盖卷中的床单改成了一条裤子。回到家时，潘师母还奇怪他从哪里弄来一条新裤子呢！

那些年，教师的工资不高，老人生病得花钱，孩子们念书也得花钱，家里的日子更是困难，饥荒八丈长。夫妻两人经常计划着还债的次序——着急的债主先还，不着急的暂缓一步。20世纪八九十年代，为了增加收入，孙镇西南乡里——比如时家、孟坊、岳官等村——的部分老百姓，纷纷种起了果园，有苹果园，也有桃树园，还有梨树园。王兴林老师家就曾种过一片梨树园。有一年梨熟了，夫妻两人便摘下最好的梨给各位债主送去尝鲜。不料，二号债主家正好遇到急事，需要用钱。他们就回家连夜淘换钱，尽快还给了二号债主。

然而，即便自家背着一身债，当朋友遇到困难时，王兴林老师也会毫不迟疑地伸出援助之手。1979年夏天，好友赵树忠的大女儿立平考上了山东林业学校。他得知消息后，专门前去祝贺。好友家的日子更困难，当年他们两口子结婚时，桌子和椅子都是用土坯搭成的。此时，大女儿的学费还没凑齐，一家人正急得团团转。他见状之后，二话不说就将身上带的二十多块钱掏了出来。那时候，这可不是一笔小钱。

1997年，王兴林老师夫妇给养母送了终。两年后，七十九岁的养父也走到了生命的尽头。本家有位叔叔当医生，对夫妻俩说："你爹没有啥大病，就是人老了，器官像机器零件一样老化了。治疗已经没有啥意义，好药孬药一个样，没有必要再多花那个冤枉钱。白天用点好药，晚上用点孬药就行。你俩是孝顺孩子，咱王家人都知道，不会说别的。"可是，他们婉言谢绝了叔叔的好意，自始至终都用好药，还专门给老人家买了氧气包，后来又从孙镇卫生院租了氧气筒。直到养父心力衰竭去世，氧气罩才从他的鼻子上取下来。回忆往事，他们平静地说："虽然知道用好药也没啥用，但是不用好药，心里过意不去。后半辈子就过不踏实了。"

相较别人，王兴林老师自己就有"双重父母"——养父母和亲生父母。生父早逝，只要听说生母生病住院，除非确实有事走不开，他都会赶到淄川去照料，既出人又出钱。对此，潘师母从来没有一句怨言。

进入 21 世纪之后，教师的待遇不断提高，退休教师的工资也跟着水涨船高。可是，王兴林老师老两口依旧不舍得花钱。他们省吃俭用，将钱攒下来添伙给儿孙，希望他们过得更好。有一天，有个亲戚因为儿子要买房，便来登门求助。虽然是亲戚，因为还有一层师生关系，王兴林老师知道除非万不得已，否则这个年过半百的老学生绝不会向自己开口。他也没客气，开门见山地说："我手头暂时没有钱，不过工资卡里还有一个月的工资，六千来块钱。你明天来拿吧。"俗话说"君子一言，快马一鞭"，他果然说到做到。一个月后，老学生再次踏进他的家门，还没说话就先红了脸："王老师，我有一笔账，这两天必须得还上。能跑的门路都跑遍了，还是没凑齐。这不，我又厚着脸皮来了。"王兴林老师当即答道："支起个门来过日子，谁没有个难处？你别跟我客气。跟上次一样，你还是明天来拿钱，不过我得留两千块钱花销，只能给你四千。"老学生连忙说："四千就够了，这个跟头就能张过去了。"他依旧言出必行。王兴林老师的慷慨好义，不仅施于亲友，还及于远方的同胞：2008 年，汶川地震，他为灾区捐款三百元；2020 年，新冠疫情肆虐，他又捐款二百元。

退休以后，王兴林老师家就成了一个玩场子。村里有几个老年人喜欢来找他玩，或是打打麻将，或是打打扑克。他家的日子比较宽松些。每次，他都准备好香烟和茶水，以尽地主之谊。后来，他们的"阵地"转移到了村娱乐室。他在吸烟之前，还总喜欢先散一遍烟。王兴林老师笑着对笔者说："这也叫'独乐乐，不如众乐乐'。"

如今，八十多岁的王兴林老师夫妇还都身体硬朗，在时家村过着幸福而平静的晚年生活。

2022 年 5 月 4 日

补记：2023 年 7 月 16 日，王兴林老师因病去世，享年八十四岁。

2023 年 8 月 7 日

先叔祖树忠公传

先叔祖讳树忠，姓赵氏，笔名肖行，生于丁丑年九月初七（1937年10月10日），孙镇岳官村人。因在叔伯兄弟间排行老九，所以侄子侄女们称呼他"九子叔"。树忠公同胞兄弟四人：长兄讳桂忠，即我的祖父；次兄讳志忠，十九岁时因病早逝；树忠公虽然行三，却如同行二，所以我称呼他"大爷爷"；四弟讳京忠，我称呼他"小爷爷"。树忠公娶高青县田镇司继兰，育有子女四人：长女立平、长子赵利、次子赵剑、幼女立恒。

我的祖父小时候就被过继给同族的一位长辈。但是，树忠公自始至终都视其为手足。后来，兄弟三人分家，他便把家产全部分给了长兄与幼弟。赵利叔叔回忆说，他祖父传下来一个湾（即池塘），一半属于他伯父家，另一半则属于他小叔叔家。每年秋末冬初，两家人都会把苇子割出来，打成苇箔或帘子，却没有他家的份儿。湾边的老枣树每年都会结满通红的大枣。可是，同样没有他家的份儿。这两个问题曾经长期困扰过年少的他。后来，他才明白，原来这"是父亲留给我的兄弟相处之道"。

树忠公幼即好学。当年，村里还没有学校，而位于我们村（当时名曰"岳家官庄"）东北方向、相距不足一里地的孟坊村（当时名曰"孟家坊子"），有一所初小。1950年至1954年，树忠公便在坊子小学完成了一至四年级的学业。

当时，附近的完小（完全制小学，一至六年级齐全）只有五所：辉里完小、九户完小、实户完小、新民完小和西左完小（今属魏桥镇）。除此之外，孙镇的大陈村与孙镇村也有高级班，即只有五年级和六年级。初小毕业后的1954年夏，树忠公就近投考了实户完小（实户村基本位于岳官村正南，相距只有五六里地），并以优异的成绩被录取为第十级学生。全级共有150多人，分为甲、乙、丙三个平行班。他被编入丙班，学习成绩优异，与同学相处也很融洽。从那时起，他就喜欢拉胡琴，并积极参加学校组织的文艺活动。那时的生活非常艰苦。起初，学生需要各自背着干粮到学校，后来改为背面粉。树忠公与大多数学生一样，背的主要是玉米面，吃的是窝头，下饭的是咸菜。

青年树忠公（摄于1958年师范毕业时 图片由赵方涛提供）

　　1956年完小毕业后，为了尽快就业以减轻父母的负担，树忠公选择了投考不收学费与生活费的邹平师范学校，并被顺利录取。其实，以他的聪明与刻苦，读初中、高中继而考大学的路，大概也能走得通。然而，家庭条件却不允许。关于此次投考邹平师范学校的详情，可参见《王兴林老师传（上）》一文。两人既是同乡（两村相距四五里地），又是完小兼师范同学，毕业后先后同在桓台县、老家孙镇任教，结下了毕生的友谊。

　　邹平师范学校开设的课程非常齐全，除了最基本的数学（分为代数与几何，分别由两位老师教授）和语文（分为汉语与文学，也分别由两位老师教授），还有物理、地理、历史、植物学、音乐、体育、美术等。那时，条件依旧艰苦，大多数学生用不起钢笔和本子，而是用石板与石笔。树忠公仍然成绩优异。第一学期还是百分制，此后的五个学期则改为5分制，3分及格。他一般得4分或5分，很少得3分。

　　1958年8月师范毕业后，树忠公被分配到师资匮乏的桓台县，先后在后金小学、前金联中和陈庄小学任过教，直到1968年才调回孙镇工作，先后在北安村

193

与杨家村任教。当年他在前金联中工作时，司继兰女士正在前金小学任教。他们在那时相识，并走到了一起。

"三年困难期间"，食物极度匮乏。树忠公甚至曾一度以小学校里的杨树叶为食。在桓台任教的十来年中，学校里的运动也不少。王兴林老人对此有不少回忆，亦可参见《王兴林老师传（上）》一文。树忠公也一个不落地带领学生参加了各项运动。

1983年，树忠公因病退休。我家离祖父家不远，距离树忠公家却更近一些。家母曾说过，她一生最敬佩的人有两个：一个是她的父亲新村公，另一个就是树忠公。有一天，她到树忠公家串门，恰逢赵利叔叔回家看望双亲。回家后，她羡慕地对我们说："人家爷儿俩说话，就跟对诗一样。"家父在世时也曾多次说过，心里烦闷时，他喜欢到树忠公家坐一坐，即便一句话也不说（此时，树忠公总会默默地给他倒上一杯茶），心里就会敞亮很多。

我与妹妹都是在树忠公家长大的，在他家玩，在他家吃。吃饭的时候，叔祖母经常跟妹妹开玩笑说："我家不种地了，以后可不能在我家吃饭了。"每次妹妹都神气地回答说："我家有粮食，我让我爹给你拉一车来。"可这一车粮食自始至终都杳无踪迹。我俩照旧在她家吃饭。

读小学时，我经常在树忠公家做作业。但凡遇到难题，总是由他老人家或立恒姑姑给我答疑解惑。等到我读初中和高中时，每逢需要填写家长通知书，也都是由他老人家亲自操刀。常言道"近朱者赤，近墨者黑"。大学毕业后，我也像他一样，成为一名乡村小学语文老师。记得参加工作后第一次发工资，父母就嘱咐我给树忠公买了一条香烟，略表对他老人家多年来谆谆教诲的感激之情。看到我顺利地参加了工作，他老人家特别高兴。

树忠公对语文教学颇有心得。有一次，他跟我交流如何有效地教授学生多音字，并以"行"字为例，举出他当年创编的一个好玩的段子，即用故意读错读音的方式，帮助学生轻松记住正确的读音。今抄录于下：

我骑着自行（háng）车，来到银行（xíng）里，见了行（xíng）长行（háng）了个礼。行（xíng）长说："行（háng），行（háng），行（háng）。"

树忠公先后在多地任教，多年以后，学生们还一直记挂着他。2011年端午节那天，他陪老伴到桓台县治疗眼疾，返回途中，路过当年任教的地方。小学校早已被崭新的建筑物代替，所幸当年他住过的房子依旧在，而且还住着一户人家。说明来意之后，主人家特别热情。当年教过的小学生此时已有六十多岁，树忠公竟然还记得他们每个人的名字。他又询问了几个正在乘凉的老人，得知有几个学生已经去世，不免伤感，而健在的也都已经退休。他们很热情地要去通知那些学生们。树忠公不愿给他们添麻烦，坚持不肯，再询问了一些旧事后，便悄然离去。返家后的第三天，桓台县的五个学生竟然结伴专程来看望他。树忠公热情款待了他们。那天，他特别高兴。

从2009年9月起，我开始在邹平县孙镇第一小学任教。我的一位同事，如今已经退休，就是树忠公在北安村教书时的学生。一提起树忠公，他赞不绝口，态度也很恭敬。另外，我还见过树忠公在杨家村教过的一位学生，年纪已经五十开外，谈起树忠公，也是赞不绝口。据叔祖母回忆说，凡是树忠公任教过的村庄，村民们对他的感情都非常深。叔祖母从邹平师范学校毕业后，也曾担任过教师。婚后，因为生活困难，又要照顾孩子，她只得忍痛离职。除此之外，她还得参加生产队的劳动，同时侍种好几口人的自留地。为了减轻她的负担，树忠公便常常把孩子带在身边，跟随他在任教的学校吃住。所以，那些村民们连他们的孩子都认识。杨家村离家有二十多里地，他自然无法给家里的农活搭把手。叔祖母一个人实在干不过来，就希望树忠公能调到离家较近的村庄任教。杨家村的干部闻讯后，纷纷表示："您家要是有什么活干不过来，我们村里派人帮您干。这么好的老师，俺们村的孩子们可离不开！"盛情难却，树忠公只得继续留在杨家村小学。当然，他宁可叔祖母受累，又岂肯让杨家村派人替他干活呢？1983年，在杨家村任教的树忠公因患有严重的神经官能症，体重最轻时只有六十多斤，瘦得皮包骨头，去上课时，竟然常常走错教室。有同事建议他说："你不妨照旧到校，不过在教学上没必要那么认真，马虎一点也无妨。这样熬到正常退休，待遇也就可以跟别人一样。"此时距离他正常退休，还有七八年时间。他不愿误人子弟，谢绝了同事的好意，毅然办理了病退。那时的退休金本就不高，而病退工资仅有正常退休的75%。在病退后的三十余年中，他从未因此抱憾。

无论是在桓台任教，还是后来调回邹平工作，同事们对树忠公的评价都很高，感情也很深。在此不得不提一下，当年他在桓台任教时的同事王佩行老师。自从树忠公调回邹平之后，两人便失去了联系。一晃四十年过去了，王老师一直对树忠公念念不忘。后来，他通过桓台县教育局、邹平县教育局，几经周折终于在2009年2月才与树忠公重新取得联系。那时，王老师已经八十多岁。他的儿子在打给两个教育局请求帮忙寻找树忠公的电话中说："我的父亲已经八十多岁了！如果不见赵树忠老师一面，他死都不会瞑目！请各位领导尽力帮忙寻找一下赵老师！"取得联系的第二天，王老师就迫不及待地让儿子开车带他来看望树忠公。赵利叔叔也是性情中人，周末回老家得知此事后，便立刻驱车带父母前往桓台县索镇回访王老师。阔别四十年后，王老师依然对树忠公当年的刚正不阿、仗义执言念念不忘。

树忠公善于教育学生，更善于教导子女。赵利叔叔在《追忆父亲》一文中说："父亲对我的教诲可以用只言片语来描述，但是，给予我们关于生活的态度，却让我们终身受益。"叔叔回忆说，在大约八岁那年夏天的一个周末，他和小伙伴们商量着要去附近农场菜园里偷黄瓜和西红柿吃。这天树忠公正好在家。知道此事后，只是对儿子说了一句："现在就去偷，什么时候偷到老？"这句话至今还让叔叔记忆犹新。从小到大，这个故事家母不知给我讲过多少遍。立平姑姑十岁时，也曾因为跟随邻居到村集体秋收后的农田里拾豆子，遭到树忠公的严厉批评。叔叔又回忆说，在学习上，树忠公并没有给予他过多的指导。只是每次考试的结果，树忠公周末回家总是要问的。有两次他的数学都考了九十多分，可树忠公还是很不满意，因为不该错的题目做错了。叔叔小的时候，有一次被

树忠公（前排右一）在杨家小学任教时与同事合影
（摄于 1980 年左右　图片由赵立恒提供）

另一个大孩子欺负了，正坐在地上哭，恰好被从学校回家的树忠公遇到。问明情况后，他斩钉截铁地对儿子说道："咱不欺负别人，但也不能让别人欺负！"树忠公当然不会跟一个孩子计较。然而，这句话对叔叔却影响很大。后来，他曾说过："仅仅是这句话，足够让自己牢记应变之道。"

树忠公的四个孩子，除小女儿因病赋闲在家外，另外三个都事业有成。对于自己的生活，他从来不向儿女们提任何要求。立平姑姑与赵利叔叔工作和生活的地方离老家非常远。他理解孩子们工作忙，很少主动让他们回家。即便家中有点什么事，他也不准家人告诉他们。不过，只要有儿女回老家，他就特别高兴，忙着烧火做饭。自从树忠公去世以后，赵利叔叔几乎每个周末都驱车往返二百多里地，回老家看望老母亲。这份孝心自然离不开树忠公曾经的言传身教。

小女儿在读初中时不幸得了重病。树忠公四处为她求医问药，从中医到西医，从服药到手术，直到他去世的近三十年间，从来没有一天停止过治疗。为了寻找发病规律和观察治疗效果，他做的病情记录就有十几本。他对小女儿的病从来没有放弃过，也从来没有抱怨过。在他的精心照料和积极治疗下，小女儿的发病次数逐渐减少，病情程度也有所减轻，已经基本能正常生活，并组建了一个和睦的小家庭。为了减轻小女儿一家的生活压力，树忠公在世时，总是用自己的退休工资给她买药，让他们把小家庭的收入积攒起来。

更加难能可贵的是，树忠公对长兄与三弟家的孩子也视如己出。我的祖父有四个女儿。二姑嫁到邻村，家里种了一大片桃树园。每到秋天收获的时候，树忠公总是带着一家人前去帮忙。后来，二姑不幸因车祸去世，树忠公非常伤心。他是个坚定的无神论者，可还是与叔祖母一起为二姑裱糊了很多纸扎。至今，我还依稀记得那些纸糊的房子、汽车、电视机等。三姑不幸罹患乳腺癌。为了减轻她的痛苦，树忠公还自己花钱给她配制了外敷的止疼药。小姑曾经说，她读初中时，树忠公为了鼓励她好好学习，还曾给她买过一块手表。那时候，手表可是件非常稀罕的东西。她是我祖父母七个孩子中最聪明的一个，学习也很用功。可惜，后来一则由于家里生活困难，二则不愿意给父母增加负担，她便主动辍学了。一颗读书种子就这样浪费了，至今想起来仍不免令人惋惜。据家父回忆说，他小时候念书淘气，曾遭到树忠公的严厉斥责；为此，我的祖母还曾一度对树忠公非常不满；可惜，家父依然故我，等到长大懂事后，却悔之晚矣。读书不成，家父又想学木匠。树忠公就指着他家的几棵大树说："这几棵树送给你学木匠用，只要能把木匠学好就行。"最终家父学木匠也未能出徒，却依着兴趣爱好成了十里八村有名的猎人。前些年，我家还能偶尔看到钻子、凿子、锯子、刨子、锛等残破的木匠工具。如今，它们早已难觅踪迹。为了供我读书，父母种了不少地。每逢浇地时，树忠公与叔祖母便经常去给他们送水送饭。有时连侄子侄女家庭闹了矛盾，也都会找树忠公诉苦，请他主持公道，调解矛盾。这样的事情，我知道的就有好多次，不知道的恐怕就更多了。

树忠公的长子和长女在滨州工作，小儿子在邹平县城工作。孙子孙女在他膝下承欢的时间比较少。反倒是我们这些侄孙子们经常在他身旁聆听教诲。有一回，他给我讲了"小伙计写'福'字"的故事。话说从前有个穷孩子，打小就父母双亡，无依无靠。于是，他就到一家酒店去当跑堂的伙计，温酒、端菜、扫地、提水、抹桌子，还干一些杂七杂八的活。他认认真真干好每件事。可他不想当一辈子伙计，所以在抹桌子前，总是先用抹桌布子在桌子上写一个"福"字，然后再将桌子擦干净。几年之后，他的这个"福"字就写得远近闻名。最后，他也不用再当跑堂伙计了，而是单靠写这个"福"字谋生。树忠公讲得这个故事大有深意，让我受益匪浅。还有我二姑家的表弟参加工作后，树忠公叮嘱他，与同事交往要以诚待人，更要尊重师父，同时也要从师父那里"偷艺"。

树忠公是一个通情达理的人。2000年，我的祖父检查出肺癌晚期。家父兄弟三人：伯父讳宗泽，家父讳宗英，小叔叔讳宗国。三家人生活都很艰难。树忠公得知消息后，心情沉重地对三个侄子说道："晚期癌症基本无法治愈，再说我们穷人家也看不起病。我知道你们非常孝顺，如今这种情况，你们对老人家尽心就行。"祖父于辛巳年（2001）正月初三去世。树忠公笃于手足之情，兄长与三弟的相继去世，都让他非常伤心。

村里有磕头拜年的习俗，树忠公不喜欢繁文缛节，既不给别人磕头，也从来不让儿女们给他磕头。每逢过年，他只是到各位长辈家里坐一坐，聊聊天。可是，他不反对儿孙们到外面去给长辈们磕头拜年。而别的晚辈来给他磕头拜年，他也不反对。两个女儿结婚，他说："农民生活不易，只要两个人能恩爱过日子就行，没必要非得要啥彩礼。"

树忠公多才多艺。王兴林老人曾评价道："赵兄树忠生生……是教育战线不可小觑的一名优秀战士。既能兢兢业业教书育人，又间或小弄文笔、练练书法、写写小诗，以体现其若拙若愚而散漫放纵之态。"树忠公擅

树忠公墨迹。写于戊子年（2008）八月
（图片来自《淡墨留韵：赵树忠作品集》）

199

长书法，晚年常以此自娱，且以之助人。但凡村中谁家有喜事或过年需要写对联，他都有求必应。然而，他却连人家一顿饭也不肯吃。我的外祖父新村公也擅长书法，同样有求必应，不肯吃人家一顿饭。两位老人家虽见面不多，但一见如故，是极好的朋友。每逢过年树忠公给村里人写对联时，赵利叔叔便一边欣赏，一边摆满屋里的地面，使其尽快晾干。至今，叔叔都还引以为乐事。对于自己的书法水平，树忠公曾作《自字嘲》二首以论之。其诗曰：

> 不像篆隶楷行草，十人看了十人笑。
> 请君观看闭牢嘴，不然大牙能笑掉。

> 我的书法也算好，不用豪房不用裱。
> 破屋烂墙贴上去，每条风道都补好。

从前，只要我家过年贴春联，每次也都是请树忠公挥毫。贴好后，家父总喜欢将那些对联仔细品味半天。他曾对我说过，树忠公的这些对联可不是随便写的，它们既是对我家一年生活的总结，同时也蕴含着老人家对我家将来的规箴与期许。族中的长辈接二连三地去世，小辈们吃服，家中已经好多年不贴春联了。如今，就连那曾经写春联的树忠公也已去世多年了。

文茂春老人是村里的老寿星。2011 年过生日时，树忠公曾挥毫写下《赠书语》一诗相赠。其诗曰：

> 书法无基写不好，乱七八糟一把草。
> 劝君将就莫气恼，明年再送一把草。

从中也可看出他的诙谐自谦。另外，在完小时，他还学了拉胡琴和吹笛子；在师范时，他学了水墨画。其中，尤其以胡琴水平最高。当年，上学时与工作后，遇到文艺演出，他经常演奏节目。若是有人演唱京剧，他必是伴奏之一。我的祖父也擅长拉二胡。听说，早年间农闲外出讨饭时，他还与本村某人配合，一人拉，一人唱，也算是卖艺讨饭了。

树忠公是多情之人。隔壁的孟坊村也有一位老教师，名叫王兴通。他与树忠公是志同道合的朋友。叔祖母回忆说，有一回，已经退休多年的王老师到她家来串门。中午的时候，俩老头泡了方便面，一人端个小碗分着吃。也不知他们回忆起了什么，两个人一边吃面，一边哗哗地流起眼泪来。王老师比树忠公年长几岁，也比他早几年作古。

树忠公也是至孝之人。师范毕业后，他被分配到远离家乡的桓台县任教。在立平姑姑幼时的记忆中，每次树忠公回家，都是先去他父母住的北屋，将带回来的东西放下后，才到他们一家人住的小西屋。尤其让立平姑姑至今记忆犹新的，是晚上树忠公手擎油灯，用针为老母亲挑后背上疹子的温馨画面。老母亲去世时，身上还是一件常年穿的旧衣服。树忠公赶回家，为她购置了寿衣，才得以下葬。他对母亲的感情极深。在母亲去世一周年之际，他含泪写下了《母亲的回忆》一文（见附录）。两年后，他的父亲去世时，树忠公卖掉了自行车来填补丧葬费用的不足。那时，他在外村任教。此后数年，家与学校之间的几十里路，他便只能徒步往返了。

既然提到这辆自行车，有一件与之相关的事，正可顺便一提。为了从桓台回老家方便，树忠公购买了这辆自行车。有一回，自行车坏掉了，却连修理的钱也没有，整个村子几乎跑遍了，也没借到一分钱。那时，我们的村庄很穷也很小，至今总共也不过六十来户人家，人口还不满三百。赵、岳两姓占大多数，还有张、王、乔、文、宗等诸姓。最后，他来到乔立胜家里，也没敢多借，只说借一块钱。他们两人是平辈，乔立胜略年长。乔立胜对他说："一块哪里够？"说着，就从柜子里拿出两块钱递了过来。这件事树忠公一直记在心里。临终前的一段时间，他在滨州住院治疗。那时，他已经出现幻觉，曾对家人说："你们快看，乔立胜哥来了。"或许是感觉到自己大限已到，他坚持要出院回家，结果在回家的当天晚上十点多钟便去世了。乔立胜很少去他家串门，这天却忽然来看望他。树忠公一点儿也不糊涂，立刻认出了他，还聊了好一会儿。其间，他竟还提到了当年借钱修车的事。老家有句俗话，说人在病危疾笃之际，"男怕精济，女怕糊涂。"不想竟一语成谶。

孔子曾说："今之孝者，是谓能养。至于犬马皆能有养，不敬何以别乎？"树忠公的岳母年老之后，每年总会在他家住一段时间。虽然自己体弱多病，他却总是将孩子们特意买给他的滋补品留给岳母。生活中，无论岳母是对还是错，与老人家说话时他从来不高声，更不曾有难看的脸色。树忠公的父亲兄弟三人，排行居长，数三弟最长寿，享年九十二岁。树忠公对三叔也极尽孝道。每次他家改善生活，孩子们总是自告奋勇地去叫三爷爷来吃饭，这已经成为他家的习惯。听叔祖母说，我的这位三老爷爷特别喜欢他们的小儿子赵剑。每逢过年，树忠公总是打发小儿子去陪老人家过年。正是在他的言传身教之下，家里形成了孝敬长辈的好家风。

树忠公还是个善于自学的人。病休前后，他的神经官能症严重时，眼前常常出现幻觉。据他自己说，活人、死人，有头的、没头的，不时在眼前浮现，幸亏他胆子大、看得开，病休后经过很长一段时间的自我治疗，才逐渐恢复健康。在此期间，他学习了很多药理知识，并经常采集各种中草药来做试验。他配制的止血粉让本村及邻村很多人受益。至今，他已去世四年有余，止血粉尚有少量存余。倘若用完，便再也无人可以配制了。

他还自学了刮痧，不仅自家人，就连村里的人，甚至很多外村人也慕名前来治病。每次他都来者不拒，绝大多数情况下都是免费治疗，有时还会管饭。有非要给钱答谢的，他也只收刮痧油的成本费。家父刚过知天命之年，便常年饱受病痛折磨。树忠公就经常给他刮痧，以减轻痛苦。我本家的一位婶子，不幸罹患乳腺癌，去世前非常痛苦。树忠公也曾多次为她刮痧，以减轻病痛的折磨。另外，听叔祖母说，有一位病人关节炎非常严重，不但不能下地干活，有时甚至连生活都不能自理，虽然去过很多地方求医问药，总没有明显效果。后来，他慕名而来，

老年的树忠公（2012 年摄于滨州中海　图片由赵利提供）

请树忠公刮了三四次痧，居然能下地干活了！立恒姑姑跟着树忠公学会了刮痧，也经常免费为人治病。

还有一件事也不能不提。辛卯年六月十二日（2011 年 7 月 12 日），树忠公的二堂嫂忽然昏死过去。医生查验一番后，让家人预备后事。闻此噩耗，树忠公一面眼含热泪，一面又不甘心。经过测量，他发现二嫂的血压和心率都还正常，便断定是肺部出了问题。他急忙给二嫂按摩印堂和双眉。没过多久，二嫂竟奇迹般地逐渐恢复了呼吸，肠内的气体也得以贯通，因此多活了半个月。

树忠公病休回家后，正值农业改革。当时，他家种了一片梨树园。他一个人剪枝，带领叔祖母和立恒姑姑薅果子、套袋子。晚上看守梨园的事，自然落在他的身上。另外，他培育了部分树苗，比如冬枣、紫荆、垂槐等。他还自学了嫁接技术，不仅嫁接树苗，就连家中的苹果树、枣树、软枣树，以及其他花木，也都被他一一嫁接上了优良品种。村民有想学习嫁接的，他也无偿传授。至今，他家北屋前还有一棵大柿子树，每年都会结满又大又甜的方柿子。这原是一棵软枣树，被他嫁接了方、圆两种柿子，只剩一根树枝继续结软枣。

树忠公晚年还独自做了一件大事——修家谱。我们赵氏一族由邹平县城的西关迁来，由此可以一直追溯到明朝永乐四年（1406）的河北枣强县。然而，自从迁到岳官村后，便与总谱断了联系，而先前的老谱又不幸遗失，其间不知隔了几代。树忠公只得凭记忆所及，往上追溯数代，另起炉灶撰成《赵氏族谱（岳官村支）》。当初，树忠公修家谱时，不少族人不以为意。如今，随着时间的流逝，它对赵氏一族的重要性也越来越凸显出来。我在《忆先叔祖》一文中，曾略记其事云：

先叔祖晚年，尝以一己之力，修吾族赵氏之家谱。时至今日，余脑际犹时时浮现一耄耋老人：眼戴花镜，手执钢笔，奋笔疾书于书案纸丛中。

虽然树忠公一直很瘦弱，我却从来没想过他会罹患绝症，更没想过他会因此而去世，总以为他只会一点一点地老下去。2012 年，他竟检查出了肺癌。面对绝症，树忠公却能坦然面对生死。甲午年十一月初六（2014 年 12 月 27 日），此时他的生命仅剩两月有余，遥望位于村西北方向的公墓，他写下两首《望公墓》：

官庄西北林，一派柏森森。
花圈旧连新，墓碑成石林。

破关四十五，老少都能进。
哭着送进去，从此不见人。

或许，他对于自己的大限将至已有某种预感，才写下这两首诗吧。今日读来，不觉怆然！

树忠公一面坦然面对生死，一面积极治疗。最终虽没能战胜病魔，但在查出恶疾后还能继续活上将近三年，也实属不易。就在树忠公去世前的整整一个月，他的一位堂弟因肺癌去世。那天得知消息后，树忠公在躺椅上默默地流着泪，对长子赵利说道："如果我早一点试试药的效用的话，也许会救了你四叔。"树忠公所说的"药"，是所谓"狼毒"，又名断肠草。他听说此药能以毒攻毒，可以治疗癌症，正在试吃阶段。家父晚年肝脏不好，那时树忠公尚未患病，曾对家人说："我的正常，可以换我的肝脏。"至今想起他的这句话，我还感慨不已。

树忠公卒于乙未年正月二十六日（2015 年 3 月 16 日），享年七十八岁，是兄弟四人中最高寿的。他在世时，很少谈及自己做过的事情，也很少让叔祖母提。他去世后，我零零散散地从叔祖母处听到不少关于他的往事。其中有两件尤其值得记录。

我们村姓宗的仅有一户。有宗可文者，早年也毕业于师范学校，后因故离职，可以说与树忠公"年相若也，道相似也"，遂成莫逆之交。有一次，宗可文与某人发生了纠纷。那人倚仗本族人多势众，企图群殴宗可文。树忠公闻讯后，立刻前往劝阻，并声色俱厉地对那伙人说："有想打宗可文的，打我就行！"那伙人哪里还敢动手，不一会儿也就散了。

树忠公为人和蔼可亲，外人没有不说他脾气好的。从小到大，我从未见过他发脾气。然而，他若发起脾气来，竟有雷霆之怒。我的三老爷爷，即树忠公的三叔，有两个儿子，都比他年长。有一次，三老爷爷与长子发生了矛盾，甚至大打出手。结果可想而知，年老体衰的父亲怎敌得过身强力壮的儿子。树忠公得知此事后，竟然提着棍子前往。三老爷爷的长子历来忌惮这位年轻的叔伯兄弟，更何况他手里还提着根棍子呢？他只好乖乖地向老父亲认错。可是，哪有这样便宜？父亲岂是好打的！最后，树忠公让他一步一叩首地向老人家认错，并保证以后永不再犯，这才将他饶过。

到如今，树忠公去世已经四年多了。在此期间，我曾多次在梦中见到他。他什么话也不说，只是冲我笑笑，就像生前时一样。每当梦醒之际，陶渊明《拟挽歌辞》（其三）中的四句便总会浮上我的心头：

> 幽室一已闭，千年不复朝。
>
> 千年不复朝，贤达无奈何！

2019 年 9 月 25 日

附录：母亲的回忆

我的母亲去世整整一年了。在这一年中，每逢看到母亲亲手用过或亲手制作的东西，都使我落下心酸的眼泪。

我母亲的一生是苦难的一生，有多少伤心的事在折磨着她呀！自少年起，母亲就过着肠子挽着半截的日子。外祖父成年累月长病，家庭生活异常困难，但更使母亲痛苦的是一个接一个亲人的去世。外祖父死后，舅父也去世了，舅母走了，只剩下一个无依无靠的外祖母。母亲的伤心眼泪还没有擦干，姨母去世了，又给母亲增加了几倍痛苦。

母亲在哭声中生活，在泪水中成长，在苦难中将我兄妹五人抚养成人。当然，死去的小妹妹也同样使母亲伤心。母亲非常疼爱我们，在多雨的夏天抱着我们打水，在严寒的冬天也常抱着孩子推磨做饭。就是在这样的情况下，母亲从未打过我们一次。在荒年累月，母亲为我们操吃穿；在战争年月，母亲抱大领小、担惊受怕，经常夜间躲在野坡里。

苦啊！苦啊！可是，这还不够苦，祸从天降，我十九岁的二哥又于一九四八年秋病死了。母亲，我的母亲变成了一个呆子，变成了一个泪人，母亲，我的母亲……痛苦啊！痛苦，更痛苦了。相隔十年，二哥和姐姐相继死去。我的娘，怎活下去呀！身体上的病和精神上的痛交织在一起，简直使母亲难以活下去。要活，活难受；要死，还有我们几个和外祖母……

就这样，母亲怕惹得我们伤心，常常自己偷着哭。我和弟弟曾多次找到母亲，在二哥的坟上痛苦地哭干了嗓子。

一九六一年秋天，在苦难中生活了几十年的外祖母病故了。母亲娘家唯一的亲人离开了母亲。我深知外祖母的痛苦，她老人家和母亲一样，是痛苦的一生、劳累的一生。我看到外祖母的遗体便放声哭起来。母亲劝我不让我哭，怕我过于伤心，而她自己却暗暗伤心。

母亲在痛苦的折磨中一天又一天地度过。母亲经常在伙屋里倒着做饭，把饭做中后自己经常不吃不喝，病躺在炕上。母亲为我们做饭一直到去年的今天。真是，别人家养儿育女，老来享福；我的母亲养儿育女，老来仍受苦。

苦难的母亲呀，您在一九六八年的农历闰七月十九日晚舍下我们去世了。娘啊！我对不起您老人家，对不起父亲！您劳累了一辈子，我没有帮您管一天家务，您一辈子给我们操吃操穿，夏天怕我们热着，冬天怕我们冻着，您年老了仍对我们这样。可是，我是怎样对待您的呢？恰恰相反！不管哪里来的东西，我总算有遮身的衣裳，可是我的娘自夜晚去世，到第二天我见到我的娘，娘身上没有穿一点衣裳，上身只盖一件生前不能遮体的半截袖烂褂。娘疼爱了我，我没有孝敬娘。

娘啊，安息吧！不过，我现在对父亲仍不像样，就父亲的鞋来说吧，盖屋前就说买，可直到今天近三个月的时间，仍然是一双露脚的皮鞋挂在脚上。今后一定努力改变这种状态，使父亲精神舒畅。

赵树忠

1969 年 9 月 11 日

母亲：生于 1901 年，去世于戊申年闰七月十九日（1968 年 9 月 11 日）。

父亲：生于辛丑年十一月二十九（1902 年 1 月 8 日）晚饭后，于庚戌年七月十四日（1970 年 8 月 15 日）上午 8 点半左右在县人民医院病故。

王玉兰：从"民办教师"到"地区优秀教师"

王玉兰老师（摄于 2001 年左右）

王玉兰，生于 1944 年 6 月，孙镇小陈村人，中共党员。她长期从事小学教育工作，先后当过工读教师、民办教师、公办教师，曾经荣获"惠民地区优秀教师"称号，是 20 世纪八九十年代孙镇知名的教育工作者。

她只有姊妹三人：姐姐秀英，妹妹玉玲；父亲王长春，母亲王张氏，今九户镇张树良村人。其实，王长春夫妇还生过三个儿子，可惜皆因不幸罹患破伤风或麻疹夭折了。那时候，妇女生孩子，多靠土法接生，消毒措施极为有限，把剪刀放在火上烧一烧就算消毒了。加之医疗条件又差，婴幼儿的死亡率比较高。她们姊妹仨也生过麻疹，所幸都逃过了一劫：姐姐是 18 岁时生的，王玉兰是 11 岁时生的，妹妹则是 5 岁时生的。

父亲王长春读过私塾，知道文化知识的重要性。农村历来重男轻女，但是他却支持女儿们念书。1952 年 8 月，8 岁的王玉兰入本村初小念书。学校设在村西南角地主家的院子里。全校总共 20 来个学生，教师则只有孙镇党里村的李玉坡老师一人。每个年级的学生自然也不多，便只能实行复式班教学。有道是"麻雀虽小，五脏俱全。"学校也开设了语文、数学、唱歌、手工劳动等多门功课。

党里村虽然距离小陈村只有 10 来里路，但李老师一星期才能回家一次，而且是星期六下午离校，星期天下午又必须返回。平常他得看校，也不能回家。在校期间的一日三餐，他自己不开火。他每星期轮流付给一名学生两角的饭钱，由其家长做好饭送来，俗称"管先生饭"。那时候，老百姓家里普遍很穷，连菜也吃不起。"管先生饭"中的主食一般是白面馒头。另外，大多数人家还会特意为李老师馏一个咸鸡蛋来下饭。

初小毕业后，王玉兰顺利地考取了位于孙镇村西街路北的孙镇完小。她那一届招收两个班，每班 40 来人。除孙镇村外，附近村庄——比如张家、小陈、大三、小三、冯家、大里、高唐等村——的初小毕业生也都来投考。看到女儿考入孙镇完小，父亲王长春非常高兴。

当时，孙镇完小只有五年级和六年级，学生不大到 200 人，教师有 10 来个人。其中，孙镇周家村的郭希章老师担任王玉兰的班主任兼语文教师；今九户镇道民村的张玉珂老师教数学，后来他还曾出任校长。王玉兰与其他外村学生一样，早晨上学时就带着午饭，一般都是窝头。下午放学后，因为离家不远，外村的学生也回家住宿。

1958 年 8 月完小毕业后，王玉兰顺利地考取了孙镇初中。她是孙镇初中第一届学生。当时，孙镇初中还没有校舍，临时设在今孙镇村委办公室处的老房子里。时值"大跃进"时期，孙镇初中自然也不能置身事外。临时校园的西边有一座院子，师生们便在那里支起炉子"大炼钢铁"。不久，他们又要到南山里去。王玉兰不想去，就离开学校回了家。班主任王思顺老师，以及同学们曾多次到家里来做思想工作，但她始终不为所动。这一次，她前后只在孙镇初中上了一个来月。父亲王长春不免有些失望。

"大跃进"时期，各村都在"放卫星"，墙上贴着"人有多大胆，地有多大产"的大标语，画着"一块地瓜重 853 斤"和"站在地瓜上望天安门"的大幅宣传画。此时，虽然离开了学校，王玉兰却一直留心着同学们的动向。生产队地里的棉花开了，老师就带领同学们去"支农"：不但帮着摘，还要帮着去卖。那时候，在孙镇公社北部的坡庄村有个油棉厂，按照全县的排名，叫"邹平县第三油棉厂"，俗称"坡庄油棉厂"。从各村到坡庄油棉厂的路上，背着棉花的人们成群结队，既有大人，也有老师和学生。他们一路走，一路顺手把背上的棉花掏出来扔在地上，以减轻负重。雪白的棉花扔了一路，也没人去捡。这年秋天，播种小麦前，老师和学生们也投入热火朝天的深翻土地运动中。当时，还有人专门负责检查，谁刨得不够一米深，就在他的背上插上一面小白旗。结果，事与愿违，耕作多年的熟土被深埋地下，小麦种在没有多少养分的生土里，长势很不好，来年的收成也就可想而知了。大约在临时校舍待了一年，孙镇初中建起了部分房屋。老师和同学们搬过去后，又帮着建设其他房屋。

1958年9月至1960年冬，王玉兰辍学在家。那时，她只是个半大孩子，就在家里干些力所能及的活。另外，她还在村里的幼儿园帮着照看小孩，也能多少挣点儿工分。因为在家干活实在太累，1960年寒假孙镇初中招生时，她就重新报名投考。幸亏她的底子厚，没怎么复习，仍能顺利考取。不过，因为耽误了两年的时间，她也由第一届变成了第三届。此时，孙镇初中校长是李维栋老师。

从1959年到1961年的"三年困难时期"，村里的老百姓没饭吃，学校里的老师和学生也没饭吃。至今，年逾古稀的王老师对此还记忆犹新。小陈村的老百姓经常结伴到霍家坡或辛集村的洼坡里捋草种子、剜野菜。草种子上碾压碎，掺上地瓜面子做饼子；野菜则掺上地瓜面子蒸着吃。很多时候，草种子和野菜也没得吃。平日里活蹦乱跳的小孩子，变得异常安静。

在学校里，王玉兰和同学们便在老师们的带领下，去到今九户镇的安祥村住下，砍青青菜，刨茅草根。青青菜，学名"蓟"，茎和叶具有止血功效。所以，男学生就吃青青菜，女学生则吃茅草根。为了便于长久保存，得先把它们晒干。青青菜可以直接晒；茅草根则每个学生分一捆带回家，洗净后放在锅中焙干，然后再带回学校保存。当时，孙镇初中储存了三间屋的干青青菜和干茅草根。青青菜叶子加上点豆面子，再放点油煮着吃；吃茅草根时，得先把它们上碾压碎，然后再放入罗里过筛，最后掺点地瓜面做成饼子。因为大饥荒，1961 年时，全校师生还曾放了长达八个月的长假。

当时，孙镇初中的不少老师是中师毕业的外县人。王玉兰的班主任马秀田老师就不是本地人。因为学习成绩优异，王玉兰还担任了学习委员。初中正常是在暑假招生，王玉兰这一批算是插了一届。1964 年 8 月，他们便与 1961 年正常入学的四级同学一起毕业。王玉兰投考邹平一中，因发挥失常落榜，便回村当起了工读教师。"工读教师"是民办教师的前身，由村里按整劳力发给工分：一般男老师每天 10 分，女老师每天 8 分。

当了一年工读教师后，1965 年 8 月，王玉兰到魏桥卫校学医，学制三年。原来，此时的卫校校长是一位从部队转业的团级干部，非常重视乡村医疗。卫校便决定从魏桥、孙镇、九户、台子、码头等地招收 50 名学生，组成一个班，专门为农村培养一批赤脚医生。学校课程齐全，开设有内科、外科、妇科、小儿科、针灸等科目，还不交学费，只收书本费与饭钱。

1968 年 8 月，卫校毕业返村后，王玉兰担任了民办教师，并兼任村卫生室卫生员，后来调到孙镇村教书后，便辞去了兼职。当时，小陈小学还有两名本村的民办教师：李桂兰老师和马驰老师。李老师出嫁后离职。马老师毕业于师专，因"文革"爆发，没有分配工作，后来，他先后在孙镇冯家村的冯家联中、邹平一中、邹平县特殊教育学校任教。此时，小陈小学还自办了初中，俗称"戴帽初中"。不过，村里的初中生少得很。因此，王老师还教过初中物理。每月除了 4 块钱的补贴，她每天还能从村里挣 8 分工分。是年，她与在孙镇初中教物理和化学的孙镇村人张田福老师结婚。20 世纪 90 年代，张老师从初中调入孙镇小学（北校）工作，担任了数学教师。

1969 年春节过后，王老师调入由原孙镇完小改成的孙镇小学（含一至五年级）任教。当年，她在孙镇完小念书时，学校门口曾有一对威武的石狮子，此时却早已不知去向。学校共有五名教师，除她之外，还有李昕（孙镇有里村人）、杨惠贞（今长山镇弥勒村人）、赵美玉（孙镇村西北小庄人）、马光胜（孙镇村人）。

马光胜任校长。孙镇村是整个公社最大的村庄，共有 200 多名学生，基本上一个老师包一个年级。

不久，除王老师任教的三年级外，其他年级的学生和老师都搬到了位于孙镇西街与北街交界处的新孙镇小学。据说，此处从前曾是区政府所在地。一年后，王老师和学生们也搬了过去。腾出的原孙镇小学则改成了"孙镇联中"。

1975 年左右，由于学生不断增多，孙镇小学的校舍已经不敷使用，便将今孙镇村委办公室处的老房子辟为"孙镇小学南校"。原先的孙镇小学则被称为"北校"。起初，南校只有一至三年级，招收孙镇村南部的学生，升至四年级时便需要到北校上学。此时，南校隶属于北校，由主导教师负责日常事务。1979 年，经主导教师杨惠贞申请，王老师被调入南校。同年，南校也开设了四五两个年级。从此，孙镇小学便开启了南校与北校并立的局面：杨惠贞老师任南校校长，王老师则任教导主任，学生有 200 人左右。大体而言，孙镇西街、北街、东街、西北小庄、北辛庄的学生入北校；里南街、南街、东南小庄、义和庄的学生则入南校。那时，南校只有杨校长和王清泉老师两人是公办教师，其他人则是民办教师：比如王玉兰、王素兰（孙镇村义和庄人）、石宝才（孙镇村人）、张敬波（孙镇村人）、王美红（孙镇伍户村人）、马修桥（孙镇村人）等人。民办教师占大多数是那时很多小学相同的处境。当时，有些本应入北校的学生，家长却愿意想方设法让孩子到南校来上学。

自从参加工作以来，王老师任教的学科在期末考试中，一直成绩优异。1985 年，她所任教的毕业班数学成绩，更是位居全乡第一名。是年，经全乡小学教师民主选举，她参加了在地区行署召开的教育系统表彰大会，并被授予"惠民地区优秀教师"荣誉称号。以后，她几乎年年带毕业班。第二年，她被评为"邹平县优秀教师"。1987 年，因其在教育上的突出贡献，她终于转为公办教师，每月工资 96 元。此时，她已经当了 20 年的民办教师。在此之前，还有一个小插曲。在荣获"惠民地区优秀教师"之前，因其工作突出，杨校长还曾领着她，专门找到孙镇乡主管教育的领导，指着王老师说道："这么优秀的老师，不给她转正，我都觉得对不起她！"领导满面含笑却又无奈地答道："我们也知道王老师非常优秀，但是转正不是乡里说了算的事。以后有机会，我们一定优先考虑王老师。"杨校长对王老师的工作能力一直评价很高。有一次，王老师不在场，她就曾对其他老师说："咱学校的老师，谁能围着桌子转一圈？我看，只有王玉兰一个人！"所谓"围着桌子转一圈"，就是说能胜任所有学科的教学工作。

1988年，南校搬迁到位于孙镇村南的新建校舍。"新南校"有前后三排教室，每排九间，共有九口同样大小的教室。另外，还有一趟南屋，做实验室、教师宿舍、门卫传达室之用。自从"新南校"投入使用后，南北两校的地位又发生了新的变化："新南校"为主，"北校"为辅。县教育主管部门规定各乡镇确立一所中心小学时，"孙镇小学"随即更名为"孙镇中心小学"，下辖南北两个校区。其实，在上级教育主管部门那里，北校与南校只是一所"孙镇小学"或"孙镇中心小学"，而私下里老师们和老百姓为了区分，才称之为"南校"与"北校"。从此，北校隶属于南校。由于众望所归，以及本人勇于任事，1995年2月，王老师担任了孙

孙镇中心小学女教师合影，前排中间为王玉兰老师（摄于1995年左右）

镇中心小学校长，直至 1998 年退休。在此期间的 1996 年，北校并入南校，从而结束了一校两区的局面。

如今，七十九岁的王玉兰老师在邹平县城安度晚年。

2022 年 5 月 24 日

（文中图片皆由王玉兰老师提供。）

王玉兰：我所经历的大家庭生活

　　我的父亲王长春兄弟五人，依次取名长安、长义、长友、长春、长吉。那时候，农村有些人家不分家，我们家也是如此，连老带小二十三口，是全村人口最多的大家庭。我们家人口虽多，土地却很少。父亲便与三个哥哥开起了铁匠铺。五叔长大后，参加了中国人民解放军。

　　他们兄弟四人通力合作，为一大家人谋衣食；妯娌几个则相互帮忙，就连生孩子也从不用找接生婆。二爷与三爷都没有孩子。我便从小跟着二爷和二娘；妹妹玉玲则从小跟着三爷和三娘；只有大姐秀英跟着亲生爹娘。虽然称呼未改，依旧喊"二爷""二娘"，但我从小就一直认为他们是我的亲生父母。既热闹和谐又分工合作的大家庭生活，给了我关于良好团体生活的最初印象和初步训练，对我以后的生活、学习和工作都产生了潜移默化的影响。时至今日，六十多年过去了，我还对那时的大家庭生活记忆犹新。

　　打铁时，二爷是核心。他左手掌钳——用钳子夹住烧红的铁块，右手用小锤轻轻点击需要用力捶打的地方，三爷则在旁边抡大锤。如果需要两个人抡大锤，父亲便加入其中。大爷身体不大好，干不了抡大锤的重体力活，就挑着担子，去附近的韩店、九户、王伍赶集，出摊子卖锄、镰、锨、镢等农具。等到农历逢四逢九的孙镇大集，哥四个一起出动，既在集上卖现货，也支起炉来现打现卖，还接受人家的订货。每回赶孙镇大集，大爷都要买一瓶煤油。他回家之后，各家便将自己的煤油灯拿出来，排成一溜，依次灌满。这幅温馨的画面让我至今历历在目。当时，村里普遍点煤油灯，也有点不起的，就点那烟大呛人的柴油灯。晚上，只有妇女做针线活时，才舍得点灯；否则，一家人早早上床睡觉，不准没事点灯熬油。另外，春冬两闲的时候，兄弟四人还会到南山里去打铁挣钱，以补贴家用。

从前的"大家庭"讲规矩，我们家吃饭时就要男女分开：男人们在奶奶屋里吃；女人们则或是在伙屋里，或是在院子里吃。妯娌五个轮流做饭，每人半个月。因为人多，为了方便起见，我们家还专门有一个磨坊。轮到谁做饭，磨面就是她的分内之事。磨道里有一头驴，磨盘上碾的粮食主要是玉米和大豆。碾碎之后，先用脚蹬的"脚打罗"筛，漏不下去的，再继续上磨盘碾，然后再过筛。玉米面和豆面子掺和起来蒸的窝头是我们家的主食，菜则只有用大瓮腌的咸菜。大姐秀英是最累的。每逢轮到母亲做饭时，她自然要帮着干活，而轮到二娘和三娘时，她也得去帮忙。

我们这一大家人靠打铁为生，二爷是打铁的掌舵人。他出力最多，得到的回报自然也就最多。家里赊出去的铁货账，他可以讨来装进自己的腰包，别人谁都没有怨言。在我们这个大家庭中，也就只有他有钱购置了八大分私房地，大约折合现在的二亩四分地。也因为他手头宽裕，每次我跟着他去赶孙镇大集，想吃啥就买啥，家里别的孩子可没有这样的待遇！另外，我们这个大家庭也有一点儿共有土地，那是从村南十几里外的霍坡洼里买的。每次下地干活，家里人都要套上牲口，赶上大车。那年头，各家的土地可能离家很近，也可能离家很远。距离的远近完全取决于当初买地时，卖家的土地在哪里。

他们兄弟四人有着不同的分工。当年，我在孙镇完小念书时，有一次需要缴纳一万二千块钱（旧币，折合一块两毛钱）的学费。回家后，我向家里的大人说知此事。父亲却答道："跟你三爷要去。"父亲是家里的掌柜，负责安排一家人的生产活动，但是他不管钱。家里的现钱都由三爷保管。最后，三爷很大方地给了我三万块钱（旧币，折合三块钱）。

我十一岁那年，二爷去世，二娘打算带着我改嫁。此时，我才知道自己的身世，并从此跟随亲生父母生活。二爷去世后，家里的铁匠生意就干不下去了。三爷是个赶车的好把式，经常赶着家里的马车出门拉煤、拉盐。有时出远门回来，他还会给孩子们带回从海边捡来的小贝壳。不过，我们家却从没卖过盐和煤，大概他是给别人拉货，从中赚一点运费吧。除此之外，我们家还曾齐上阵开过一段时间的粉坊。据说，当时开粉坊，打算着力培养大爷家的大哥光彬，好让他做下一辈大家庭中的当家人。大哥曾经在周村的光被中学读过书，后来回家务农。

当年，遵照上级指示，小陈村的农业生产组织，也经历了由互助组到初级农业社，再到高级农业社、农业合作化的发展阶段。这个时候，我们家牛、骡、马、车是全套的，地又少得很，所以此前村里组织入社时，并没有加入。后来，入社已是大势所趋，虽然觉得吃亏，但是迫于形势，也不得不勉为其难。就在入社前夕，我们这个大家庭也不得不分了家，昔日的大家庭一分为四，因为入社是以小家庭为单位的。我们这一大家人都很本分，没有什么非分之想，人口虽多，却很和睦。

从此，我们的大家庭便不复存在。但是，在以后六十多年的日子里，特别是在年老之后，我还会时不时地想起小时候的事情，想起那个曾经其乐融融的大家庭。

2022 年 5 月 24 日

刘本习：前刘大棚种植领路人

　　刘本习，"习"又写作"喜"，乡人多称呼他"刘本喜"，原孙镇前刘村党支部书记。该村位于镇政府驻地西北方向约 6 千米处，早年间曾叫"前刘家"，因姓氏而得名——全村 90% 以上姓刘。时至今日，村里人仍习惯以"前刘家"自称。它紧邻小清河，距离南岸不足 50 米。小清河以北的高青县黑里寨镇有个"后刘家"，大概当初为了区分，才分别冠以"前""后"二字。前刘村原隶属于齐东县九户区南北张小乡。1958 年 11 月，齐东县撤销，原所辖九户公社等 6 个公社并入邹平县。1968 年 8 月，前刘村划归孙镇公社。1954 年 6 月 1 日，刘本习出生在该村一个普通的农民家庭。

　　早年间，前刘虽是一个穷村，但在新中国成立前就有初小，位于村东北角处。1968 年左右，前刘联中成立，招收前刘、北安、高唐、怀家、坡庄五村的小学毕业生。那时，小学和联中在一起，老师们就在一个办公室里办公。在本村完成小学和联中的学业后，刘本习于 1972 年夏考入孙镇高中，并于两年后毕业。那个时候，考高中的竞争就已经非常激烈，高中生在农村凤毛麟角，绝大多数学生联中毕业后只能回村务农。从小学到高中，刘本习的学习成绩一直都很优异。时值"文革"期间，高考制度中断，他也只得回村务农。

　　1975 年，刘本习作为后备干部被村里推荐进入工作组，到当时魏桥公社的印家村驻村，时间大约是两年。他积极追求进步，于当年 12 月加入了中国共产党。

"滨州地区劳动模范"刘本习（摄于 1995 年）

返回本村后，他担任了大队会计，一直干到 1979 年左右。当时实行生产小队独立核算制度，村里既有大队会计，也有小队会计。小队会计主要负责本小队记工分、分粮食、分钱之类的事情，他作为大队会计则主要负责管理大队副业账目等。期间，他曾有参军（1974 年）、上大学（在 1975 年或 1976 年，当时实行通过推荐上大学制度）的机会，皆因村里要培养后备干部，不得已留了下来。参军那次，他体检都合格了，硬是没能去成。不过，村里也考虑到他受的委屈，促成了他的大兄弟本强顺利参军。

土地是农村最重要的生产资料。可是，前刘村很早就面临着人多地少的状况。1951 年春土改时，全村有 450 来口人，所拥有的土地还不足 1000 亩。它是一个穷庄，在新中国成立前允许土地私人买卖的时代，村民们的购地能力极为有限，村里的土地总量也就不多。土改时划成分，各村划各村的，没有统一标准。结果，有的村里的贫农比前刘村的中农土地还多，甚至前刘村的地主还不如人家的中农土地多。人民公社时期，为了缓解人多地少的矛盾，在不放松农业生产的同时，前刘大队便大力发展副业。那些年，大队干过的副业还真不少，比如窑厂（烧制青砖、红砖、红瓦）、油坊（榨棉籽油的小油坊）、粉房（以地瓜为原料，制作干粉和粉皮）、小鸡子房（又叫"暖鸡房"，孵化小鸡）、加工磨、染坊、弹棉花等。

其中，就数窑厂和粉房干的时间长。另外，各小队还都有自己的挂面房。可惜，这么多副业，有的也曾红火过，却没有一个成了气候。最迟延续到改革开放初期，全都烟消云散了。

1982 年，前刘村分田到户，实行了联产承包责任制。村民们高涨的劳动积极性、优质的种子和高效的化肥，促使农作物产量有了大幅度提高。可是，急遽增长的人口，却让原先就人多地少的矛盾更加尖锐起来。大约从 1956 年开始，前刘村的人口出现快速增长。因为常年以种植地瓜为主（地瓜产量极高，此种植倾向一直持续到 1980 年左右），就连"三年困难"时期，前刘村人都基本没有挨饿，人口还持续增长。那三年中，亲戚朋友们常常到前刘村来借吃的——主要是地瓜干子，周围村庄，甚至是小清河以北村庄里的大姑娘，都愿意嫁到前刘村来。分田到户时，村里已有 1100 多口人，而经过 1958 年的划方调整，划入 800 来亩后，也仅有 1700 来亩土地。每个村民只能分到 1 亩口粮地（村里保留了部分机动地），还是 6 分一级地和 4 分二级地，是全乡人均土地最少的村庄。

那时候，种地还要交公粮。另外，农业税一般也折成粮食算在公粮里边，一起缴纳。一家人打的粮食，除去上交的，有时甚至都不够一年的口粮。为了有点儿经济收入，在传统粮食作物小麦和玉米之外，村民们不得不从口粮地中挤出一部分种植棉花。为了尽可能地增加收入，有的村民就尝试着在棉花地里套种瓜（甜瓜、西瓜之类），头几年还可以增加不少收入。当时，老百姓手里也没有几个钱。甜瓜、西瓜的销路主要靠下乡或拿粮食来换。后来，其他村庄也纷纷套种，结果"臭了行市"，效益就不行了。前刘村的棉瓜套种持续了三四年的时间。而有的村民则选择了干建筑队。那些年，农村盖房子的不少，他们有的当匠人（瓦工），有的干小工，以此补贴家用。

1978 年冬，刘本习与同村刘玉英（生于 1957 年）结婚。那时候，年轻人往往选择在年底结婚，一直到 20 世纪 90 年代农村还流行着"娶个媳妇好过年"的说法。他这辈儿有兄弟六人，他排行二。大哥是前窝里的，跟着爷爷奶奶生活。所以，他又是兄弟五人中的老大。他结婚时，结在老宅子的西屋里；之后，老二本强结婚，则结在老宅子的东屋里。1980年5月，刘本习夫妇带着饥荒搬出来分家另过。此前，他们夫妇不但给自己盖了三间土坯房，也给老二本强盖了三间。1990年9月份，刘本强从部队转业到邹平县公路局工作。

刘本习很有经商头脑。1983年左右，他就购买了一部农用50型拖拉机，专门给周围村庄盖房子的人家运输石头、沙子、石灰等建筑材料，从中赚取一点运输费。他自己不会开车，就专门雇了一个司机。刘本习负责联系业务，还在运输途中押车。跑运输的买卖干了两三年。后来，他卖掉50型拖拉机，与坡庄村的姐夫合伙在坡庄村开了一家面粉厂。1988年，他从坡庄退股，回到前刘村与人合伙另开了一家。那时候，老三本壮、老四本医、老五本院还都没有成人。他就让

刘本习、刘玉英夫妇（摄于20世纪90年代家中）

哥仨一起到面粉厂来上班，并对妻子说："咱们干面粉厂挣了钱，先帮着他们盖屋，找媳妇。等他们都成了人，咱们自家的日子再从头另过。"此厂颇具规模，采用流水线设备，有七八个工人。一年后，合伙人退股，厂子成了刘本习一个人的产业。当时，周围干面粉厂的还不多，再加上他善于经营，经济效益还不错。

刘本医和刘本院是一对双胞胎。当年刘玉英结婚时，小哥俩才七八岁。公公婆婆年龄已经大了。她对待他们就像对待自家孩子一样，无论是穿衣吃饭，还是生病住院，都是他两口子操心。1980年，大儿子刘光出生；1982年，小儿子刘辉出生。她既要照顾孩子，又要侍种四口人的口粮地，无论丈夫跑运输，还是干面粉厂，她都没有掺和。后来，老三本壮结婚了，结在了老宅子的西屋里；老四本医结在了老宅子的北屋里——老人住了三间，本医两口子住了两间。为了一碗水端平，刘本习夫妇又给老三本壮盖了三间土坯房。等到老五本院结婚时，农村已经流行砖瓦到顶的四合院。夫妇俩又给他盖了四合子砖屋。再后来，两位老人住的三间北屋坏了。他两口子干脆把北屋全部扒掉，重新盖了五间砖瓦房。好在老宅子的偏房尚且完好，不用重盖。除了盖房子，还有订婚、结婚，也都是既得操心，又得花钱的事。尤其是对于最小的两个兄弟，夫妇俩真可谓"长兄如父，老嫂比母"。刘本习去世后，坡庄的姐夫对丈人家的几个兄弟和兄弟媳妇说："你们的老大哥刘本习，是你们家的大功臣啊！"

从1980年起，刘本习开始担任村党支部委员；从1989年冬起，开始担任村党支部书记，这对他来说，是其一生的转折点。从此，他便将面粉厂委托给三个兄弟经营，自己则一心扑在村里的工作上。六七年后，由于竞争日益激烈，当时仅孙镇一带就有十几家私营面粉厂，刘本习的面粉厂便关了门。当时，村里的变压器只有50千伏安，容量小，不敷使用。倘要更换更大容量的变压器，不但要花不少钱，还需要支付非常昂贵的指标费。刘本习便把面粉厂100千伏安的变压器，以极低的价格转让给了村里，一举解决了两个经济难题。

截止到1991年，前刘村人均收入还只有550元。作为村党支部书记，刘本习一心想的是：如何利用极为有限的土地，尽量多地增加村民们的经济收入。大约在 1985 年，本村的刘传祥就种起了春季大棚，经济效益还很可观。此前，他从外地学会了这门种植技术。第二年，村里就有人跟着他种。从此以后，前刘村就零星地种起春棚来。大概是受了本村春棚和政府农业工作导向的双重启发，刘本习上任后便逐渐将注意力集中在了大棚种植上，不过他琢磨的不是春棚，而是冬暖式大棚。1991 年的时候，他自己就去寿光考察了好几次。

1992 年，邹平县的农业工作聚焦于"高效农业"。同年 8 月 18 日，县委县府根据不同自然条件和生产力发展水平，划定了蔬菜、林果、畜牧三大基地范围。在蔬菜种植方面，恰好也重点推广冬暖式大棚蔬菜种植技术，积极采取走出去、请进来的方法，多次组织人员到寿光等地参观学习，并聘请蔬菜专家举办技术讲座。

虽然孙镇乡被县里划入畜牧基地范围，刘本习却看中了冬暖式大棚蔬菜种植项目，觉得正好可以解决前刘村人多地少的尖锐矛盾。村里连续开了几次会，研究讨论发展大棚蔬菜种植的问题。当时，县里虽然鼓励发展大棚蔬菜种植，但没有出台什么具体的扶持政策。得知前刘村委的想法后，孙镇乡政府便派一名副镇长与刘本习一起，带领 100 位有意向的村民，前往寿光考察学习了两三次。村民们发现，大棚蔬菜种植并没有太高的技术门槛，心里也都憋了一股劲："人家寿光人能干的事，咱前刘人也能干！"他们抓住机会询问了不少相关的知识，也认可了这条致富路。

可是，回到村里真要干时，有不少村民打起了退堂鼓。那时候，他们面临着"三无"的窘境：一无资金、二无技术、三无销路。建一个大棚需要投资 4000 多元，在那个"万元户"都稀罕的年代，这可真不是个小数目！大家伙心里直打鼓，都怕上了大棚非但没收入，反倒把本钱也赔了进去。有的村民就持了观望态度，一心等着别人先上大棚，自己看情况再说；还有的村民正在从事建筑等行业，既然有其他经济来源，种植大棚蔬菜的愿望也就不是那么强烈。最后，只有 47 户村民下定决心建大棚。为此，村里计划在村东调整出 50 多亩专用土地。村主任刘本国带头拔掉了已经作桃的 5 亩棉花，为顺利调整土地带了个好头。紧接着，村党支部又迅速妥善地解决了棉田损失补偿问题。不到五天，土地调整工作即告完成。

为了解决启动资金问题，刘本习想到了贷款。可是，那时候的政策，非但不能以村里的名义贷款，村里也不能为村民作担保。为了打消种植户的顾虑，刘本习就以个人名义，在家人反对的情况下，毅然通过坡庄油棉厂担保，向银行贷了20万元，并以每个大棚4000元将其转贷给了种植户。据说，这笔贷款是由当时邹平县分管农业的高凯副县长帮忙，从青阳乡拆借的。为此，刘本习还在县政府蹲守了三天。这是一个风险很大的举动，倘若大棚蔬菜种植不能收到立竿见影的高效益，而种植户又无力或不愿偿还，这笔巨额贷款就会全部砸在刘本习一个人身上。

为了解决建棚、种植的一系列技术难题，村里以1.5万元的年薪，从寿光聘请来水平高超的桑景斌技术员，聘期两年。他倾其所学，从建棚的购料、打墙、支棚到育苗、嫁接、防病等每一个环节都盯着种植户干，切实保证了技术得到不折不扣地执行。乡政府对前刘村发展蔬菜大棚非常重视，为此召开过好几次党委扩大会议，还专门派科技副镇长到村里蹲了一年多的点。

前刘村打算建造与寿光相同的冬暖式大棚。当时，整个邹平县还没有搞大棚蔬菜种植的。因此，建棚所需的竹竿、塑料布、吊绳、铁丝、钢丝、水泥柱子等建材，还得到寿光去采购。乡政府积极协调了运输车辆，刘本习就带领种植户到寿光，义务帮他们运输物资。在技术员的指导下，经过50多天的奋战，刘本习带领种植户建好了第一批冬暖式大棚。

考虑到便于管理和销售，村里决定所有大棚统一种植黄瓜。到了10月中旬，该嫁接了。刚出土的黄瓜苗又嫩又脆，稍有不慎就会前功尽弃。为了保证嫁接质量，集中统一培训后，刘本习又陪同技术员挨个大棚进行逐一指导，并叮嘱种植户务必严格遵照规程操作。最终，嫁接成功率达到了96%以上。12月下旬，一筐筐顶花带刺的大棚黄瓜便上市了。20多年后，刘本习兴奋地回忆道："当时，黄瓜成熟后怕卖不出去，想联系寿光的客商。没想到'半路上杀出个程咬金'，一名淄博博山的菜贩子，看到长势良好的黄瓜，以5元一斤的价格全部收购。黄瓜卖完后，建大棚的贷款当年就还清了。"

俗话说"榜样的力量是无穷的"。其他村民看到大棚蔬菜种植确实效益好，转过年来，又有 40 户村民加入，新建了 60 多个冬棚。同时，村里还建起了蔬菜销售中心，做到了"就地批发，卖菜不出村"。伴随着大棚蔬菜种植逐渐形成规模、村民的收入不断增加，前刘村一下子在全县扬了名，成为孙镇乡乃至全县"高效农业"发展的一面旗帜，就连时任县委书记周建世同志也前来参观。从此以后，前刘村的大棚蔬菜种植规模不断扩大。

1995 年，前刘村被邹平县委县府评为"科教兴邹先进集体"。此时的前刘村早已发展成为一个经济强村。第二年被县委县府授予"双文明建设先进单位"称号。截至 1997 年，全村 96% 的村民种植了蔬菜大棚，产品畅销淄博、东营、天津等地。前刘村也成为被县府首批认定的"小康村"之一。中国香港以及日本、美国等地的农业专家还曾多次前来考察。另外，日清公司曾有意采购前刘村的大棚蔬菜，用来生产脱水蔬菜。可惜，在村北看到污浊不堪的小清河后，这个合作意向便化为泡影了。

在接下来的十年，刘本习离开了村党支部书记的岗位。1997 年，忽然有人向上级有关部门举报刘本习存在经济问题。县里的相关部门便来前刘村查账。身正不怕影子斜，刘本习非但不害怕，在其主动请求下，省级相关部门也对村里的账目进行了彻查。他还曾对调查人员表示："若是会计或保管有任何贪污行为，也可视为我刘本习贪污。"调查结果：刘本习不仅没有任何经济问题，还在村庄基础建设中为村里节省了开支。因为此事，他愤而辞去村党支部书记的职务，只保留了支部委员、村主任、村委委员的职务。

1998 年，县委县府在韩店镇肖镇村设立蔬菜示范服务基地，占地 398 亩，建成冬暖式蔬菜大棚 218 个，计划从大棚黄瓜起步，逐步向高档蔬菜发展。在经营形式上，既可以由机关干部创办，也可以与农户联办，还可以反租承包给当地群众和下岗职工。刘本习接受了基地的聘请，担任了技术顾问，一干就是 5 年。由于工作繁忙，他索性住在基地很少回家。在最后两年，他承包了 4 个大棚，妻子刘玉英也搬到了基地。

2003 年，夫妻俩返回前刘村，建起了一个冬棚和一个春棚，各占地 1 亩。从前担任村党支部书记时，刘本习基本每天都按时到村委上班。无论县里还是镇上来人，都不会扑空。其他支部委员，有的忙着做买卖，有的忙着种大棚。他也不安排轮流值班，只有开会时才把他们召集到村委。同样的大棚蔬菜，在地头批发与到集市上出售，价格几乎差了一半。刘本习根本顾不上家里的活，更不要说去赶集。照顾家庭、侍种土地已经让刘玉英忙得不可开交。她还要给桑技术员准备一日三餐。有时候，她实在没空，就让大儿子刘光准备。后来，村里把桑技术员的家属接了来，才由他们自己开火。所以，那些年刘本习家也就没种大棚。期间，刘玉英也曾想过种点别的，来增加一点儿收入。比如 1993 年，她就种了两亩蒜。可是，蒜从地里收上来后，刘本习却根本没有时间去卖。最后，还是一个让村里送大棚草苫子的朋友帮忙拉了出去，不管贵贱一卖了事。以后，她就还是老老实实地种玉米、小麦、棉花。

时间一晃又过了五年。2007 年，经过孙镇党委政府反复做工作，刘本习才答应临危受命担任前刘村"代理书记"。从此，村里大事小事都找上门来。大棚里长出来的蔬菜，也就只能批发给到村里来收菜的贩子。这一年，刘本习个人出资4400 元注册资金，带领 43 名菜农成立了蔬菜专业合作社，全村所有菜农都是社员。每年的 9 月份，合作社都会邀请省、市级农业部门的专家，对社员进行技术培训。从成立之初直到刘本习去世，该社都是全镇乃至全县能够正常健康运营的优质合作社之一。此前，村里的大棚蔬菜种植已经从一年一季调整为一年三季，即每年10 月份种芹菜、苦菊，两个半月后收获；1 月份种黄瓜、西红柿、茄子、西葫芦，7、8 月份收获；接着再种越夏黄瓜、西红柿。

第二年，刘本习参加了村党支部书记竞选。他历来秉承着一个原则：选举前的一两个月，为避免瓜田李下的谣言，他从不串门，更不要说贿选，完全凭党员们的自愿投票，选上就当，选不上就拉倒。赋闲十年之后，他再次当选村党支部书记，以后连选连任，直至 2019 年在任上病逝。

在接下来的几年里，前刘村的蔬菜大棚规模继续扩大，社员收入持续增加。

为了适应市场对绿色食品的需求，2010年11月，刘本习向国家工商行政管理总局（今国家市场监督管理总局）、商标局申请注册了"玉喜园"著名商标。商标中的"玉""喜"两字，即来自刘本喜、刘玉英夫妇的名字。12月，经中国农业部（今农业农村部）绿色食品发展中心审核，前刘大棚蔬菜被认定为"绿色食品A级产品"，畅销淄博、济南乃至东北等地。是年，村里拥有冬棚465个，种植面积达到900余亩，数量和规模均位居全县第一。前刘蔬菜大棚的蓬勃发展，带动了周围范家、北安、高唐等几个村的发展，甚至连小清河以北的部分村庄也受到了影响，共建大棚400多个。2013年，前刘村冬棚达到516个，大多数是新式钢架结构。在接受采访时，刘本习指着成片的大棚自豪地说："村里几乎户户种大棚，最多的一家3个棚。1个棚平均年收入3万多元，村里人都说，这比外出打工强。"俗话说"一亩园十亩田"，前刘村的蔬菜大棚却是有过之而无不及。从1992年建成冬暖式大棚到2013年的20余年间，特别是每年从元旦到正月十五这段时间，用老百姓的话来说，就是"一天一个秋"。那时候，前刘村一天的收入，甚至赶得上周围一个庄一年的收入。前刘村的存款抵得上临近的北安、高唐、怀家三个村的存款之和。村里最早购买汽车、在外买楼的村民，都是靠种植大棚蔬菜赚了钱。

刘本习正在给刘传林作技术指导（摄于2009年）

　　除了大棚蔬菜种植，前刘村还发展起了奶牛养殖业。2007年，村民刘志强创办了"旭日牧场"奶牛养殖场，起初位于今村委办公室后面，仅有奶牛50来头。2010年迁至村东南方向1里地处，占地50亩左右。至今已经拥有奶牛500余头，日产牛奶4吨左右。刘厂长曾不无感慨地说道："当初，要是没有刘本习书记的大力支持，旭日牧场不会有今天的局面！"

　　另外，村里还推广沼气池建设，充分利用沼液、沼渣，提高蔬菜质量，增加大棚收入。2010年，全村建有沼气池156个，也是全县村建沼气池最多的村庄。再者，前刘村不但建立了全镇首个绿色蔬菜种植基地，还在老村委大院建立了首个蔬菜交易市场，把外地客商吸引过来，方便社员们销售蔬菜。是年，邹平电视台"邹平发现"栏目组，还以刘本习引进、发展大棚蔬菜种植的艰辛历程为蓝本，制作了纪录片《村官刘本喜》。其中，有村民问他道："刘书记，你操心劳神的，你到底图啥？"刘本习笑着回答说："我就为了你们家家户户有钱，户户家庭富裕，各家买上轿车。"

　　另外，前刘村还创办了残疾人扶贫基地，帮助村里的残疾人通过大棚蔬菜种植走上富裕路。刘传林是土生土长的前刘村农民，不幸天生聋哑。父亲去世后，他与年近八旬的老母亲相依为命，日子过得很是清贫。这些年，看到村里人都靠种植大棚蔬菜致了富，他也萌生了种大棚的想法。了解到这一情况后，村里资助他一部分资金和肥料，并由蔬菜合作社的技术员专门负责，在技术、销售等方面给予全力帮助。刘本习就是刘传林蔬菜大棚里的常客，经常去给他传授种植技术。"以前，他农闲时干干劳务市场、建筑小工，一年也就挣个八九千元。现在，他的大棚第一季种苦菊，两个多月就赚了8000多元。"在刘传林的蔬菜大棚内，刘本习曾自豪地向记者介绍说，"有了他的身残志坚、勤劳肯干，加上村里的支持和帮助，几个月下来，他就取得了初步成功。你看，在我们前刘村，聋哑人靠大棚都能发了财！当前这一季是收西红柿，接着还可以种黄瓜、生菜、芹菜。用不了一年，他就能收回建大棚的3万多元成本。"

　　然而，近些年来前刘村的大棚蔬菜种植也遇到了一些困难。截至2019年，全村的冬棚数量减少到 300 多个。不过，村民们每天都有收入，生活水平比其他村庄还是要好一些。同时，随着蔬菜价格的上涨，比以前效益更好了。就在病逝前的几个月，在接受采访时，刘本习一方面总结了自己引进大棚蔬菜种植的经验："无论想干成点啥事都不容易！有时候，这路就是被逼出来的！这是我的一点感受。再有一点，就蔬菜大棚种植来说，只有形成一定规模，才能产生更好的效益。"另一方面，他谈到面临的挑战："如今，大棚蔬菜种植也遇到了一些难题。比如说，种大棚不怎么费力，但是很费工，时间长。有的村民年龄大了，种不了了。孩子们又在厂里上班，不愿再侍弄大棚。这是一个难题。再就是，外地蔬菜对本地市场的冲击，致使蔬菜大棚的规模不但不能继续扩大，还有缩小的趋势。这不光是我们前刘村，就连寿光也面临同样的难题。"

己亥年十一月二十八日（2019 年 12 月 23 日），刘本习因突发脑出血猝然离世，享年六十五岁。早在五年前，他就已经办理了退休手续。按照规定，不能"骑双头马"，只能拿一份钱，要么离开村党支部书记的岗位领取退休金，要么继续工作拿工资。原本可以不干活也拿钱，可是他依然选择了后者。

其实，2016 年的时候，刘本习就检查出了肠癌。直到那时，2003 年建的大棚，夫妻俩还一直种着。他再次担任村党支部书记后，大棚就主要由妻子一个人来管理。后来，妻子去给大儿子刘光看孩子，刘本习白天仍是正常到村委上班，晚上就戴着头灯到大棚里侍弄蔬菜，有时候还要忙到三更半夜。这时他对妻子说："大棚咱不种了，我病了，你一个人忙不过来……"他是把大棚引进前刘村的人，为了村里，他家的大棚比谁家建得都晚；此时，因为身体，不得不在心有余而力不足的时候把大棚承包了出去。

为了保险起见，家人陪他到北京的医院做了手术。众所周知，医院是一级有一级的水平，同时也是一级有一级的花费。所幸手术很成功，但是家里多年种大棚的积蓄、大儿子的积蓄，以及小儿子多年在部队的积蓄，花了个差不多。术后，还有持续不断的后续治疗，比如化疗、放疗等。是年年底，小儿子从部队转业。他转业带回来的钱，以及刘本习的工资，再就是亲戚朋友帮衬的钱，全部变成了后续治疗费用。虽然家人竭力掩饰经济窘况，刘本习还是隐约觉察到了。有一天，他对小儿子说："咱们不治了，没钱了，回家吧！——哎，这些年，我给村里垫付了二三十万。等小清河复航工程占用咱村里土地的补偿款下来了，我就报销出来。"小儿子听后心中五味杂陈，"父亲当了二十多年的村党支部书记，给村里垫付了那么多钱，如今自己生病了，却没有钱医治"，可是嘴上只能安慰父亲道："爸，您放心吧。我手里还有钱，您安心治病就行。"可惜，刘本习却没有等到补偿款下来的那一天。

近三十年来，村民们虽然因大棚蔬菜种植富裕了，可是村集体没有因之增加多少收入。历年来，村里各项基础建设和公共建设的投入巨大。1991年，村里先后投资9万元，拓宽了两条大街，铺设了一公里的柏油路，又投资5.5万元改善了村委办公条件。1996年，村里投资50万元，在村东南角处修建了拥有二层教学楼的新校舍。它由前刘、北安和怀家三村合建。所占土地大部分是前刘村的，西边一小部分则是北安村的。在资金上，也数前刘村支持得多。是年，前刘联中撤销，前刘小学也随即搬入了新校舍。2004年，前刘教学点撤销。校舍归前刘村委和卫生室共同使用。此前一年，前刘小学的四五年级已经合并到孙镇第一小学。2007年，村里投资120万元，硬化了村内主要的7条街道，又投资35万元硬化了23条胡同。2011年，村里投资15万元新上净化水设备两台，又投资15万元更换了200千伏安、300千伏安变压器各一台，并对输电线路进行了改造。2012年，村里投资92万元将5条生产路进行了硬化，又投资20余万元新建了文化广场。2015年，村里投资15万元，利用原前刘小学部分校舍，改建了幸福院，又投资10万元对村庄进行了绿化和亮化。这些项目都是在刘本习任内施工完成的。

前刘村人多地少，机动地更少，因而承包费收入也很有限。只因毗邻小清河，多次被占用土地，从而得到一部分补偿款。1996年小清河拓宽工程、2008年南水北调工程、2019年小清河复航工程，都曾占用前刘村的土地。不料，在下发小清河拓宽工程的补偿款时，竟然引起查账风波，刘本习愤而辞职。十年之后，当他再次担任村党支部书记时，村集体的经济状况回到了 1996 年之前。南水北调工程的补偿款下发后，村里给村民们缴纳了三年的农村合作医疗，剩余部分则用于村庄建设。但是，这些钱并不能完全满足建设的需要，故而刘本习为村里垫付了部分资金。其中，既有他自己的工资和妻子多年的劳动收入，也有从其他村民手中借的钱。

在担任村党支部书记期间，刘本习不止一次有机会成为国家干部：一次是县农业局想调他去任职，还有一次是镇政府想调他担任管区书记。可是，他先后都婉拒了。另外，有不少厂子看重他的业务能力，想高薪聘请他去"跑外"。他也都一一谢绝了。其实，这也不难理解。对于刘本习来说，前刘村是他花费二十多年心血创作的"作品"。他怎会舍得离开呢？如此一来，其家庭经济状况也就可想而知。按照农村的政策，他既然有两个儿子，就该有两座宅基地。可是，如今第二座宅基地上的新房子，在他去世之后才盖的，在村里成片的砖瓦房中也是比较差的。

有一次，刘本习的一个亲戚去赶集，恰巧碰到一群人正围着一个修鞋的老大爷说闲话。其中一人说道："你们看看前刘村那个书记，家里过得跟要饭的一样。"亲戚听后心里很不是滋味，便把这句话告诉了他们夫妻。刘本习对妻子说："咱不贪不占，我心里踏实，最起码晚上能睡个安稳觉。"他担任村党支部书记前后长达二十余年，经他手的资金高达数百万元，可是没有一分钱落入自己的腰包。

担任村党支部书记期间，凡是村里向外承包土地、沟沿之类，刘本习都不准自己的兄弟们参与竞争。他们不无怨言道："别人当官儿，都是自家人跟着沾光。咱可倒好，不但沾不上光，反倒背了害！"他正色道："咱们要是包了地，我这碗水就是端得再平，在老百姓眼里也是不平。人家还要卷咱祖宗！"孙镇方言，管"狠狠地骂人"叫"卷"。另外，只要上级有救济，他也一定会按照政策办事，把钱或物发到最需要的村民手中。村里曾有一户人家，生活非常困难。刘本习多次自掏腰包帮助过他们。后来，那户人家的一位老年人去世时，曾给孩子们留下过话："你们千万不要忘了刘书记，人家帮助过咱家！"

妻子说，刘本习简直把村委办公室当成了家，只有手术之后一月一次的化疗、放疗，才能教他在工作时间暂时离开。就是住院回来，他也总是要先到村委办公室去看一看，有时甚至还要工作一段时间，绝不肯直接回家。他干工作特别认真。村里多少年的数据，都在他脑子里装着，张口就来。材料也都是他自己手写的，有时白天在办公室写上一天，晚上还要在家打夜工，甚至写到深更半夜。妻子脸上笑着，眼里却含了泪水，说道："也不知道上级领导给他布置了多少工作！"有一回，县里下来检查的人感叹道："走了这么多村，没有跟前刘村这办公室一样有次序的！"检查完毕，所有的项目都无可挑剔，又不好得满分，只能象征性地扣了2分。在生活中，他没有多少娱乐活动，只是喜欢看看新闻，从《新闻联播》到省里、县里的新闻，他都认真地看，仔细地听。除此之外，他还爱看足球比赛，有时一个人竟能看到三更半夜。

生前，他没有给儿子们买下楼房；死后，也没有留下万贯家财。当年小儿子结婚时，没有新房子，只能结在老宅子的一间小西屋里。如今，哥俩只能继续在县城租房子住。他去世之后，家人拿着他名下的三张银行卡去办理销户：一张是空卡，分文皆无；另外两张倒是有钱，一张4201元，一张143元。他留给家人的，只有各级党委政府颁发的各种荣誉证书。1995年4月，他被滨州地区行政公署评为"滨州地区劳动模范"。另外，他曾被中共邹平县委评为"优秀共产党员""奔小康标兵党员""十大杰出青年""十大农民科技状元""优秀农村党组织书记"，也曾被中共滨州地委评为"优秀共产党员""奔小康标兵党员""农民之星"。再者，邹平县府和滨州市府还曾分别授予他"乡村之星"荣誉称号。除此之外，他还曾被省科协评为"优秀科普员"，被市科协评为"科普工作先进个人"和"科普惠农工作带头人"，被邹平县府聘为"农业专家顾问团成员"……

一位熟悉他的老村民感慨地说："总而言之一句话，刘本习这一辈子，全心全意为前刘村服务！"如今，他已经去世将近四年了。有些村民已经把大棚恢复成农田，家庭收入来源也调整为外出打工和粮食作物种植，而大棚蔬菜种植依然是不少村民（特别是那些五六十岁老人）主要的经济来源。

2023 年 11 月 30 日

（本文主要根据对前刘村刘万伦、刘春平、刘长友、刘万荣、刘志强诸位先生，以及刘玉英、刘辉母子的采访撰写而成。另外，文中图片皆由刘辉先生提供。）

赵立平：往事历历忆读书

　　1963 年 9 月，我出生在邹平县孙镇公社岳家官村，是个地地道道的农村孩子。从 1981 年起，我先后在邹平县长白沟苗圃、明集乡林业站、沾化县林业局、沾化县下河乡、沾化县妇联、滨州市妇联、滨州市妇女儿童工作委员会、滨州市文化广电新闻出版局、滨州市文化和旅游局工作。古人说"千里之行，始于足下"，回想我自己"万里长征的第一步"，就是长达十几年的读书生涯。

　　我的父母先后毕业于邹平师范学校，后都被分配到桓台县任教。由于家庭生活困难，母亲在教了大约三年书之后，不得已自由离职，忍痛离开了自己喜欢的三尺讲台，回老家务农。每到农闲时节，母亲就带着我跟随父亲在桓台生活。工作和劳作之余，他们就教我识字。还没等上学，我就已经认识了不少汉字。1968 年，教育系统落实"侯王建议"，父亲得以调回老家孙镇工作。母亲则经历了长达数十年"面朝黄土背朝天"的辛勤劳作，是我们这个大家庭的有功之臣。

　　当年我念过的官庄小学，位于村西头的路南，现在还保留着几间北屋。20 世纪 80 年代，新的官庄小学在村东北角处落成投入使用。学校搬迁完毕，岳立山大哥家便购买了原先的旧校舍。岳官村至今人口不满 300，当年就更少了。人口少，学生便少，老师自然也就不多，有时甚至全校只有一名老师。鉴于这种情况，学校只能采取复式班教学，五个年级在一口教室里上课。结果，老师给高年级学生上课，有些大孩子还没学会，而低年级灵犀点儿的小孩子却已经学会了。除父亲之外，我记得冯家村的冯敬轩老师、小三户村的赵老师，也先后在村里任过教。既然只有一个老师，那么所有的学科自然也就只能由他一个人来教。

我五周岁那年，父亲恰好在本村教书。因为一年级语文课本上的汉字早就学会了，我念书是直接从一年级下学期开始的。一年级上学期学习汉语拼音，因为没有正式学过，父母亲当初也没教过，至今我的拼音还有点磕巴。我是班里年龄最小的学生，同学们一般都比我大三四岁。

父亲性格开朗，在学校里很少发脾气，对待学生更是和蔼可亲。可是，有一次，我却狠狠地挨了他一脚。小时候，我天性活泼好动，再加上课本上的知识早已掌握，学习特别轻松，就格外调皮捣蛋。那天，我又在教室里调皮时，正好被父亲撞见，结果他一脚就把我踹到了门外。学生们犯错时，他却从来不动手，单是那威严的目光一扫，已让他们望而生畏。

父亲是科班出身，什么课都能教，用他们的行话来说，就叫"围着桌子转一圈"。除常见学科之外，他还开设了游泳课和乐器课。他会吹笛子，也会拉二胡和京胡。有一回，他带着学生到公社参加文艺演出，学生演唱现代京剧，他拉京胡伴奏。另外，他还会作词、谱曲。当年在桓台县陈庄教书时，校歌就是由他一个人作词、谱曲创作的。不过，他在本村教学时间不长，就调往其他村教书去了。冯敬轩老师的学问特别好，脾气尤其好，从来不体罚学生。赵老师好像是体育专业毕业，上数学课时，偶尔遇到不太熟悉的题目，就点名让我来给同学们讲一讲。

最初，家里的大人并没打算让我正式入学，看我学习跟得上，也就让我一路跟着读了下去。当时的小学是五年制，而我却读了五年半，因为年龄小、个子矮，四年级时留了一级，俗称"蹲级"。那时候，学籍制度管理还不严格，留级也容易，老师或家长都能做主。当年，无论是教师还是学生，压力都不大，虽然也有期末考试，但是不排名次。家长们也不大在乎孩子的学习成绩，尤其是女孩子，有些家长觉得她们念书没啥用，用不用功全凭自己。不过，从小学一直到中专，我对自己始终有一个要求：老师教授的内容必须掌握！

读小学时，我是边玩边学。父亲在外教书，不大过问我的学习。反倒是母亲总是诧异："人家别的孩子回家都做作业，你为啥不做作业呢？"当然，既不是没有作业，更不是我不做作业，而是每次我在学校就把作业轻轻松松地完成了。至今回想起来，我都觉得自己的读书生涯是快乐的。

放学回到家，就没有这样轻松了。家里喂着猪，我要打猪草；母亲下地干活，我要给家人做饭；我还要给生产队割草。农忙的时候，我也要跟着大人们下地干活。地里有活，家里也有活，比如地瓜收上来，就在空地上埋上杆子，扯起铁丝晒地瓜干。有时候，一直干到深更半夜，甚至挂着地瓜片就能睡着了。

那时候，农村的生活条件都不大好，主食是各种窝头：地瓜面窝头、玉米面窝头、高粱面窝头、玉米豆子面窝头……穿得也差，从头到脚都是用家织土布做成的衣服。冬天的棉衣一套穿一冬，等到春天来临，再把里面的棉絮拆出来当夹衣穿。一身衣服老大穿了老二穿，老二穿了老三再穿……如果下一个人穿着不合身，母亲们就自己动手改一改。棉衣或夹衣穿得久了，里子烂了，面子也旧了，就把面子洗一洗，再当里子使。烂了的里子也舍不得扔，可以用糨糊打成"裹板儿"，给一家老小做鞋子或靴子。单衣穿破了就补，但是早晚也会变成脚上穿的鞋子或是靴子。我是家里的老大，穿新衣服的机会比弟弟妹妹们要多一点。不过，过年的时候，每人总有一套新衣服穿。那时候的小孩子们特别盼望过年。

过年不但有新衣服穿，还有肉吃。那时候，家家户户都养猪。等到年底下，就要纷纷"磨刀霍霍向猪羊"了，自己留下一些，其余的卖掉。我们家的规矩：二十八晚上煮出肉来，孩子们放量吃一顿，大人们是不舍得放量的，之后就要收起来招待客人。平常的日子很少有机会能吃到肉。那年月，买肉不但要有钱，还要有肉票才行，更何况家里又常常是没有钱的！

1975年，从本村小学毕业后，我与10来个同学一起到时家联中去读书。那时候，全公社每个管区都有"联中"——相当于现在的"初中"。时家管区的联中就是"时家联中"，招收下辖的时家、霍坡、信家、罗家、孟坊、岳官等村的小学毕业生。学校不在时家村里，而是在村东约1里地处的路南。大约二十年后，联中撤销，时家小学便迁至此处，如今则早已成了工厂。

从我们村到时家联中，约莫有 5 里路。学校没有宿舍，家里也没有自行车，我们一伙人就结伴步行上下学。早晨 5 点来钟出发，到学校后先跑早操再上课；中午不回家，把早晨带来的午饭——各种窝头，放在学校的大锅里馏一馏；下午上完课，大家不能立即回家，还要上晚自习。晚饭也在学校吃，跟中午一样，也是窝头就咸菜。那时候，农村还没通电。学生们就用自制的煤油灯照明。我们就地取材，三下五除二就能制成一盏煤油灯：先把一根长棉线对折几次，搓成粗灯芯；再将灯芯从制钱的方孔中穿过，上边的灯芯短，下边的灯芯长；最后，将长灯芯塞入盛有煤油的墨水瓶中，制钱恰好蹲在瓶口上。虽然一人一盏，但是煤油灯光线昏暗，看不清黑板上的字，老师也无法讲课，通常是上自习。跟小学时差不多，我的作业也能在学校轻松完成。

我至今记得，冯曰林老师教语文，夏老师教数学，徐老师教物理和化学，郭校长教政治。1977 年夏天，我从时家联中毕业，与同学们一起报考孙镇高中，当时全公社只招 3 个班。时家联中那一级有 40 多人，最后考上了 10 来个。我们村

时家联中毕业时女生合影，前排右二是赵立平（摄于 1977 年夏）

只考上了我和岳玉禄两个。当时，学校有两个推荐上高中的名额，我不在被推荐之列，好多同学还为我打抱不平。

　　孙镇高中位于孙镇社委会驻地，校址即在今孙镇初中处，距离我们村大约 15 里地。入学时，全校两个年级，一共只有 6 个班。我们住校，一周回家一次，每次都带着干粮来上学。干粮终于不再是窝头，而是用白面和玉米面掺和起来蒸的两面卷子。菜是没有的，依旧只能吃咸菜。那时候，食用油在农村可是个稀罕物，咸菜也难得炒一回。家里最困难的时候，甚至连咸菜也没有，只能将粗盐粒子压碎后放在玉米面里打个滚儿，粘上点面，然后放在锅里一炒，俗称"炒糊盐"。接下来的一个星期，就只能蘸盐吃了。至于零用钱，那是一分也没有的。

孙镇高中高一（3）班女生合影　后排右一是赵立平

（摄于 1978 年夏）

孙镇高中当时的校长是吴敬盛老师，副校长是李来喜老师。给我任课的老师有：教数学的王凤岐老师、班主任是罗家村的杨家良老师（教语文）、教物理的刘景胜老师、教化学的韩攸普老师。高二时，王向浦老师（今明集镇人）和颜士法老师（今韩店镇人）先后教过我一段时间。虽然他们教我的时间都不长，但是我语文成绩的提高，得力于他们的教诲却不少。记得每次上语文课，我都要被叫起来回答问题。印象最深的是作文课，如果写得不合格，就要发回来重写，直到合格为止。

1978 年下半年，邹平一中集中在全县范围内选拔一批尖子生。孙镇高中便组织部分成绩优异的学生去投考。我和同学们用自行车驮着被子，到魏桥高中参加了选拔考试，最后考上了 10 来个人。选拔上来的学生分成了五个班：一个文科班，四个理科班——还分了快慢班。我被分到了理科快班。刚入学时，我的成绩排在班里的后几名，当时心里非常着急，经过两个多月的不懈努力，逐渐上升到中游。

来到邹平一中后，每个月休息一次。有时候，父亲会来看我。他的体质本来就弱，再加上工作劳累，身体一直不大好。每次来他都叮嘱我要注意身体，"学习成绩是第二位的"。邹平一中的生活条件比孙镇高中强得多，也不用再带着干粮上学，而是改为用麦子换粮票。当时，全校的大部分助学金都用在改善五个班的学生生活上，既有咸菜，也有炒菜——竟还多少有点儿肉——价格也不贵，五分钱就能买一份。面食虽不全是细粮，但是已经占到了 70%。其他班的学生可就没有这么好的待遇了。因为吃不上菜和油，有的学生还得了夜盲症。

那时，生活上虽然有了改善，衣着还是不大好，衣服上有个把补丁是家常便饭。生活费少得可怜，都是论分论毛省着花的。有一回，我计划回家要两元钱买学习资料。然而，一听家里的情况，我连嘴都没张，就返回了学校。

到 1979 年的 7 月，我就面临着了升学考试。当时，中专和大学是分着考的，而且考试时间也不同。我根据自己平时的学习成绩和家里的经济状况，跟家里人做了一番分析："以我平时的成绩，考中专有把握，考大学有希望却没把握。如果大学考不上，势必再复一年课，又要拖累家里一年。所以，最稳妥的办法就是考中专。"

考取中专后，赵立平与家人合影，当时其父赵树忠在外教书

（摄于 1979 年 9 月）

中专考试在邹平一中举行。我的心理状态很好，就跟平时考试一样，没有多大压力，发挥正常。考完试，老师们就给我们讲试卷，然后进行估分，再填报合适的志愿。考场上如何答得卷，每门课我都记得一清二楚，估的分数跟后来公布的也差不多。最后，我顺利地被山东省林业学校录取。当初，跟我一起从孙镇高中选拔到邹平一中的同学，大部分也都考得不错。我在邹平一中总共读了八九个月，但是那段岁月至今难忘。

两年的中专生涯，除了教给我林业方面的专业知识，还让我结识了爱人张树青，这对我以后的工作和生活都产生了很大影响。另外，有一件那时候的小事，至今还经常被家人提起。

读中专时，大家都是穷学生，一般都穿土布衣裳。因为考上中专，姥爷特意给我截了一块灰色的确良布，做了一条裤子。我非常高兴，就天天不离身，脏了洗一水，晒干了接着穿。无奈只有一条，也没法替换。后来，屁股上磨出了一个洞，当然舍不得扔，可又没有相同颜色的布，就用一块浅色的布打了个补丁继续穿。浅色的补丁在深色的裤子上特别显眼。暑假回家，我跟着家人到邻近的实户村去推磨。人家听说我在外面读书，便笑着说："一个大学生，还穿补丁衣裳啊！"当时，大学生穿补丁衣裳的故事，就在亲友之间不胫而走，一直流传至今。

农村孩子想要改变命运，一般有两条路：一是读书，二是当兵。两者之中，知识改变命运的机会更大一些。如今，就是城市里的孩子，想要过上更好的生活，也得好好读书。从前，我读书的时候，别人不努力，但凡你努力，就很可能胜出；可是现在，大家都在努力，只有加倍努力才有胜出的可能。读书既是为家人，更是为自己，而成功的秘诀古人也早已说得清清楚楚：书山有路勤为径，学海无涯苦作舟！

2021 年 12 月 24 日

（文中图片皆由赵立平女士提供。）

参考文献

主要书目

栾钟尧、赵咸庆、赵仁山修纂：《民国邹平县志》，民国三年（1914）刻本。

信连元纂修：《信氏族谱》，民国二十四年（1935）刊本。

许宗道续修：《张德佐村张氏家谱》，手抄本，1957年。

许宗道续修：《周家村许氏家谱》，手抄本，1962年。

杨国夫：《战斗在清河平原》，山东人民出版社，1985年。

山东省邹平县地方史志编纂委员会编：《邹平县志》，中华书局，1992年。

孔令纪等主编：《中国历代官制》，齐鲁书社，1993年。

山东省邹平县地方史志编纂委员会办公室编：《邹平年鉴（1986—1995）》，齐鲁书社，1997年。

刘立忠编纂：《刘姓家谱》，自印本，1997年。

李氏宗族续谱委员会编：《李氏族谱》，自印本，1997年。

曲延庆：《邹平通史》，中华书局，1999年。

蔡家村蔡姓家谱筹备组：《蔡姓家谱》，自印本，2000年。

《冯氏支谱》，自印本，2004年。

刘士合主编：《中共邹平地方史（第一卷）》，中国档案出版社，2005年。

袁氏家族第六次修谱委员会：《於陵袁氏族谱》，自印本，2006 年。

《青城县志》编纂委员会编：《青城县志》，中国社会科学出版社，2007 年。

王忠修主编：《邹平师范学校暨鲁中职业学院校史》，作家出版社，2009 年。

徐刚：《九十年沧桑——徐刚回忆录》，自印本，2012 年。

王忠修、宁治春、王海波主编：《邹平历史人物》，山东友谊出版社，2014 年。

徐皓峰、徐俊峰著，韩瑜口述：《武人琴音》，人民文学出版社，2014 年。

赵利编纂：《淡墨留韵：赵树忠作品集》，自印本，2016 年。

邹平县地方史志编纂委员会编：《邹平县志（1986—2005）》，方志出版社，2017 年。

张传勇主编：《邹平县霍坡村志》，天津古籍出版社，2017 年。

杨吉玲：《杏花河 杨家庄》，团结出版社，2019 年。

主要文章

林青：《关于许贯一同志的简历、负伤及荣军问题处理情况证明》，未刊稿，1981 年 10 月 20 日。

孙子愿：《追忆我在邹平参加美棉运销合作社的活动》，见山东省政协文史资料委员会，邹平县政协文史资料委员会编：《梁漱溟与山东乡村建设》，山东人民出版社，1991 年，第 130—141 页。

张振龙：《邹平红枪会始末》，见政协邹平县文史资料委员会编：《邹平文史资料选辑》第四辑，内部资料，1988 年。

张振龙：《栾思富股匪被歼经过》，见政协邹平县文史资料委员会编：《邹平文史资料选辑》第五辑，内部资料，1989 年。

石鲁鹏：《乡建时期〈邹平县志〉续修始末》，见政协邹平县文史资料委员会编：《邹平文史资料选辑》第五辑，内部资料，1989 年。

陈立岳、陈立和：《曾在我乡盛行一时的"一贯道"》，见政协邹平县文史资料委员会编：《邹平文史资料选辑》第六辑，内部资料，1991年。

冯敬轩：《伪保安六团在冯家村》，见政协邹平县文史资料委员会编：《邹平文史资料选辑》第六辑，内部资料，1991年。

《劳模风采》，载《邹平报》，1997年5月2日。

孙翠兰、张振龙：《国民党山东保安独立第六团》，见政协邹平县委员会编：《邹平文史资料选辑》第十辑，内部资料，2001年。

许学云：《家庭往事》，未刊稿，写作时间不详。

许学云：《三代临池翰墨香》，载《书法报》，2002年7月29日。

许学云：《替父鸣冤 为家叫屈》，未刊稿，2002年8月15日。

《黄山仙遐亭与天兴》，载《梁邹文化》，内部资料，2010年12月总第4期。

肖静：《滨州前刘村：大棚蔬菜专业村转向"绿色无公害"》，载《滨州日报》，2013年7月29日。

霍永吉：《霍永安事略》，见《已经遗后——霍永吉回忆录》，自印本，2020年。

杨明：《我们村的牧羊人》，未刊稿，2020年。

赵利：《半湾芦苇》，见《以文会友录（第一辑）》，自印本，2021年。

后 记

从 2018 年夏天开始，我参加了南开大学历史学院张传勇教授主持的《孙镇志》编纂工作。时间如白驹过隙，五年一晃就过去了。

起初，张教授原打算请镇政府组一个班子，即所谓"《孙镇志》编纂委员会"。我的原定任务则是专门搜集孙镇一带的民间故事。可是，班子终究没能组起来，结果自始至终便只有我们两个人。因此，最开始设想的细致分工全部落空。

编纂镇志的工作千头万绪，既要爬梳已有文献资料，也要走村入户采访。张教授虽远在天津，一方面梳理文献资料，另一方面但凡有假期或是有稍长一点的空闲，便回乡探亲兼采访。我们经常是一人骑一辆电动三轮车穿梭于孙镇乡间：头顶烈日，在范家村的玉米地里寻找"元故承务郎威州洺水县尹范公墓"碑；冒着风雨，到小陈村委翻阅《李氏族谱》；踏着霜雪，探访村庄圩子墙的遗迹……此外，到镇政府调阅档案，进邹平市档案馆、史志办、教体局查阅资料，也是家常便饭。有时，因为时间关系，我们也经常单独行动。

我在孙镇当地工作，五年中周末与假期的一大半时间都在乡间采访，因而结识了很多熟悉本村历史的老大爷，所以有时便戏称自己是"老年之友"。辉里村的李骗大爷、辛集村的孙道诚和孙道全大爷、周家村的许学仲和郭玉信大爷、怀家村的怀务国大爷、信家村的信长稳大爷和张方乾老师、蔡家村的刘立训和蔡振江大爷、时家村的王兴林老师、孟坊村的宗学斌大爷、党里村的贾善宝大爷、高家村的高希达老师、北王村的王恒雨大爷……他们都是各自村庄里的"活档案"。我不但从他们那里了解到尘封已久的陈年旧事，还从历史深处看到一个个鲜活的历史人物，甚至还有被访者本人早已沉入时间深渊的往昔身影。我便以文字的形式将他们的历史铺陈在纸上，从2018年夏天开始，直至今日从未停止，于是便有了这本《孙镇人物传》。

三十五篇文章，每一篇都经过多次采访、反复修改而成。至今记忆犹新的是2018年撰写第一篇文章《许青云先生传》时的情景。许青云是辉里村"不畏强御"碑文的撰写和书丹者，清末至民国年间周家村人。当时，我花了整整两周时间，凡是他后代中年龄较大的——周家村的两个重孙子、嫁到张赵村的孙女、嫁到辉里村的外甥孙女、远在周村的一个重孙子（当时电话采访，后见面采访），全部采访了一遍。虽然我当年读书时热爱文史，但对地方文史几乎没有涉猎。第一稿写出来之后，简直不是文史文章，而竟是一篇散文。此后，在张教授指导下，我反复修改了六七稿才终于有了个样子。当年9月，此文发表在了《梁邹文化》杂志上，还颇受好评。此后数年间，我陆续修改过几遍。这篇文章的写作过程，可说是本书中所有文章的一个缩影。

孙镇下辖41个行政村，大部分我都采访过。除撰写人物传记外，我还对村名、姓氏、建筑、风俗、民间故事等多个方面进行了采访和记录，手中积累了几十万字的资料。期间，我也曾到镇政府的有关部门进行过采访。采访过程中的感受颇为复杂。首先是感动。不得不说孙镇的老百姓真是淳朴啊！他们耐心地接受采访，到了饭点还热情地管饭，就像招待亲戚似的。其次是遗憾。有不少村庄的人常常会对我说："你要是早几年来，□□□还活着，他知道的最详细了！"还有更遗憾的，我早就听说曹王村的何恒超老师对本村的历史了如指掌，可惜还没来得及去采访，老人家就于2022年底去世了。就在采访的几年间，有些受访的老人已经去世了。周家村的许学仲大爷、信家村的张方乾老师、时家村的王兴林老师……但我很庆幸采访过他们，保留下了关于他们各自村庄及其本人的历史资料。最后是感慨。我虽然很努力地采访，但是心里明白，孙镇不知有多少历史资料已经永远地被历史尘埃所掩埋，再也没有重见天日的一天。而且这样无情的掩埋一直在持续，一刻也不会停止。这就促使我更加勤快地去采访，可是人生在世，常常身不由己。同时，我又意识到，孙镇的历史文化相较兄弟乡镇，并不是最丰厚的，但是我们依然能在此挖掘出这么多的文史资料。那么其他乡镇岂不是能挖掘出更多？由此可见，对邹平市地方文史的挖掘工作同样刻不容缓。

除《孙镇志》之外，张教授还带领我花了一年多的时间，为孙镇编辑了《邹平古梁文献丛刊》——包括《孙镇乡志稿》《孙镇地方史志初辑》《孙镇文史资料初编》《孙镇乡贤忆往录》和《孙镇人物传》。该《丛刊》是迄今为止对孙镇历史文化最大规模的总结。拙作能在其中占有一席之地，真是令我感到十分荣幸。张教授所做的这些工作，不但为孙镇留下了宝贵而丰富的文史资源，同时也为兄弟乡镇和县直街道办事处提供了切实可行的借鉴。

地方史志书籍因其地方色彩浓厚，离开当地政府的支持，出版起来便有些困难。《孙镇人物传》的顺利出版，离不开怀进步和徐光两位先生的慷慨赞助，在此对关心和支持家乡文化事业发展的两位先生致以衷心的感谢。

五年来，我们从未间断过《孙镇志》的编纂工作，如今已经完成了80%。古人说"行百里者半九十"，在接下来的日子里，我们将再接再厉，一如既往地将剩余部分完成，努力为孙镇留下一部高质量的地方志。

2023 年 11 月 9 日